한국과학사 이야기 ❷

*맞춤법과 띄어쓰기는 국립국어원의 〈표준국어대사전〉을 기준으로 하였습니다. 외국 인명과 지명은 국립국어원의 '외래어 표기 용례 자료집'을 따랐습니다. '외래어 표기 용례 자료집'에 나오지 않는 것은 현지 발음에 가깝게 표기하였습니다.

한국 과학사 이야기

카이스트 신동원 교수님이 들려주는 생명과 몸의 과학 ② 신동원 글·임익종 그림

책과함께어린이

빛나는 창조성이 나타난 한국 과학사의 순간들

　과학자 하면 으레 서양 과학자들을 떠올려. 갈릴레이, 케플러, 아인슈타인······. 너희들도 익숙한 이름이지? 한국의 과학자 하면 누가 떠오르니? 장영실 정도가 아닐까 싶구나. 내가 한국 과학사를 공부하면서 느낀 것은 우리 옛 과학자들과 그들이 연구한 결과가 매우 훌륭한데도 어른들은 물론이고 어린이들에게 잘 알려져 있지 않다는 거야.

　이 원고를 쓸 때 딸아이 지영이가 초등학교 6학년이었단다. 지영이와 친구들이 '한국 과학사'에 대해 알 수 있는 기회조차 없다는 것이 무척 안타까웠어. 한국 과학사는 선사 시대부터 시작해. 고대 바위에 새겨진 벽화, 고인돌의 별자리부터 첨성대, 자격루 등등 한국 과학의 전통에서 탄생한 거야.

　나는 카이스트에서 한국 과학사를 가르치고 있어. 이 수업에서 학생들은 주제 발표를 해. 우리 과학을 직접 경험해 보는 거지. 가장 재미있어 하는 수업은 우리나라 음식의 역사를 배울 때야. 김치를 담가 보면서 수업을 하는데 대학생 언니 오빠 들이 하도 깔깔깔 웃어서 수업이 안 될 정도였어. 그때 어린이를 위한 한국 과학사 책은 수업하듯 쓰면 재미있겠구나 하고 힌트를 얻었어. 이 책에는 이렇게 카이스트에서 수업을 한 경험이 녹아 있어. 지영이와도 이야기를 많이 나눴고, 원고도 함께 읽으면서 완성했어. 참, 유치원에 다니는 일곱 살 아들 지용이도 가끔 아이디어를 주었구나.

　이 책을 내놓으며 이런 상상을 해봤어. "우리나라 어린이만 아니라 중국이나 일본, 이집트나 미국의 어린이들도 이 책을 읽으면서 흥미를 느낄까?" 우리가 이집트의 피라미드, 중국의 만리장성, 일본의 오사카 성에 숨겨진 과학 이야기를 무진장 재미있어 하잖아. 마찬가지로 우리나라 장영실이 만든 자격루의 수수께끼를 풀어주면 누구나 재미있어 할 게 틀림없어. 왜냐하면 흥미진진한 과학 이야기니까!

과학은 우주와 자연, 생물과 인간, 사물과 기술에 대한 관찰과 실험, 이론과 응용을 포함해. 태어난 때, 자란 곳에 따라 사람들이 추구한 과학의 모습이 똑같지는 않았지만, 세상에 대해 궁금한 것을 풀어내고, 거기서 얻은 지식을 인간이 행복하게 사는 데 쓰려고 했다는 것은 똑같았어. 그런 요소들 때문에 세계의 어린이들이 모두 창조성 넘치는 과학 이야기에 흥미를 느끼는 거야.

이제, 우리 역사를 들여다보면서 과학 분야에서 '창조성이 나타난 순간'들을 찾아 함께 볼 거야. 우리 과학사에 빛나는 창조성이 발현된 순간들이 무척 많단다. 너희들 삶에서도 '빛나는 창조성이 나타나는 순간'이 반드시 있을 거야. 신 나고 즐겁게 한국 과학사 여행을 함께해 보자.

*이렇게 두툼한 책이 나올 거라고 생각도 못했어. 이전에 쓴 《카이스트 학생들과 함께 풀어보는 우리 과학의 수수께끼 1·2》를 어린이 눈높이에 맞게 고쳐 쓰면 된다고 생각하고 출발했어. 그런데 쓰다 보니까 더 많은 이야기를 들려주고 싶었어. 조금만 더, 조금만 더 하다 보니 한국 과학사 전체를 망라하는 3권짜리 두툼한 책이 되어버렸지 뭐야.
이 책을 전폭 지원해 준 책과함께 출판사 류종필 사장, 좋은 책을 만들어준 이은희 팀장을 비롯한 출판사 식구들, 예쁜 삽화로 책의 맛깔을 더해준 임익종 화백, 보기 좋게 책을 만들어 준 장광석 디자이너에게 고마운 마음을 전하고 싶어. 또 책 내용을 꼼꼼히 읽어 오류를 잡아 준 문만용 카이스트 연구교수, 바쁜 중에도 원고를 읽어 준 교육평론가 이범, 과학에 밝은 아우 신동수에게도 고마움을 표해. 그리고 묵묵한 아내의 응원도 고마웠고, 무엇보다도 아빠 원고를 읽고 토론해준 지영아, 지용아, "고마워!"
끝으로, 지난해 세상을 떠나신 어머니 영전에 이 책을 올린다.

신동원

《한국 과학사 이야기》 길잡이 글
과학을 이해하고 깨달아 너희들이 행복해지기를 바란다

■ 이 책은 한국 과학사의 온 영역을 다 다뤄. 하늘의 과학, 땅의 과학, 생명의 과학, 몸의 과학인 의학 등으로 나눴어. 1권과 2권이 여기에 해당돼. 나머지 위대한 기술과 발명들, 현대 과학 100년은 3권에 묶었어. 어린이를 위한 책이든, 어른을 위한 책이든 이렇게 한국 과학사 전 영역을 포함하는 건 우리나라에서는 이 책이 처음이야.
■ 책 읽기에 앞서 《한국 과학사 이야기 1~3》이 어떤 기준으로 내용을 선정했는지 설명해 줄게. 물리, 화학, 생물, 지구과학 등으로 나누지 않고, 하늘, 땅, 생명, 몸의 과학으로 나누었는데, 왜 이렇게 나누었는지를 이해하려면 우선 오늘날의 과학과 옛 과학이 서로 같지 않다는 점을 알아야 해.

■ '과학'이란 말의 '과(科)'는 천문학과, 물리학과, 화학과, 지질학과, 생물학과란 말에 담긴 '과'를 뜻해. 오늘날에는 거기서 그치지 않고 기술과 공학까지 똑같은 방식을 따르고 있어. 우주항공공학과, 기계공학과, 금속공학과, 도자기공학과, 생명공학과 등 이런 식으로 말이야. 과학 분야들은 서로 밀접히 연관되어 있어.
과학을 이루는 여러 '과'들과 그것이 응용되는 기술과 공학이 모두 '과학' 하나로 파악할 수 있게 된 건 17세기 이후 서양에서 그렇게 발전해 왔기 때문이야. 이를 영어로 '사이언스(Science)'라고 했고, 19세기 후반 일본 학자들이 이를 '과학'으로 번역해 오늘날까지 쓰고 있어.
■ 옛적 한국을 비롯한 동양 사회에서는 자연과 기술에 대한 학문이 '사이언스(Science)'와는 퍽 달랐어. 이름도 달랐지. 동양에서는 자연에 대한 학문을 격물학(格物學), 이학(理學) 또는 물리(物理)라고 했어. 모두 '사물의 이치를 캔다'는 뜻이야. 《한국 과학사 이야기》 1권과 2권은 이런 전통 과학에 관한 것들이야. 이 책을 읽으면 이웃 중국과 함께 한국의 전통 과학이 매우 높은 수준에 도달했다는 걸 알 수 있을 거야.
■ 《한국 과학사 이야기》 3권 1부에서는 위대한 기술과 발명들을 다루었어. 창의적 아이디어가 기술 발전의 원동력이라는 점에서는 '기술'이 '과학'과 비슷한 모습을 띠기도 하지만, 기술은 과학과 별로 상관없이 발달했어. 기술은 자연에 대한 탐구가 아니라 사람이 생활하고 생존하는 데 꼭 필요한 것들이었어. 또 기술끼리도 별로 연관이 없었어. 석굴암, 석빙고, 온돌, 고려청자, 한지, 거북선, 수원 화성 들이 우리나라 기술을 잘 나타내는 본보기들이야.
■ 이어지는 《한국 과학사 이야기》 3권 2부에서는 현대 과학 100여 년의 역사를 만날 수 있어. 옛 한국 과학과 완전히 달라서 따로 묶었어. 100여 년 전부터 지금까지 서양 과학을 받아들여 높은 수준에 도달하기까지의 이야기야. 우리나라가 세계의 보편적인 과학을 받아들인 뒤, 일제의 식민지, 한국 전쟁이라는 혹독한 시련을 딛고 IT(정보기술), BT(생명공학), NT(나노기술) 강국으로 우뚝 선 것에 대해 세계 사람들은 무척 놀라워하지.

■ 이 책을 읽을 때 주의할 점 하나. 옛 과학 기술과 오늘날의 과학 기술의 성격이 다르다고 했지? 그래서 오늘날 잣대로 옛 과학을 바라보면 문제가 생겨. 역사적 사실을 정확히 밝히고, 그래서 비약이 없도록 조심해야 돼. 지나친 애정은 판단을 흐리게 하고, 분별력이 없어지면 다른 사람들이 그 주장을 신뢰하지 않게 되지. 국수주의의 폐해라는 말이 이걸 뜻해.

알게 모르게 한국 과학사 연구자는 옛 과학 기술 중 특별히 훌륭한 점만을 골라서 부각시키는 경향이 있어. 과장하게 되면 안 하니만 못한 결과를 낳아. 경계하고, 경계할 일이야. 이 책에서는 한국 과학을 과대평가하지도 않았고 한계가 있는 것은 또렷이 밝혔단다.

■ 소재를 선정할 때에는 세계인이 공감할 수 있는 내용을 담으려고 노력했어. 한국 과학사에는 원래 훌륭한 것이 안 알려져 있는 것도 참 많아. 처음 접하는 내용이라 어렵더라도 천천히 읽어 보렴.

■ 이 책을 어떻게 썼는지도 알려 줄게. 나는 한 주제를 쓰기 위해 수많은 책과 논문을 읽었단다. 의학의 역사는 내가 수십 년 동안 공부한 분야지만, 다른 분야는 한국 과학을 연구한 많은 연구자들이 없었다면 글을 쓸 수 없었을 거야. 그래서 이 책에서는 각 분야를 연구하고 있는 우리나라 학자들 이름도 그대로 밝혔어. 한국 과학을 연구하는 학자들을 기억해 주렴.
간혹 아직 연구가 덜 된 분야가 있었는데, 그런 부분은 일일이 옛 사람이 쓴 글을 찾아 읽어 다시 엮었단다. 어린이 책일수록 더 정확해야 한다고 늘 생각했거든.

■ 글을 쓰면서 가장 신세를 많이 진 사람은 나의 은사님(김영식, 박성래, 유경로, 전상운, 허정 선생님) 빼고는 카이스트 학생들이었어. 몇 년 동안 같이 수업했던 모든 학생들도 여러 면에서 내게 많은 깨우침을 주었어. 카이스트 학생들과 내가 한국 과학사를 공부하는 방법은 '발로 뛰고 머리를 맞대어 토론하는' 거야. 나는 학생들에게 '왜'라고 묻고, 학생들이 직접 의문점을 해결해 나가는 방식이지. 직접 현장에 가서 보는 것은 가장 중요하고 연구의 시작이 돼. 그리고 나서 '이전 사람들이 어떻게 생각했는가?'를 찾아 배우고, '나는 달리 생각해.' 하며 자신의 생각을 토론하는 거야. 더 나아가 자신의 생각을 입증할 증거를 찾고 논리를 세우면 그만큼 과학은 발전해.

■ 인류가 과학을 발전시켜 온 방식과 내가 카이스트 학생들과 수업한 방식은 같아. 수업한 방식을 《한국 과학사 이야기》 글에 그대로 적용했어. 어린이들과 함께 공부한다고 생각하며 글을 썼어. 어린이와 주고받는 이야기가 나오는데, 글에 나오는 어린이는 곧 너희들이야. 내 질문에 대답도 해 보고 스스로 답도 찾아보며 이 책을 함께 읽어 나갔으면 해.

■ 앞서 말한 것처럼 딸아이 지영이가 6학년 때 이 책을 썼어. 지영이가 읽고 있는 책이 참 많더구나. 《한국 과학사 이야기》가 그 많은 책 가운데서 어린이들이 재미있게 읽고 사랑을 많이 받길 바라며 썼어. 과학이 항상 쉽지만은 않아. 과학을 전공한 나도 공부하면서 어려운 게 있어. 조금 어렵더라도 마음이 무거워질 필요는 없어. 가수가 꿈인 친구는 '음악과 도량형 이야기'를, 화가가 꿈인 친구는 '암각화 이야기'를 먼저 읽어 봐. 한국 과학을 이해하고 깨달아 행복해지길 원한 것이지, 다 외우라고 책을 쓴 건 아니라는 것을 알아주렴.
어려운 정보는 팁이나 '비밀노트'에 담아 두었어. 그러니 어려운 부분은 나중에 도전해도 좋아. 반대로 더 공부하고 싶은 친구들을 위해서는 참고한 책과 더 읽어 볼 책을 추천해 두었으니 찾아 읽어 봐. 한국 과학사의 새로운 모습은 반갑게 맞아 주고, 또 어려운 것을 점점 알게 되는 기쁨도 느껴 보길 바란다.

차례

머리말 4

1부 생명

옛날 어린이도 자연을 공부했을까 11

1 바위에 새겨진 동물과 식물들 15
비밀노트 단군 이야기에 등장하는 식물 29
2 우리는 언제부터 밥을 먹기 시작했을까 31
비밀노트 쌀을 먹기 전에는 무엇을 먹었을까 43
3 김치는 언제부터 빨개졌을까 45
비밀노트 쌀보다 비싼 소금 57
4 열매가 주렁주렁 맺히는 책 59
5 풀뿌리와 나무껍질로 견뎌 낸 굶주림 70
비밀노트 대표적인 구황 식물, 고구마와 감자 83
6 조선 최고의 수출품, 인삼 85
7 담배, 조선을 피우다 98
비밀노트 세상을 바꾼 이파리, 차 110
8 매와 말을 치료하는 의학 책이 있었다 113
비밀노트 가축 전염병을 고쳐라 127
9 조선의 물고기 모두 모여라 129
비밀노트 판소리로 배우는 물속 동물들 145
10 곤충에 관심을 가진 조선의 파브르 150
비밀노트 그림과 시로 배우는 곤충 166
11 옛날 사람들은 어떤 옷을 입었을까 173
비밀노트 옛날 사람들은 자연을 어떻게 분류했을까 190

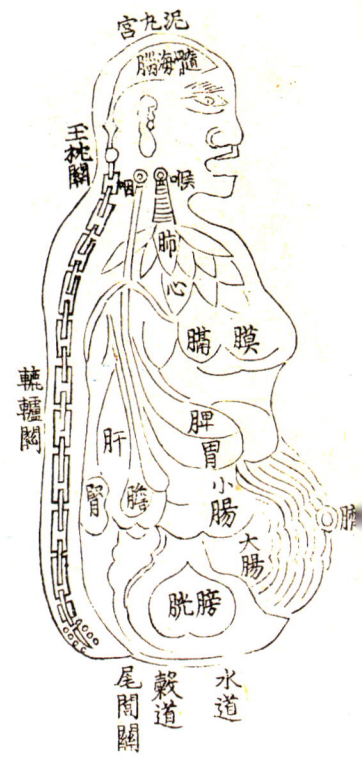

2부 몸

200년 우리 의학의 역사 199

1 우리나라에서 의학은 언제 시작했을까 202
비밀노트 우리나라 최초의 의학교 —신라의 의학 210
2 우리나라 사람의 병엔 마땅히 '향약'을 써야 212
비밀노트 15세기 세계 최대 의학 백과사전, 《의방유취》 225
3 시체에 남은 살인의 단서를 찾아라 228
4 전하의 보배 《동의보감》 240
비밀노트 허준은 해부를 했을까 253
5 사상의학이 뭐야? 256
6 영원히 죽지 않는 방법을 찾아라 267
비밀노트 내단 수련을 한 사람들 279
7 여성의 병은 의녀의 몫 283
비밀노트 의원이 되는 길 293
8 옛날 사람들은 돌림병이 돌면 어떻게 했을까 297
비밀노트 돌림병을 물리친 조선 306
9 민간에 뿌리내린 한의학 310
비밀노트 활인서, 전의감, 혜민서, 내의원이 뭐하는 곳일까 321

참고 자료 / 사진 자료 제공 324
찾아보기 328

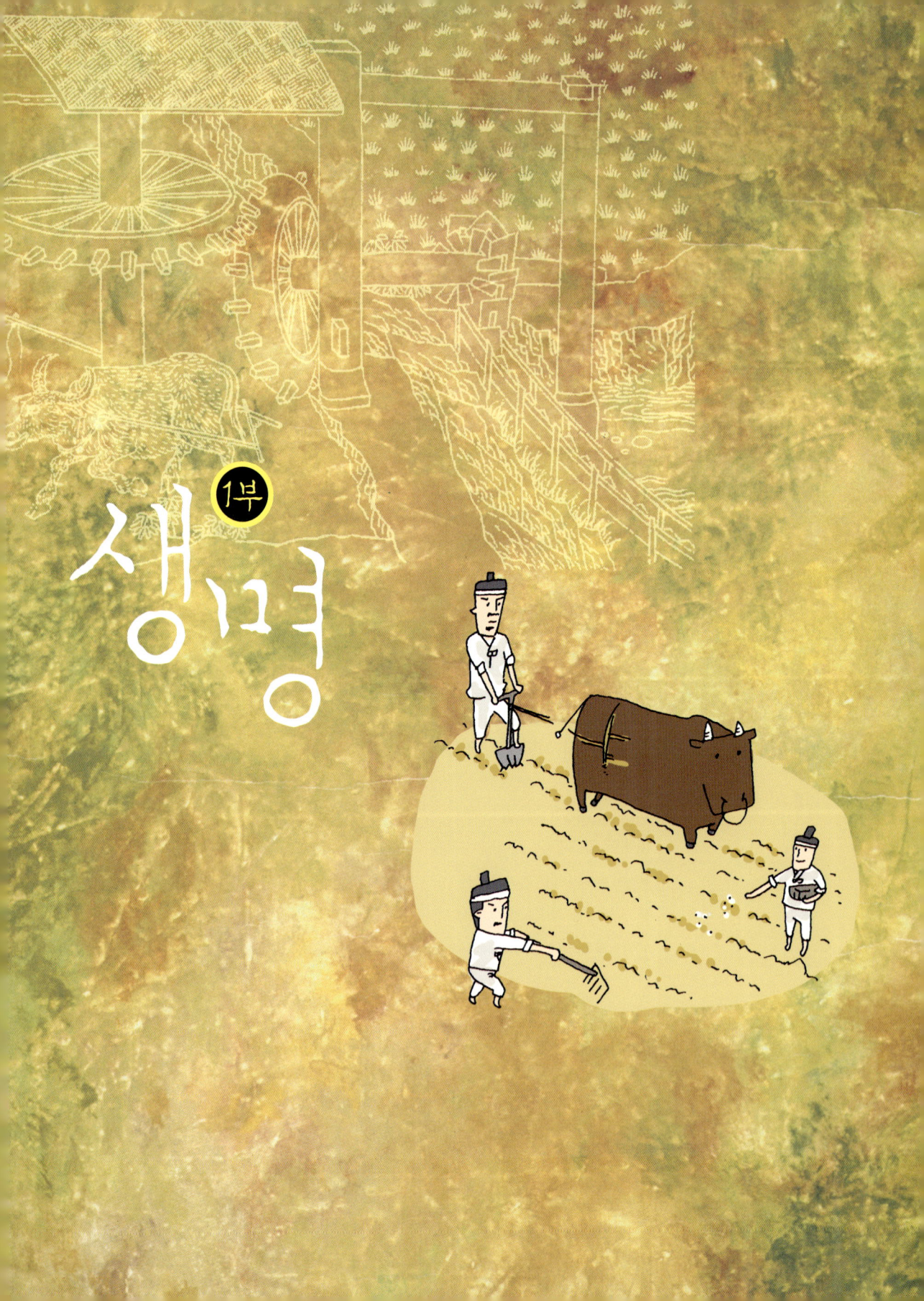

옛날 어린이도 자연을 공부했을까

《천자문》은 아주 오래전부터 써 온 어린이 책이야. 《천자문》은 이렇게 시작해.

"하늘 천天, 땅 지地, 검을 현玄, 누를 황黃, 집 우宇, 집 주宙, 넓을 홍洪, 거칠 황荒……."

잘 알고 있지? 뜻을 새겨보면, '하늘과 땅은 검고 누르며, 우주는 넓고도 거칠다.' 《천자문》은 계속 이어져.

"날 일日, 달 월月, 찰 영盈, 기울 측昃, 별 진辰, 잘(별자리) 숙宿, 벌릴 렬列, 베풀 장張……."

어디 또 한번 뜻을 새겨볼까? '해와 달은 차고 기울며, 별과 별자리들은 고르게 펼쳐 있다.'는 말이야. 하루 낮밤이 바뀌고 한 달이 바뀌고 한 해가 바뀌며, 밤하늘의 별자리가 죽 늘어져 있는 걸 뜻하지. 이어서 《천자문》은 24절기, 구름, 비, 이슬, 서리 같은 자연의 대기 현상을 말하며 하늘 편을 마무리 지어. 이런 천문학 내용은 우리가 《한국 과학사 이야기》 1권에서 배운 것들이지.

　《천자문》의 다음 내용은 땅과 관련된 거야. 땅에서 나는 광물, 자두 같은 과일, 겨자와 생강 같은 나물, 새와 물고기 등이 포함되지. 이렇게 땅에서 나거나 땅이 키우는 것을 '만물(萬物)'이라고 해. 그 뒤에 인간의 역사, 사람이 갖춰야 할 도리와 마음가짐에 관한 것들이 나온단다.

　그러니까 《천자문》의 큰 흐름은 "하늘-땅-인간" 순서야. 천天, 지地, 인人 이 셋을 일컬어 '삼재(三才)'라 했어. 삼재는 세 가지 근본이란 뜻이지.

　《천자문》보다 좀 더 어려운 어린이 책으로 《계몽편》도 있었어. 계몽이란 무지한 상태를 벗어난다는 뜻이야. 이 책에서도 어린이들이 알아야 할 하늘, 땅, 만물, 인간의 도리를 말하고 있어.

　　위에는 하늘이 있고 아래로는 땅이 있다. 하늘과 땅 사이에 사람이 있고, 만물이 있으니……. 사람에게는 부모와 자식, 임금과 신하, 어른과 아이, 남편과 아내, 벗과 친구 사이의 윤리가 있다.　　　　　　　-《계몽편》

오늘날의 교과서와 같은 《천자문》, 《계몽편》에서 모두 자연을 필수로 공부했다는 걸 알겠지? 하늘과 땅에 관한 게 바로 오늘날 우리도 학교에서 배우는 자연 과목이잖아. 요즘은 과학 과목으로 이름이 바뀌었지.

자연을 공부하는 이유는 오늘날과는 조금 다른 것 같아. 두 가지 점에서 차이가 있어.

오늘날에는 우주나 자연 현상이 효(孝)나 충(忠)과 관련이 있다고 생각하지는 않잖아. 근데 조선 시대에는 자연의 질서를 당연히 인간이 지켜야 하는 도리, 우주 질서와 같다고 보았어. 해와 달의 운행처럼, 네 계절의 변화처럼, 곡식이 싹 틔워서 열매 맺는 것처럼, 효와 충도 똑같은 자연의 질서라고 생각했지. 또 다른 하나는 옛 사회가 지금보다 훨씬 자연 친화적이었다는 거야. 아니, 자연 의존도가 엄청나게 높은 사회였다는 게 더 정확한 말인지 모르겠군. 그러니까 자연에 더욱 민감했을 거야.

자연 과학의 방법에도 차이가 있었어. 옛 과학에도 뛰어난 관찰과 계산이 포함되어 있어. 하지만 그 안에 음양오행의 관념이 함께 들어 있었어. 음양오행은 1권에서 본 땅에 대한 과학인 풍수지리, 그리고 지도에도 나타났던 거지. 2권에서 만날 만물과 신체에 관한 과학에서는 음양오행 사상이 더 짙게 나타나. 그래서 그런지 한국 과학의 역사를 다룬 대부분의 책이 농업과 생물 부분을 다루고 있지 않아. 특별히 위대한 '과학성'을 발견해 내기 어려운 영역이니까 그런 거야.

하지만 자연을 배우지 않고 우리가 살아 나갈 수 있을까? 먹을거리 문제는 사람이 살아가는 데 기본이 되는 중요한 거잖아. 자연 과목을 공부하면 어떻게 자연 속에서 우리가 생존할 수 있는지 방법도 깨우치게 되고, 모든 생명이 우주와 자연 속의 존재라는 사실을 깊이 생각하는 계기가 될 거야.

이제부터 공부할 내용은 바로 사람들이 살아가는 데 없어서는 안 될 자연과 생명에 관한 거야. 우리와 함께 살아가는 동물과 식물도 만나볼 수 있어. 자, 그럼 이제 신 나는 과학 여행을 떠나보자꾸나.

1 바위에 새겨진 동물과 식물들

옛 사람들이 어떻게 살았는지 어떻게 알 수 있지? 대부분은 땅을 파거나 무덤을 파서 사람들이 살던 흔적을 찾아내지. 지금 딛고 있는 발아래 땅을 한 번 내려다 봐. 아스팔트나 건물을 걷어 내면 맨땅이 나오겠지. 놀랍게도 그 땅은 우리 선조들이 살았던 땅이기도 해. 땅을 파고들수록 더 오랜 옛날 사람의 터전을 만날 수 있어. 많이 봤을 거야, 옛 사람이 살던 곳이나 묻혀 있는 곳이 발견되면 유적을 발굴하는 모습을. 이렇게 찾아낸 흔적을 통해 옛 사람들의 생활을 추정할 수 있어.

선사 시대의 기록화를 발견하다

어떤 지역은 선사 시대 사람들이 살던 곳에 백제나 신라 사람이 살고, 또 거기에 고려 사람이 살고, 또 조선 사람이 살

스페인 알타미라 소 벽화 스페인 알타미라 동굴에서 발견된 소 사냥 벽화를 본 적이 있을 거야. 기원전 1만 5000년~기원전 1만 년 전에 선사 인류인 크로마뇽인이 그린 벽화지. 우리나라에서 동굴 벽화는 발견되지 않았지만 바위에 그린 그림이 남아 있어.

고, 또 지금 우리가 살고 있지. 어떤 곳은 우리는 안 살지만, 선사 시대 사람들이 살던 곳이 있어. 동굴이 그렇잖아. 강원도 동강 건너편에 있는 고씨동굴 같은 곳이 그런 곳이지.

다른 나라의 선사 시대 사람들은 동굴에 벽화를 그렸어. 그 그림에는 그들의 생각이 고스란히 담겨 있지. 우리나라에서는 이런 동굴 벽화는 발견되지 않았어. 그렇지만 바위에 새겨진 아주 훌륭한 그림이 있어. 바위에 새겨진 그림이라고 해서 '암각화'라고 해. 울산 대곡리 반구대에 새겨진 게 가장 유명해. 이 암각화, 즉 바위그림은 동네 할아버지 덕분에 세상에 알려지게 되었어.

巖刻畵
바위 암 / 새길 각 / 그림 화

"저기 바위에 호랑이가 새겨진 그림이 있지요."

마침 그 지역에서 불교 유적을 조사하던 학자들이 허탕을 치고 돌아가려는 순간 할아버지의 말을 들었어. 호랑이 그림을 찾았는데, 그건 선사 시대 그림이 아니었어. 실망하려던 찰나, 가까이에 있던 고래 그림을 발견했어. 바위에 고래 떼가 우글우글했지. 뜻하지 않게 얻은 놀라운 발견이었어. 고래가 새겨진 바위는 1968년 댐이 만들어지면서 물에 잠겼는데, 물이 마르면 드러나고 비가

울산 대곡리 반구대 강물이 말라서 바위그림이 새겨진 바위가 드러나 있어.

세형동검

바위그림 탁본 정교하게 쪼아서 만들었다는 걸 볼 수 있어. 세형동검 같은 정교한 도구를 썼을 거야.

많이 외서 물이 많아지면 잠기곤 했지. 물속에서 멱 감던 아이들이 가끔 보던 것이었어. 그때만 해도 바위에 새겨진 고래 그림이 국보까지 될 줄 아무도 몰랐어. 지금 이 대곡리 반구대 바위그림은 국보가 되었단다.

대곡리 반구대 바위그림은 보통 신석기 시대 후기에서 청동기 시대 초기에 새겨졌다고 알려져 있어. 그렇지만 이 그림에는 아주 정교하게 쪼아낸 흔적이 많이 남아 있어. 돌로는 이렇게 쪼아낼 수 없어. 정교한 청동 도구나 철기 도구가 있어야만 이렇게 조각하는 게 가능하지. 이때의 사람들이 사용하던 가늘고 날카로운 청동 칼이 있어. 세형동검이라고 하지.

이 바위그림이 만들어지던 시기는 나라로 보면 고조선 말기에 해당해. 선

한국 과학사 이야기 2 17

사 시대 사람의 생활과 생각을 이처럼 분명하게 파악하게 된 건 말 그대로 대박이었어. 또 이보다 약간 앞서서 같은 연구팀이 반구대에서 가까운 곳인 울주 천전리에서도 바위에 새긴 그림을 발견한 적이 있었어. 이때부터 우리나라 학자들이 바위그림에 관심을 가지기 시작했어. 여긴 동물뿐만 아니라 식물도 그려져 있어. 이 또한 국보로 지정되었어. 이 밖에도 우리나라에는 16여 개의 암각화가 더 알려져 있어.

이런 바위그림 덕분에 비로소 그동안 상상의 세계에 속했던 선사 시대 사람들의 생각이 읽혀지기 시작한 거야. 너희들도 산이나 들에 나가 큰 바위를 보면, 동식물 그림이 그려져 있는지 눈 크게 뜨고 찾아 봐. 혹시 알아? 우리도 이런 그림을 발견하게 될지 말이야.

울주 천전리 바위그림 천전리 바위에는 동물 수는 적지만, 대곡리 반구대 바위그림에 없던 것들이 그려져 있어. 식물들이 그거야. 도토리, 싹 틔운 콩, 곡물의 파종과 성장 등이 그려져 있어. 이 그림은 채취 시대가 아니라 초기 농경 사회의 모습을 표현한 것이지. 심은 농작물이 잘 자라기를 기원했다고나 할까. 그래서 식물 모양과 사람 모양이 결합한 곡식 신으로 추정되는 존재도 그려져 있어. 농경 사회가 되었으니까 뭐가 중요해졌을까? 바로 자연환경이야. 물이 있어야지. 해와 바람 등 기후가 잘 맞아야지. 그래서인지 천전리 바위그림에는 물결 모양, 동그라미 모양, 바람결 같은 모양의 무늬가 새겨져 있어.

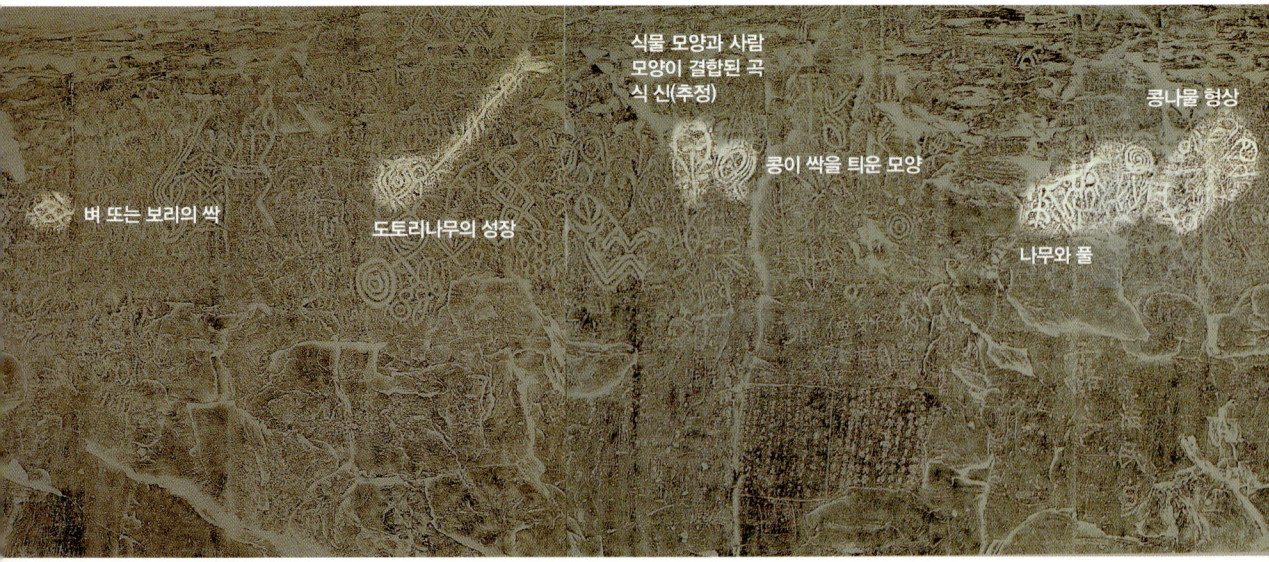

자, 여기서 우리가 알아내려는 건 선사 시대 사람들의 동물, 식물에 대한 지식과 생각이야. 들어가기 전에 주의할 사항 한 가지. 옛 사람들이 미개했을 거라는 생각은 안 하는 게 좋을 거야. 특히 자연에 대해 상당히 높은 지식을 가지고 있었어. 다만 표현된 게 일부분이고, 또 그 일부분을 우리가 제대로 읽어 내지 못하기 때문에 미개하다고 잘못 생각하는 일이 벌어지지.

선사 시대 사람들은 동물 박사

반구대 바위에 어떤 것들이 새겨져 있는지 같이 볼까? 20~21쪽을 보렴. 높이 3m, 너비 10m쯤 되니까 꽤 크지. 언뜻 봐도 고래 떼가 가장 눈에 띄지. 무려 58마리가 그려져 있어. 벽화를 삼등분해서 봤을 때, 왼쪽에 가장 많고, 중간에도 적지 않게 있고, 오른쪽에도 조금 있구나. 산짐승으로는 가장 많이 보이는 게 뿔 달린 사슴이야. 모두 45마리야. 다른 동 물들은 뭐기 있는지 네들이 찾아볼래? 바다 동물로는 상어, 돌고래, 거북이 있고, 산과 들의 동물로는 호랑이, 표범, 멧돼지, 산양, 늑대, 여우, 담비, 토끼, 새가 있어. 호랑이와 비슷한 표범도 있어. 개구리도 한 마리 있지.

어때, 바다 동물이나 산짐승, 들짐승 모두 우리에게 친숙한 동물이야. 옛이야기에 단골로 등장하는 녀석들도 여기에 다 모여 있어. 우리가 여기서 처음으로 관심을 가질 부분은 어떤 동물이 그려졌냐 하는 거야. 아마도 사냥할 동물을 그려 넣었겠지. 그 지역에서 흔히 볼 수 있는 동물이었고, 거기에 사는 사람들의 주요 사냥감이었어. 그렇다면 선사 시대 사람들이 동물 세계에 대해 첫 번째 관심을 가진 것은 사냥할 동물과 그렇지 않은 동물로 나눴다고 봐도 되지 않겠니?

반구대에 바위그림을 그린 사람들은 고래 박사였나 봐. 동해 바다에 나타난 모든 종의 고래를 구별해서 그려냈어. 고래잡이가 매우 중요했다는 걸 알 수

울산 대곡리 반구대 바위그림 무려 296개 형상이 이 안에 담겨 있어. 사람도 있고 배도 있지? 이처럼 고래를 비롯한 여러 동물과 다른 모습들이 한꺼번에 많이 그려진 게 남아 있는 건 세계적으로도 드문 일이야. 고래뿐만 아니라 육지 동물도 생김새와 행태를 비교적 정확하게 구별하고 있었어. 특징을 말해줄 테니 한번 찾아보렴.

호랑이와 표범을 먼저 찾아볼까? 가로무늬의 독특한 줄 또는 얼룩무늬 점, 끝에 힘이 들어간 꼬리, 납작한 머리와 짧은 목, 날카로운 이빨 등이 자세히 표현되어 있어.

사슴 종류는 뿔로 종을 알아낼 수 있어. 뿔이 있거나 무늬가 있는 건 꽃사슴이야. 무늬가 목에 없고 몸통에만 있는 것은 사향노루야. 뿔이 없고 툭 튀어나온 이빨이 있는 것은 고라니고. 짧은 뿔과 짧은 꼬리의 동물도 있는데 바로 산양이야.

늑대는 개와 비슷하게 생겼지만 꼬리가 늘어지지 않았어. 입이 길고 꼬리가 긴 것은 여우지. 족제비 속에 속하면서도 크기가 작은 것으로 담비가 있는데 담비도 그려져 있어. 입술과 주둥이가 툭 튀어나온 것은 멧돼지야.

귀 쫑긋한 동물은? 당연히 멧토끼지. 멧토끼는 조그맣게 그려져 있고, 몇 마리 되지 않아. 크기가 작아서 사냥 가치가 적었기 때문일 거야. 새도 마찬가지야. 몇 마리 그려져 있지만, 그림만으로는 어떤 새인지 구별하기 어려워. 좋은 사냥감이 아니었던 게지.

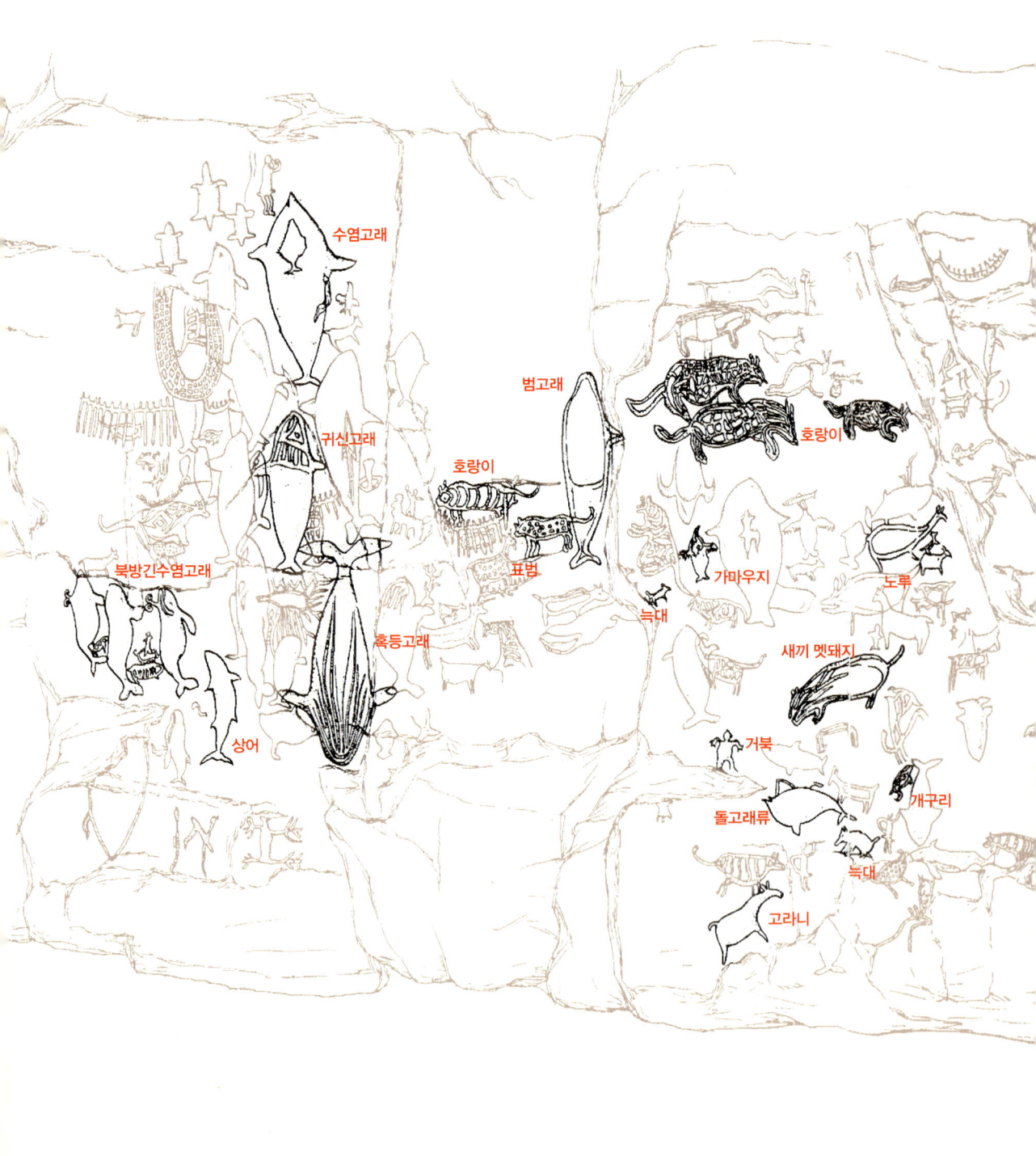

있지. 늘 고래가 어디로 다니는지 알아내려 했고, 또 어떤 고래가 바다에 출현했는지 촉각을 곤두세웠을 거야. 어떤 고래가 나타나면 가장 신 났을까?

"와, 긴수염고래 나타났다! 잡으러 가자. 작살을 준비해라. 뛰어들어 심장 아래에 바로 꽂아야만 해. 자칫하면 고래도 못 잡고 우리만 죽는다!"

동해에 사는 고래 중 북방긴수염고래가 가장 큰 녀석이니까 고래 사냥꾼들이 좋아했을 거야. 북방긴수염고래 말고도 귀신고래, 혹등고래, 향고래, 범고래, 돌고래 등이 서로 구별되어 그려져 있어. 또 자세히 보면 어미 고래가 새끼 고래를 업고 다니는 모습, 고래들이 물을 내뿜는 모습도 그려져 있어. 이런 사실은 오늘날 동해에 출현하는 고래의 종류나 행태와 같아.

사냥하는 목적도 두 가지가 있어. 하나는 식용으로 썼던 거야. 고래와 사

슴, 멧돼지가 이에 속하지. 다른 하나는 사람을 해치는 놈을 잡는 거야. 호랑이와 표범 같은 맹수들이지. 호랑이와 표범은 잡아서 울타리에 가둬 넣거나 발을 줄로 매서 꼼짝 못 하도록 해 놓았어.

여기에 그려진 동물을 실제 선사 시대 사람이 사냥했다는 것을 알 수 있는 또 다른 유적이 있어. 조개 무덤(패총)을 보면 돼. 조개 무덤에서 나온 뼈를 보면 호랑이, 사슴, 멧돼지, 노루, 고라니, 여우, 족제비, 수달 등이야. 이 바위그림에 새겨진 것과 비슷하지? 고래의 경우는 고래잡이를 생업으로 삼았던 대곡리 거주인들의 특수한 사냥감이었을 거야. 그럼 개구리는 왜 그려 넣었을까? 어떤 학자는 고대 사회에서 개구리가 날씨를 잘 알아 기후를 예보하는 구실을 했을 거라고 추정해. 사냥하기 좋은 날을 알려주는 동물이었던 셈이지.

예술의 경지까지 도달한 바위그림

왜 바위에 그림을 새겼을까? 직접 물어보지 않는 한 정확한 답을 얻지는 못하겠지. 학자들은 대체로 두 가지로 추측을 해. 하나는 기원을 담았다는 거지. 많이 잡게 해 달라고 비는 것 말이야. 사람도 새겨져 있는데 그들의 모습은 굿을 치르는 샤먼(무당)과 닮아 있어. 다른 하나는 교육을 위한 거야. 아이들은 바위그림을 보면서 고래 종류는 어떤 것이 있고 또 어떻게 사냥해야 하는지 배우는 거지. 고래는 배를 타고 가서 작살을 던져 잡고 범이나 표범 같은 맹수들은 울타리나 함정을 만들어 잡았어. 무엇보다도 이런 그림을 보면서 동물들이 어떻게 생겼는지 배웠을 거야. 지적인 학습! 내가 지금 책을 써서 어린이들에게 우리나라의 과학을 이야기해 주는 것과 다르지 않아. 고인돌에 별자리를 새긴 뜻도 마찬가지였잖아. 이런 배움은 동물 세계에서 인간이 지닌 대단한 능력이지.

이 그림은 어떻게 새겼을까? 도구를 썼어. 새긴 도구가 시대에 따라 변화했다는 것을 새겨진 모양을 보면 알 수 있어. 그러니까 짧은 시간에 그려진 그림

도끼로 보는 재료의 변화

이 아니라 긴 시간에 걸쳐 여러 세대 사람들이 그렸다는 걸 알 수 있어.

오래전에 새긴 그림은 단단한 돌을 이용했어. 신석기 시대 말기로 해석해. 한참 시간이 지난 다음에는 예리한 금속을 썼어. 청동기를 쓴 거야. 아주 가는 선긋기는 예리하면서도 견고한 철기가 아니면 도저히 불가능해. 그래서 가는 선은 철기를 쓴 거로 추측해. 철기 시대 초반에 그린 거지.

여기서 또 알 수 있는 게 있어. 청동기나 철기 만드는 비밀은 '불'에 있어. 광석에서 구리나 철을 얻어 내는 고도의 불 다루기 기술! 이게 인류 문명의 또 다른 비밀이지. 고래 등에 꽂은 작살의 촉은 아마도 철을 썼을 거야.

동물과 사람 말고 또 뭐가 그려져 있지? 바로 '배'야. 선사 시대 사람들이 여러 도구를 이용해 배를 만들었다는 걸 알 수 있지. 배를 타고 강으로 바다로 사냥을 나갔던 거야. 10여 명이 한 배를 타고 나갔어. 서로 뭐라고 외쳤을까?

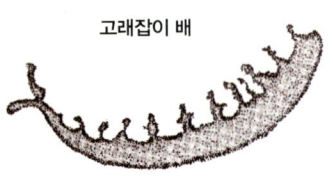
고래잡이 배

고구려의 가축 그림과 비교해 봐

반구대와 천전리의 바위그림을 4세기 초 고구려 무덤 안의 벽화와 비교해 보자. 이 고구려 벽화에는 부엌, 방앗간, 우물, 마구간, 외양간, 푸줏간이 그려져 있지. 전형적인 농경 사회의 모습을 보여주는 거야. 부엌에선 곡식으로 밥을 짓고 있어. 그 곡식은 심어서 재배한 수확물이지. 방앗간에선 곡식 껍질을 벗기거나 빻아서 먹을 수 있도록 만들어 주었어.

길들여진 소는 밭을 갈았고, 말은 길들여져서 교통수단으로 쓰였어. 음식으로 먹을 고기는 푸줏간에 걸어 놓았어.

우물은 정착 생활의 필수품이야. 우물 덕분에 강이나 내에서 멀리 떨어진 곳에도 집을 짓고 살 수 있게 되었지. 냇가에 살던 반구대의 선사 시대 사람들은 생각지도 못한 일이지. 그림을 봐. 물을 푸기 위해서 두레박이라는 도구를 사용하고 있군.

부엌, 방앗간, 마구간, 외양간, 우물 모두 자연의 지배를 벗어나기 위해 사람이 만들어 낸 인공물이라는 공통점을 띠는구나. 반구대 바위그림과 고구려 무덤의 벽화 사이에는 수백 년의 시간 차이가 있는데, 이처럼 사람 사는 모양이 달라졌어. 수렵에서 농경 사회로.

누구나 이런 무덤을 쓸 수 있는 건 아니지. 이 무덤의 주인은 매우 지위가 높았던 사람이야. 농경 사회로 변화한 것뿐만 아니라 계급이 생겼다는 걸 알 수 있어. 문명은 진보했지만, 종이나 노비들의 운명은 옛날 수렵과 채취의 원시 시대를 그리워할지도 모를 일이구.

4세기 초 고구려 무덤 안의 벽화

부엌 / 방앗간 / 우물
외양간 / 마구간 / 푸줏간

아마도 그들의 언어를 써서 대화를 했을 거야. 바위그림에서 정말 많은 것을 알 수 있지?

　불, 도구, 언어 더 나아가 학습과 예술의 경지까지 도달한 것이 반구대와 천전리의 바위그림이란다. 선사 시대 사람들이 새긴 바위그림은 현재까지도 매우 활발하게 연구가 계속되고 있어.

비밀노트

단군 이야기에 등장하는 식물

천제 환인의 아들 환웅이 태백산 신단수 아래로 무리 3000명을 이끌고 내려와 신시를 열었다. 환웅은 바람의 신인 풍백, 비의 신인 우사, 구름의 신인 운사를 거느리고 곡식, 목숨, 질병, 형벌, 선악 등 인간의 360여 가지 일을 주관하여 세상을 다스렸다. 이때 곰과 호랑이가 사람이 되기를 원했다. 환웅은 곰과 호랑이에게 쑥 한 묶음과 마늘 스무 개를 주면서 백 일 동안 햇빛을 보지 말고 동굴 속에서 생활하라고 하였다. 호랑이는 이를 참지 못하여 나갔으나 곰은 잘 따랐다. 밖으로 나간 호랑이는 인간이 되지 못했고, 마늘과 쑥을 잘 먹은 곰은 여자인 웅녀가 되었다. 웅녀는 환웅과 결혼하여 단군을 낳았다. 단군왕검은 고조선을 세웠다.

우리가 너무나도 잘 알고 있는 일연 스님이 지은 《삼국유사》에 실린 단군 이야기야. 여기에 식물이 두 가지 나와. 마늘과 쑥이지. 한민족의 탄생을 전하는 이야기에 등장하는 건 예사롭지 않다는 걸 뜻해.

이승휴가 지은 《제왕운기》엔 마늘과 쑥 이름 대신에 그냥 약이라고만 적혀 있어. 병을 치료하는 것도 약이지만, 신체에 어떤 변화를 일으키는 것도 약이지. 그 뜻이 넓어져 몸에 큰 변화를 일으키는 걸 약이라 부르고 있어. 총이나 대포에 넣고 쓰는 합성 광물질을 화약이라 하고 심지어 건전지, 시계 배터리도 약이라 하지.

근데, 단군 신화에 등장하는 쑥은 쑥이 맞는데, 마늘은 오늘날 우리가 자주 먹는 마늘이 아니래. 아마 충격적인 사실일걸. 그럼 그게 뭘까? 이 분야의 대가 이성우 선생은 그건 마늘보다 작은 달래나 야생 산마늘이래. 그러면, 왜 이런 오해가 생겼을까?

《삼국유사》에는 마늘에 해당하는 글자로 '마늘 산(蒜)'이라는 글자가 쓰어 있어. 식물의 역사를 보면 달래도 산이고 마늘도 산이야. 달래는 "고추 먹고 맴맴 달래 먹고 맴맴" 할 때 그 달래야. 달래는 크기가 작다고 해서 '소산'이라 하고, 마늘은 크다고 해서 '대산'이라 하지. 보통 산이라 하면 대산을 뜻해. 하지만 단군이 도읍을 세우던 기원전 2333년 무렵에 우리 땅에는 마늘이 없었어. 마늘의 원산지는 중앙아시아로 알려져 있는데, 기원전 2500년 이집트의 피라미드에는 이 마늘이 그려져 있어. 우리 기록은 알 수 없고, 중국 기록을 보면 기원후 300~400년 무렵에 서역으로부터 산, 곧 대산이 들어왔다고 해. 중국에도 오래전부터 산은 있었어. 그 산은 달래 같은 종자였어. 마늘이 널리 퍼지면서 이전의 달래와 같은 산은 소산이라고 하게 되었고, 수입 마늘을 산이라고 하게 된 거야. 이와 비슷한 예로 보리와 밀이 그랬어. 보리는 대맥, 밀은 소맥인데 《삼국사기》에서는 둘 다 '보리 맥(麥)' 자로 기록했어.

우리나라 북쪽과 만주 지방은 소산의 원산지로 알려져 있어. 그러니까 달래나 산마늘은 우리나라에 매우 흔한 식물이었어. 웅녀가 되기 전에 곰이 먹은 산은 오늘날의 마늘이 아니라 달래 또는 산마늘이었던 거야. 우리나라에서 마늘을 뜻하는 산의 기록은 한참 지나 신라 때부터 보여.

쑥에 대해서도 말할 게 있어. 중국에서 쑥을 약으로 쓴 건 기원후의 일이야. 이런 식물학의 역사를 근거로 들어, 어떤 학자들은 조심스럽게 단군 신화가 마늘이라는 작물이 수입되고, 쑥이 약으로 쓰이게 된 후대에 생겨난 이야기라 추정하기도 해.

환웅이 땅에 내려와 곰에게 마늘과 쑥을 주기 전에 한 일이 있어. 그게 뭐지? 곡식, 목숨, 질병, 형벌, 선악 등 온갖 일을 다스리는 거였어. 이 가운데 가장 먼저 '곡식'이 나오지? 목숨을 지탱해주는 게 곡식이기 때문이야. 이어지는 '목숨'과 '질병'은 약과 관련된 거야. '형벌'과 '선악'은 인간이 다른 동물과 달리 문명을 꾸리고 도덕을 갖췄다는 점을 말해 주지.

■ 한국 과학사에서 바위에 새긴 그림에 관심을 둔 연구는 아직까지 없어. 바위그림의 동물, 식물의 모습에 대해서는 정동찬 선생의 《살아 있는 신화 바위그림》이란 책과 김호석 선생의 박사논문이 크게 도움이 되었어.
■ 반구대 바위그림 선화는 황수영, 문명대 선생의 《반구대 – 울주 암벽조각》을 따랐어.
■ 고구려 고분의 그림에 대해서는 전상운 선생이 《돌도끼에서 우리별 3호까지》에서 고구려 사람들의 생활 모습을 재미나게 쓰셨으니까 같이 읽어 보렴.

2 우리는 언제부터 밥을 먹기 시작했을까

"너네, 아침에 뭐 먹었니?"

많은 친구들이 밥을 먹었다고 대답할 거야. 빵 먹은 친구도 있겠고, 시리얼 먹고 온 아이도 조금은 있겠지. 다이어트 한다고 아무것도 안 먹고 온 아이도 있을지 모르겠네. 또 집에 돈 없어서 못 먹고 온 친구도 있을지 몰라. 이런 일은 절대로 있어서는 안 되지만. 그럼, 너희에게 또 물어볼게. 질문이 꼬리를 이을 거야.

밥심으로 살아가기

"밥을 짓는 쌀은 무엇으로 어떻게 만들고, 어떻게 네 집까지 오게 됐을까? 또 밥에는 쌀 이외에도 뭔가 다른 게 섞여 있을 텐데 그건 뭐였지? 밥은 어떻게 짓고, 무엇으로 먹었지? 밥 먹은 다음에 누룽지도 긁어 먹었는지, 또 숭늉은 끓여 먹었는지?"

질문은 더 이어져.

"농부는 곡식을 어떻게 농사지었을까? 씨앗은 어디서 구하고, 또 씨앗을 뿌리기 전에 논밭에 어떤 일을 해야 하지? 모내기는 언제, 어떻게 하고, 김매기는 어떻게 해야 하는지? 가을걷이는 어떻게 하고, 거둔 곡식은 어떻게 터는지? 농기구는 어떤 것들을 사용하고, 또 어떻게 만드는지? 비료는 어떻게 만들지? 병충해는 어떻게 예방해야 하지?"

우리가 지금까지 공부한 많은 게 쌀이나 곡식과 관련되어 있어. 한번 생각해볼까? '칠정산' 같은 달력이나 '천상열차분야지도' 같은 하늘의 과학들 모두 농사지을 때를 알려주기 위한 생각과 관련되어 있지. 측우기는 곡식에 필요한 물의 확보와 관련되어 있었어. 《세종실록》 지리지에 담긴 핵심 내용이 농사짓는 땅과 수확량에 관한 정보였어. 농토를 측정할 때는 수학이 쓰였어. 곡식인 기장은 도량형을 통일하는 율관에 쓰였지. 바위그림이나 고분 벽화의 부엌, 방앗간, 외양간 그림도 농사와 관련이 있었어. 임금이든 백정이든 사람은 누구

나 다 '밥'을 먹고 그 힘으로 살아가기 때문이지. 그만큼 기본이 되면서도 매우 중요한 거야.

농기구의 발달

곡식을 처음 기르기 시작했을 때, 험한 땅을 농토로 바꾼다고 생각해 봐. 농기구가 없으면 이런 일을 할 수가 없어. 농기구 중 뭐가 가장 중요했을까? 땅 파는 기구야. 그중에서도 깊이 땅을 파내는 도구가 중요하지.

아래 사진을 봐. 한국사 책에 빠지지 않고 등장하는 청동유물일 거야. 방패처럼 생긴 이 판에 무엇을 그린 걸까? 오른쪽 위의 사람은 발로 따비를 밟아서 땅을 파헤치고 있지. 그 아래 사람은 곡괭이를 땅으로 내리치고 있어. 이 농기구 중 잘 살펴볼 부분이 어디겠어? 그래, 따비의 아랫부분과 곡괭이 끝의 날이 되겠지. 이걸 무엇으로 만들었을까? 전문가는 곡괭이의 날이 철제 날과 똑

농경무늬 청동기 청동기 시대 후기(기원전 7세기)~철기 시대 초반(기원전 3세기)에 만들어진 거야.

따비 이것은 20세기에 만들어진 거야. 청동기 시대의 모습과 크게 다르지 않지.

따비(왼쪽)와 도끼(오른쪽) 경상남도 의창(현재 창원시)에서 발굴된 철로 만들어진 따비의 날과 도끼야. 지금으로부터 2000여 년 전에 만들어진 거지.

같다면서 따비 또한 철로 만들었을 거라고 해.

나무, 청동기, 철기, 이 중에서 철기가 가장 단단했지. 그래서 철기 시대가 시작되면서 농사짓기에 혁명적인 변화가 일어난 거야. 바위 땅이 아니라면 철로 만든 삽, 즉 따비로 푹푹 파낼 수 있게 되었어. 아직 설명은 하지 않았지만 중요한 게 하나 더 있어. 뭐냐 하면 그건 쟁기의 존재야. 농사짓기 시작했을 때에는 땅 파는 농기구로 괭이를 썼으나, 이후 더 발전된 형태의 쟁기가 등장했어. 괭이 농경에서 쟁기 농경으로 바뀌게 되지. 기원전 1세기 경 철제 따비가 달린 실물 쟁기가 경상남도 의창 지역에서 발굴되었어. 이 무렵 한반도 남쪽 지방에서는 확실히 철기 도구로 농사를 짓게 되었다는 것을 알려주는 증거지.

소의 힘을 빌린 농사법

농경무늬 청동기의 그림이 조선 시대의 김홍도 그림과 결정적으로 다른 점이 뭘까? "소가 그려져 있지 않아요." 그래 맞았어. 김홍도 그림에는 소 두 마리가 쟁기를 끌지. 소 한 마리의 힘은 장정 10여 명의 힘을 너끈히 넘어.
우리나라에서 소를 사용한 농경법인 우경농법은 3~4세기 이전에 시작되었어. 길들여진 소는 원래 제사 때 희생용으로 썼어. 이후에는 짐을 나르게 하는 데 쓰다가 논밭갈이에 사용하게 된 거야. 소로 농사를 짓게 되면서 같은 시간에 더 많은 땅을 더 깊게 팔 수 있게 되었지.
이렇게 귀한 소를 막 잡아먹어선 안 되겠지. 조선 시대 때 소를 함부로 잡아먹으면 극형에 처해졌어. 농사일에 소가 어떤 녀석인지 알려면 영화 〈워낭소리〉를 보도록 해. 늙은 소가 30년 이상 살면서 농사도 짓고 짐도 나르며 인간에게 봉사하고 있지. 또 주인 할아버지도 집안 식구 돌보듯이 소를 끔찍하게 생각하고 있어. 어찌 보면, 길들임과 길들여짐은 서로 함께하는 따뜻한 마음이 있기 때문에 생기는 것 같구나.

소 먹일 꼴을 날마다 마련하는 일 또한 매우 힘든 일이었어. 소의 힘을 이용해 농사를 하는 대가를 치른 것이지.

김홍도의 〈논갈이〉 조선 시대의 그림이야(위).
견우와 소 5세기 말 고구려 무덤의 벽화야. 견우가 소를 끌고 가고 있지. 이 그림이 그려진 무렵인 신라 지증왕 때(502년) 우경농법이 있었다는 기록이 있단다.

쌀농사는 언제 시작했을까?

언제부터 쌀농사가 시작됐는지 알아볼 차례가 됐어. 농사짓기를 결정짓는 핵심 요소가 괭이와 쟁기 같은 농기구란 걸 알게 되었지? 그래, 그런 걸 만들어 쓰던 시대에 곡식 농사가 시작되었어.

근데, 놀랍게도 탄화 쌀 관련 유물이 계속 발견되고 있어. 덩달아 측정 결과 계속 기원이 올라가고 있지. 한동안 기원전 1세기로 추정하고 있다가, 새 유물이 나와 기원전 7세기로 올라갔지. 1991년 경기도 일산에서 기원전 2400여 년 전의 볍씨가 발견되기도 했어. (1970년 태국에서 기원전 3500년 전의 볍씨가 발견된 적이 있는데, 이 발견은 그에 맞먹는 거야.) 우리나라 지역이 초창기 벼 재배 지역이었음

탄화 쌀 유물 곡식이 재배된 시기를 어떻게 알아낼까? 오래되어 탄화한 껍질, 즉 까맣게 탄 껍질로 방사능 연대 측정하는 방법으로 시기를 알아내지.

을 뜻하지. 벼 재배는 인도에서 시작해 중국을 거쳐 우리나라 지역에 들어온 거야.

우리나라 지역에서 벼농사가 신석기 말에서 시작되었다고 해도 널리 재배되기 시작한 건 삼국 시대 들어서야. 삼국 시대부터 쌀 생산량이 많아져 주식으로 자리 잡게 된 거지.

쌀은 우리나라 풍토에 잘 맞는 작물이었어. 또한 다른 작물보다 똑같은 땅 면적에서 얻어 내는 수확량이 월등히 뛰어났어. 그렇지만 대량 생산을 위해 극복해야 할 점이 많았어. 물 문제 해결이 핵심이었어.

물은 저수지에서 대거나 냇물을 퍼 올려서 대는 방식을 썼어. 저수지가 없던 시대에는 물이 늘 흐르는 산기슭 근처를 벗어날 수 없었어. 물이 대량으로 확보되지 않았을 때, 아무리 땅이 넓고 기름진 호남평야에서도 벼를 기를 수 없지. 대형 저수지를 만들고 관개 시설을 만들어 물 문제를 극복해 나갔어. 그 덕분에 평지의 많은 부분이 농토로 된 거야.

이춘녕 선생은 우리나라 쌀농사의 발전 단계를 다음과 같이 말하고 있어.

불 지르는 농법인 화전 방식으로 출발해서,
밭벼 농사 짓는 법으로 바뀐 후,
물이 항상 흐르는 산골의 천수답을 거치고,
지금과 같은 논농사가 되었다.

저수지 삼한 시대에 만들어진 제천의 의림지야. 빗물을 저장해 두었다가 농사지을 때 썼어.

또 모심기 방법(모내기)을 써서 생산량을 더 높였지. 모내기는 더 물에 의존하게 되는 방식이었지만 어린 모를 성공적으로 길러 낸다면 그냥 논에 씨를 뿌리는 것보다 훨씬 많은 수확을 거둘 수 있기 때문에 한 해 운을 걸고 모험해 볼 만한 일이었어. 또 저수지를 계속 만들고, 농사 방식을 개량해 위험성을 점차 줄여 나갔어.

삼국 시대부터 쌀의 생산량이 늘어나 주식이 되었고, 조선 시대에 이르러서는 인구 1천만 명이 1인당 1가마 생산량에 도달했어. 이게 어느 정도냐고? 공평하게 분배만 된다면, 조선 사람 누구나 굶주리지 않을 정도로 많은 생산

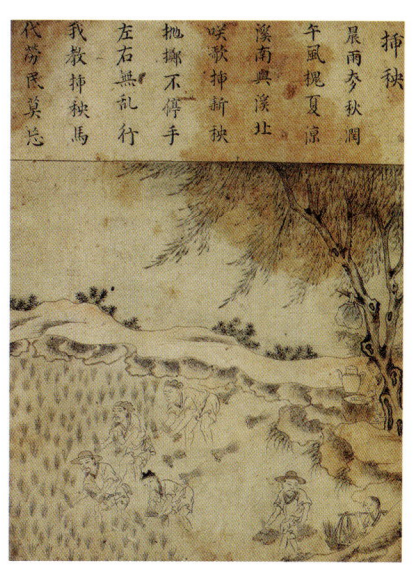

모내기 조선 시대 후기 모내기를 그린 그림이야. 농사 방식은 이어 오면서 점점 개량되었어.

량이었어. 그런데도 식량은 늘 부족했고, 굶어 죽는 사람이 넘쳐 났어. 왜 그랬을까? 계급과 신분에 따라 식량이 불공평하게 돌아간 거야. 중간에서 쌀을 독점하여 이익을 얻는 무리들까지 있었지. 이런 불공평은 수많은 백성들이 난을 일으킨 배경이 되기도 했지.

경직도로 보는 벼농사

아래 경직도에 나오는 벼농사의 과정은 다음과 같아. 논두렁 다듬기, 소 몰고 논 갈기, 모내기, 김매기, 가을걷이, 타작, 논에 거름주기 등의 장면이 보이지? 이 가운데 모내기, 김매기, 가을걷이는 꼭 알아야 해.

모내기는 조선 후기에 들어 크게 유행한 방법이야. 이전에는 그냥 논에 볍씨를 뿌렸어. 모내기는 벼의 모를 길러서 옮겨 심는 거야. 이렇게 하면 볍씨를 그냥 논에서 싹 틔워 기르는 것보다 수확량이 높았어. 근데, 모내기하는 방법

경직도 농가에서 하는 일들을 그린 그림이야. 이 경직도는 조선 시대에 병풍으로 그려진 거란다. 병풍 그림은 오른쪽부터 왼쪽으로 보면 된단다.

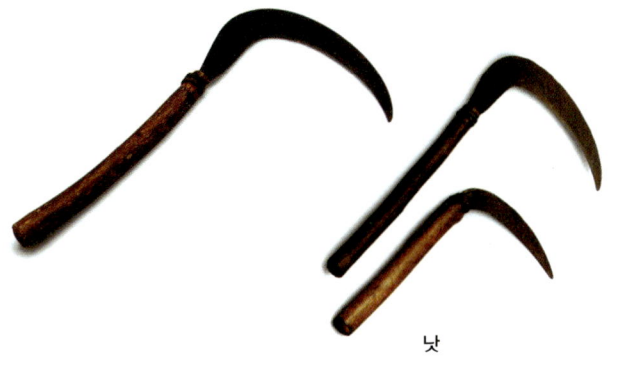
낫

호미

은 일찍부터 알고 있었지만 쉽게 보급되지 않았어. 왜 그랬을까? 이 방법은 모내기철에 논에 물이 많아야만 쓸 수 있는 방법이었기 때문이야. 이런 말 많이 들어봤을 거야.

"모내기철인데 가뭄이 심해 논바닥이 쩍쩍 갈라집니다. 아, 속이 타들어 갑니다!"

모내기는 잡초를 제거하는 김매기 횟수를 줄이는 방법이기도 했어. 논에 피와 같은 잡초들이 많이 생기면 수확량이 줄어들어. 잡초는 손으로 뽑거나 호미를 사용했어. 호미는 쟁기와 함께 농사짓기에 꼭 필요한 농기구지. 농부들이 논밭에 갈 때 늘 챙겨가는 농기구야. 주로 뿌리가 얕은 작물이나 잔일에는 호미를 썼어.

벼가 누렇게 익어 고개를 숙이는 가을이 되면 추수가 시작되지. 벼 벨 때 쓰는 농기구가 뭔지는 다들 알겠지? 그래, 낫이야. 조선 시대에는 낫으로 밑동을 잘라내 볏짚을 여러 용도로 썼다는 건 잘 알 거야. 근데 선사 시대에는 이삭만 땄어. 이때 쓴 칼은 반달처럼 생겼다고 해서 반달칼이라 하지.

"짚도 쓸모가 많은데 왜 선사 시대 사람들은 이삭만 땄어요? 기술력이 부

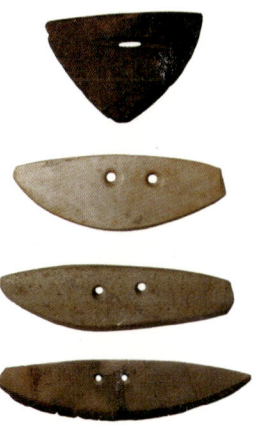

반달칼 낫보다 작아. 돌을 갈아 만들어 썼고, 철기 시대에는 쇠로 만들었어.

족해서 그랬나요?"

그건 아니야. 논에 벼줄기를 그대로 둔 건 비료로 쓰기 위해서였어. 봄에 불을 질러 태워서 그 재를 비료로 쓴 거였어. 이제 벼농사하기는 잘 알겠지?

신 나는 가을걷이

김홍도의 〈벼 타작〉

이 그림은 다섯 장면으로 이루어져 있어. 왼쪽 위부터 보자. 여섯 명의 농부 중 한 명이 털 벼를 지게에 지고 오고, 세 명이 볏단을 털고 있어. 그 옆에 한 명은 털린 볏단을 묶고 있고, 다른 한 명은 비를 들고 털린 낟알을 쓸어 모으고 있어. 오른쪽에 일 안 하고 담뱃대를 물고 있는 사람은 주인이 아니라 일을 감독하는 사람인데 '마름'이라고 했어.

가을걷이 후 벼를 털 때는 가장 신 날 때야. 봄부터 시작한 농사가 마무리되는 때라서 그래.

낟알 일부는 내년 농사의 종자로 써. 종자 하나에서 벼 한 포기가 열리니까 아주 많이 남길 필요는 없어. 다음 해 봄에 종자로 남긴 볍씨를 물에 불려서 논에 심는데, 이를 파종이라고 하지.

종자를 제외한 대부분의 낟알은 방앗간으로 가지. 껍질을 벗겨야 우리가 알고 있는 쌀이 되는 거야. 벼의 낟알은 바깥껍질과 속껍질 두 개로 싸여 있어. 바깥껍질만 깐 걸 현미라 하고 속껍질까지 깐 게 보통 우리가 먹는 흰쌀이야.

방앗간에는 두 종류의 농기구가 기다리고 있어. 쿵쿵 찧는 절구 같은 게 하나고, 맷돌 돌리듯 하는 게 다른 하나야. 손으로 찧는 절구가 더 발달하여 발로 긴 지렛대를 밟아 곡식을 찧는 디딜방아, 흐르는 물의 힘을 이용하여 바퀴를 돌려 곡식을 찧는 물레방아가 생겨났어. 또 맷돌이 발달하여 큰 맷돌을 소가 돌리는 연자방아가 생겨났지.

낟알을 털어 내고 남은 볏단도 쓸모가 컸어. 모았다가 초가 지붕을 이거나 새끼로 꼬아 짚신 같은 생활용품을 만들거나 불쏘시개로 사용했지.

밥 지어먹기

마지막으로 쌀로 지어 먹는 밥에 대해 알아보도록 하자. 퀴즈를 낼게.

"다음 네 가지 중 옛날 사람이 가장 먼저 쓴 방법은 뭘까? 또 맨 마지막에 쓴 방법은?"

①쌀 구워 먹기   ②쌀죽 해 먹기   ③쌀떡으로 해 먹기   ④쌀밥 해 먹기

힌트 줄게. 그릇과 관련이 있어. 선사 시대 이후에 그릇은 식량을 저장하거나 요리를 해 먹는 데 꼭 필요한 물품이 되었어. 대체로 그 용기들은 흙으로 만들거나, 청동기로 만들거나, 쇠로 만들었지. 쌀은 구워 먹는 게 가장 쉬운 방법이야. 그릇이 없이도 돌판에 구울 수도 있었을 테니까. 그다음은?

고구려 고분 벽화 중 부엌 아궁이에 불이 지펴 있고 시루에 음식 하는 사람이 있어. 밥을 하고 있는 것이 아닐까?

"떡 만들기보다 죽과 밥을 해 먹는 게 더 쉽지 않았을까요?"

죽이나 밥은 끓이는 조리인데, 만약에 진흙으로 만든 토기를 쓴다면 진흙이 우러나와서 먹을 수 없었을 거야. 이런 이유로 인류가 처음에 만든 토기는 밥 짓는 취사도구로 쓸 수 없었지.

근데 증기를 이용한다면 달라지지. 그릇 가운데에 나무판을 두고 쌀이나 곡식을 둔다면 바로 토기를 가열해도 직접 토기에 닿지 않고 증기로 인해 익혀지니까 아무런 문제가 없겠지. 지금도 시루떡은 이런 방식으로 찌고 있어. 그러니까 청동기로 만든 솥이나 철로 만든 솥이 나왔을 때 밥 짓는 게 가능해진 거야. 즉, 청동기 시대 때부터 밥을 지어 먹었다고

철로 만든 솥과 시루 고구려 고분 벽화의 부엌 그림과도 비슷하고, 요즘 쓰고 있는 시루와도 거의 같아.

볼 수 있어.

"그럼 맨 마지막 방법이 쌀밥 해 먹기네요?"

쌀밥이 주식이 되다 보니까 다른 문화가 더불어 생겨났어. 누룽지를 끓여 먹는 숭늉 문화가 생겼고, 쌀밥을 떠먹는 숟가락 문화도 생겼지. 찐 쌀로 만드는 막걸리 문화도 있구나. 조선 시대 들어 손님 대접 할 때 쌀 막걸리를 내놓았지. 그래서 막걸리를 '곡차'라고도 해. 이 셋은 모두 한국만의 독특한 식생활 문화야.

어때, 앞에서 쏟아진 궁금증이 다 해결되었지? 음식 문화도 농사짓는 법도 계속 발전하도록 과학의 힘이 뒷받침되었으면 해.

비밀노트

쌀을 먹기 전에는 무엇을 먹었을까

주로 먹는 곡식은 지역에 따라 달라. 아시아 사람들은 쌀이 주식인데, 서양 사람들은 밀이 주식이야. 기후와 풍토가 달라 잘 자라는 작물이 따로 있기 때문이야. 우리 풍토에서 잘 자라는 중요한 다섯 곡식을 묶어서 오곡(五穀)이라고 해. 오곡이란 말 많이 들어봤을 거야. 오곡밥 먹는 날이 언제지?

"정월 대보름이요."

딩동댕. 오곡은 보통 쌀·보리·콩·조·기장 이렇게 다섯 곡식을 말해. 중국에서는 보리·콩·피·수수·참깨·쌀 중 5개를 골라 오곡이라 했어.

"중국의 오곡에는 쌀이 빠질 수도 있겠네요?"

그래, 이를 보면 애초부터 쌀을 주식으로 삼지는 않았음을 알 수 있어. 인도에서는 보리·쌀·콩 이외에 깨와 밀이 오곡에 포함되어 있어.

그럼, 우리나라에서 처음 농사짓기 시작한 작물은 뭘까? 학자들은 대체로 피·기장·조·수수 재배가 가장 일렀다고 추정하고 있어. 그런데 새로운 유물이나 연구결과가 계속 나오고 있기 때문에 어느 게 가장 앞섰는지 단정하기에는 매우 힘든 측면이 있어.

피와 기장은 원산지가 인도이고, 수수는 아프리카의 에티오피아가 원산지로 알려져 있어. 중국과 우리나라는 피가 가장 먼저 정착했다고 봐. 중국에서는 기원전 2000~기원전 1000년 전에 피를 재배했어. 우리나라에서는 언제 시작되었는지는 분명치 않고 2~3세기에 발굴된 유적을 보면 이 무렵 피를 주식으로 했을 것으로 추정하고 있어.

불에 탄 밀 알이야. 부산 지역에서 발굴된 삼국 시대 유물이지.

근데, 기장이 뭐냐고? 요즘은 이걸로 밥을 해 먹지 않아. 주로 떡을 만들어 먹지. 기장떡 말이야. 수수떡과 비슷하게 생겼어. 피떡도 있어. 오늘날 논에서 피·기장·수수들이 자라면 잡초라 하고 뽑아내. 번식력이 강해 벼의 영양분을 많이 빨아먹기 때문이야. 하지만 피·기장·수수는 그 자체로 훌륭한 곡식들이야. 맛도 좋고. 쌀보다 큰 단점은 대량 생산에 약하다는 점이지.

쌀 생산량이 늘어나기 전까지는 보리와 밀이 5~6세기 삼국 시대의 주식이었어. 보리는 지중해 연안이 원산지야. 원래 보리는 큰 보리라는 뜻으로 대맥이라 하고 밀은 작은 보리라는 뜻의 소맥이라 하는데, 우리 옛 기록에서는 이 둘을 구별하지 않고 그냥 '맥'이라고만 썼어.

콩은 다른 작물과 달라서 만주 지역과 우리 땅이 세계 최초의 원산지야. 중국에서는 기원전 7세기 무렵 만주 지방에서 콩을 가져가 재배했다는 기록이 있어. 청동기 시대 유물 그릇에 콩이 눌려진 자국이 발견된 적이 있어.

고구려의 안악 3호 고분 벽화야. 우물가에 독이 많이 놓여 있어. 이런 독에다 발효 식품인 장이나 술을 갈무리해 두었을 거야.

콩의 원산지답게 우리나라에는 콩 음식 문화가 크게 발달해 있어. 가장 대표적인 것이 뭘까? 된장이야, 된장. 콩으로 메주를 만들어 썼어. 중국의 《삼국지》 위지동이전을 보면, 동이족이 장을 잘 만든다는 기록이 있어. 3세기쯤 만들어진 고구려 무덤에는 된장 독 비슷한 게 그려져 있고, 408년에 만들어진 고구려 벽화에는 염시, 곧 된장이란 말이 적혀 있어. 또 우리의 된장은 고대 일본에 건너가 일본의 이름난 된장 '미소'가 되었다고 해.

▼
■이 글 쓰는 데 이춘녕 선생의 《한국 농학사》와 이성우 선생의 《한국 식품 문화사》 두 책이 큰 도움이 되었어. 또 《브리태니커백과사전》의 항목도 참고했어.

3 김치는 언제부터 빨개졌을까

내가 카이스트에서 한국 과학사 수업할 때, 대학생 언니 오빠들이 가장 재미있어 하는 주제가 뭔지 알아? 7~8명 정도로 한 조를 짜서 주제를 발표하는 수업이야. 측우기 조사? 아니야. 천상열차분야지도 연구? 아니야. 거북선? 첨성대? 모두 아니야. 바로, 김치 담그기! 언니 오빠들은 김치의 역사, 김치의 과학성, 김치의 종류 등을 열심히 공부해서 김치 도사가 되지. 그것보다 더 재미있어 하는 건 직접 김치 담그기를 할 때야. 배추 다듬으면서 깔깔깔, 배추를 소금에 절이면서 깔깔깔, 파 자르면서 깔깔깔, 마늘 다지면서 깔깔깔, 멸치젓 넣고 양념 버무리면서 깔깔깔. 아예 수업 이름을 '깔깔깔 수업'이라고 해야 할 정도야.

왜 김치 담그기가 재밌을까? 먼저 쉬워. 전문가의 어려운 지도가 없어도 할 수가 있어. 또 정 어려우면 금방 구원 요청할 수 있지. 엄마! 할머니! 최고의 전문가가 아주 가까운 곳에 있어서 걱정이 없어. 또 김치라면 한국인들이 날마다 먹는 거잖아. 무엇보다도, 내 손으로 담근 김치가 어떤 맛이 나올까 무척 궁

금해서 정성껏 담그게 되지.

드디어 버무린 김치를 맛보는 때가 왔어. 맛을 보고는, 짜면 짜다고 깔깔 깔, 맹탕이면 맹탕이라고 깔깔깔. 해냈다는 성취감, 친구들과 같이 했다는 유대감, 김치 담글 줄 안다는 한국인이라는 소속감, 이 모든 게 한바탕 어울려서 김치 수업이 그처럼 재미있고 맛깔스럽게 느껴지는 거겠지. 또 눈앞에 보이는 것은 아니어서 실감이 나지 않지만, 사실 농부의 땀, 학자의 열정, 장인의 솜씨 발휘가 어우러진다는 것이 더 큰 감동일 거야. 김치가 입에 들어가는 순간 그 감동이 한꺼번에 밀려오는 거겠지.

김치에서 가장 중요한 것

자, 너희들도 김치 담그기를 해 보자. 벌써부터 얼굴에는 웃음꽃, 입안에는 군침이 슬슬 피어나는 것 같지 않니? 퀴즈 먼저 풀도록 하자.

"다음 다섯 가지 중 김치에서 가장 중요한 것은 무엇일까?"
① 배추 ② 소금 ③ 마늘 ④ 고추 ⑤ 젓갈

"배추요." 배추가 주인공 같지만, 답은 아니야. 김치는 배추로만 담그는 게 아니잖아. 열무김치도 있고, 파김치도 있고, 오이소박이도 있어.

답은 ② 소금이야. 채소로 절여서 먹을 수 있는 것은 이것저것 다 김치가 될 수 있어. 김치는 채소를 '소금'으로 절여 얻은 결과물이야. 그러니까 김치는 채소를 짜게 절이는 음식 중의 하나야. 채소를 절이는 건 오직 소금이 하지. 피클이나 단무지처럼 초로 절이는 음식도 있는데, 이건 김치라고 하지 않아.

소금으로 절여 두면 맛이 시어지며 익는 과정, 즉 발효가 발생해. "채소, 절임, 발효", 이게 김치의 3대 요소야. 소금은 김치 만드는 데뿐만 아니라 장 만드는 데, 젓갈 만드는 데 꼭 필요한 재료야. 김치, 장, 젓갈은 소금을 쓴다는 공통점 말고도 또 공통점이 있어. 그게 뭘까?

"오랫동안 두고 먹을 수 있어요." 그래, 맞았어. 콩이든 채소든 과일이든 물고기든 절일 수 있는 음식은 다 절이는 거야. 그럼 두고두고 사시사철 먹을 수 있지. 절이면 여름에도 상하지 않고 겨울철까지 보관할 수 있지. 농사 책인 《농가월령가》 한 구절을 보도록 할까? 7월달에 할 일이야.

채소 과일 흔할 적에 저축을 많이 하소.
박·호박 켜고, 오이·가지 짜게 절여 겨울에 먹어 보소.
귀한 물건 아니 될까.

문방도에 그려진 가지와 오이

고추와 함께 김치 혁명

시대별로 어떤 채소가 김치 재료로 쓰였는지 궁금하지 않니?

남아 있는 기록 중 가장 앞선 채소 절임은 삼국 시대의 수수보리지란 김치야. 쌀가루와 소금에다 채소를 절였는데 주로 무를 절였어. 수수보리지를 전해 받은 일본은 쌀가루 대신 쌀겨를 썼고, 이것이 오늘날 단무지가 되었다고 해. 이와 함께 많은 종류의 채소가 김치 재료로 쓰였을 거야.

고려 때에 무를 절여 김치와 장아찌를 담갔다는 기록이 있어. 무를 소금에 절인 김치는 아마도 동치미였을 거야. 장아찌는 김치와 약간 달라. 장아찌는 간장을 소금과 함께 사용한다는 점에서 단순한 소금 절임인 김치와 다른 거야. 고려 때는 무뿐만 아니라 여뀌 같은 야생초도 김치를 담가 먹었어. 오늘날의 고들빼기김치도 야생풀 김치라 할 수 있지.

대체로 고려 시대까지 김치는 주로 단순히 채소를 소금에 절인 음식 수준이었던 것 같아. 고려 시대까지도 배추를 김치로 먹었다는 기록은 보이지 않는구나. 《향약구급방》이라는 의학 책에 오이, 동아, 부추, 아욱, 상추, 파, 무 등이 실려 있어. 모두 김치 재료인 채소야. 채소가 주로 약용이었다가 식용으로 바뀐 것임을 짐작하

나물 캐는 여인 고려 시대까지도 배추를 밭에서 길러서 김치로 담갔다는 기록은 없어. 여뀌나 고들빼기 같은 나물을 캐서 김치를 담가 먹었을 거야. 그림은 조선 시대 윤두서가 산에서 나물을 캐고 있는 여인들을 그린 거야.

게 해 주지. 근데 우리나라에는 없지만 이웃 나라 중국과 일본의 기록에서 양념을 넣어 담근 김치 기록이 남아 있어. 조피나무 열매, 여뀌, 마늘, 생강 같은 양념을 섞은 거야. 이를 보면, 고려에도 이런 김치가 있었을 거라고 짐작돼. 그렇다 해도 지금 우리가 먹는 김치와 크게 다르지. 붉은 고추와 젓갈이 듬뿍 들어간 김치는 아니었어. 고려 시대까지 우리나라 김치는 중국이나 일본의 채소 절임 식품과 크게 다르지 않았단다.

김치의 어원
옛날에는 김치를 딤채라고 했어. 딤은 한자말 '가라앉을 침(沈)'에 대한 옛 발음이었다고 해. '채'는 채소를 뜻하기도 하고, 절인 것이라는 뜻의 '지'를 뜻한다고도 해. 짠지, 단무지 할 때 '지' 말이야. 처음에는 '지'란 뜻으로만 쓰였는데, 17세기 이후 '채소 채(菜)'를 쓰는 게 나타났어. 어쨌든 뜻에는 약간 차이가 있지만 옛 사람들이 절인 채소 음식을 딤채, 즉 김치라 부른 것만은 같아.

그러다 우리나라만의 김치 혁명이 일어났어. 고추가 들어가면서부터지. 색깔이 지금 김치처럼 빨개졌기 때문만이 아냐. 고추가 들어가면서 또 하나의 대담한 모험이 시도될 수 있었어. 젓갈을 김치에 넣을 수 있게 된 거야. 고추가 젓갈의 비린 냄새를 줄이거나 없애는 구실을 한 거지. 고추와 젓갈이 함께 들어가면서 이 세상에 둘도 없는 독특한 맛을 내는 김치가 만들어졌어. 고추의 콕 쏘는 매운 맛, 젓갈이 들어간 김치 국물의 싱싱한 발효가 어울린 결과지. 그런 가운데 새로운 작물인 배추가 여러 가지 채소 중 고추, 젓갈과 가장 잘 어울리는 것으로 자리를 잡게 되었어. 고추와 젓갈을 넣는 시도는 중국에도 일본에도 없었어.

향신료의 역사

김치에 고추를 넣은 것은 얼마 되지 않은 일이야. 1766년에 처음 기록이 보여. 유중림의 《증보산림경제》라는 책에 나오지. 지금으로부터 약 250년 전이네. 조금 지나면 김치에 새우젓을 넣었다는 기록이 있어. 1804년에 나온 《규합총서》에 전복과 유자를 넣은 김치, 육류와 어류를 넣은 김치를 담갔다는 기록

> **발효가 주는 영양**
>
> 영양학자들은 우리나라 김치의 가장 큰 특성은 김치에다 고추를 섞는 것이라고 해. 고추는 비타민 C가 매우 많아서 사과의 50배, 귤의 2배에 이를 정도야. 또 고추에 많이 함유되어 있는 매운맛 성분인 캡사이신이란 물질과 비타민 E가 비타민 C를 싱싱하게 유지하게 하는 구실을 해. 그래서 우리 조상은 긴 겨울 동안 부족하기 쉬운 비타민 C를 김치를 통하여 섭취했던 거야. 캡사이신은 또 젓갈이 썩어 비린내가 나는 것을 막아주는 구실도 하지. 또 고추와 마늘은 김치를 발효시키는 젖산균의 번식을 크게 도와준다고 하지. 그래서 잘 익은 김치 종지에 고인 요구르트 같은 김칫국에는 우리 몸에 좋은 젖산균이 우글우글해. 또 김치에는 우리 몸에 꼭 필요한 식물섬유도 충분히 있어. 이렇듯이 김치는 미각·촉각·시각은 말할 나위도 없거니와 영양상으로도 식물성과 동물성을 아울러 가진 완전한 영양식품이라 할 수 있어. 그래서 이제 밥반찬을 넘어 거의 식량의 단계까지 육박하게 된 거야.

이 보여. 지금부터 약 200년 전의 일이야.

배추는 《증보산림경제》에서도 보이지만 그건 지금 배추와 달리 푸석푸석한 배추였어. 지금 먹는 것과 같이 속이 꽉 찬 배추가 쓰인 건 채 100년도 되지 않아. 배추의 품종을 개량하고, 들어가는 생선 젓갈이 여러 가지가 나오고, 또 교통이 발달하면서 김치 담그는 조리법이 널리 알려지면서 지금 우리가 먹고 있는 갖가지 김치가 생겨났지.

한국식 김치가 탄생한 결정적인 요인이 뭐라고 했지? 고추잖아. 그래서 고추에 대해선 더 알아야 할 필요가 있어. 그건 맛을 내는 양념, 좀 어려운 말로 하면 향신료(香辛料)의 역사와 관련되어 있어. 향신료는 향기롭거나 매운맛을 내게 하는 재료란 뜻이야.

향신료를 아는대로 말해 보렴.

"생강, 양파, 마늘, 부추, 파, 겨자, 박하, 고추, 참깨……" 그래, 많이 알고 있구나.

천초(산초)라는 것도 있어. 천초는 우리가 추어탕 먹을 때 넣어 먹는 매운맛을 내는 양념이야. 이 밖에 후추, 계피, 카레 원료인 울금, 정향나무의 꽃봉오리에서 얻는 정향, 육두구 열매의 씨인 육두구, 바닐라, 초콜릿 등 아주 많은 향신료가 있어.

향신료는 보통 약으로 많이 썼어. 대다수 향신료는 열대 지방, 남아시아, 인도 지역에서 생산되는데, 16세기 이전에는 아라비아 상인이 이를 서양에 독점하여 판매했지. 향신료가 대륙 간에 이동을 하기 시작한 거야.

인도의 후추

고기를 주식으로 먹는 서양인들은 이런 향신료가 꼭 필요했어. 후추를 특히나 좋아했지. 지금도 수프나 스테이크에 꼭 들어가잖아. 배를 타고 서양에 간 향신료는 엄청나게 비쌌어. 그 먼 길을 돌아가고 또 아라비아 상인들이 독

점하고 있었으니까. 부자들만 먹을 수 있었어. 그래서 1492년 콜럼버스가 나섰어. 직접 인도에 가서 향신료를 구해가지고 오려고 했던 거야. 그러다가 인도가 아니라 서인도, 곧 아메리카 대륙에 처음 도착한 유럽 사람이 된 거지. 콜럼버스 일행이 인도인 줄 알고 갔던 아메리카 대륙에는 모르고 있던 식물들이 많이 있었어. 감자, 고구마, 옥수수, 토마토, 담배와 함께 고추가 그곳에서 자라고 있었어. 얼마 지나지 않아 유럽 사람들은 아시아에도 배를 타고 오게 되었어. 서양 사람들이 아시아 대륙의 향신료를 직접 무역하기 시작했지. 이후 이런 식물들이 대륙을 넘나드는 대이동이 시작됐어. 기후가 알맞으면 다른 대륙에서 자라기도 했지. 흥미진진한 감자, 고구마, 담배 이야기는 다음번에 살펴보자.

고추와 조선 사람의 운명 같은 만남

고추가 조선 사람을 만난 건 운명이었어. 중국과 일본도 고추를 들여왔어도 그걸 가장 널리 음식에 응용한 건 조선이었어. 매운 고추와 매운맛을 좋아하는 조선 사람의 만남은 환상적이었거든. 조선 사람은 고추 맛에 반해서 이전까지 쓰던 매운맛 양념인 천초는 뒷전에 팽개치고 고추만을 사랑하게 된 거야. 고추는 감격

김홍도의 〈주막〉 오른쪽 남자가 숟가락으로 국밥을 맛있게 먹고 있어. 그릇을 기울여서 국밥을 뜨고 있지? 밥그릇 앞에 있는 작은 그릇에 담긴 반찬은 김치일 거야. 고추가 들어간 김치일까, 아닐까?

하여 김치의 맛으로, 고추장의 맛으로 그 사랑에 보답했어.

운명 같은 만남이 언제 처음 이뤄졌을까? 문익점이 목화를 들여온 것처럼 기록이 남아있다면 궁금증이 확 풀릴 텐데, 고추는 언제 들어왔는지 정확히 알 수는 없어. 1613년 이전에 고추가 들어왔다는 것만 알 수 있어. 이수광의 《지봉유설》에 나와 있지.

누가 가져왔을까? 그것도 몰라. 일본을 통해 들어온 것만은 확실해. 근데, 일본의 어떤 기록은 거꾸로 조선에서 고추를 들여왔다고 해. 또 어떤 기록은 중국을 통해서 들어왔다고도 하고. 분명한 건 1542년 대항해의 주역인 포르투갈 사람들이 일본과 교류할 때 들여왔다는 것, 또 그게 이런 저런 과정을 통해서 조선에 흘러들어온 것은 분명해. 1592~1598년에 있었던 임진왜란이 연관

천초, 후추, 고추

아 참, 고추에게 연인을 빼앗긴 불쌍한 천초에 대해서도 한마디도 안 한다면 쌀쌀맞은 짓일 거야. '초'는 우리말로 조피나무 껍질로부터 얻은 매운맛이 나는 향신료야. 우리나라와 중국에 걸쳐 자생하는 식물이야. 중국의 사천 지방의 것이 가장 낫다고 해서 사천의 '천' 자를 따서 천초라고 했어. 일본에서는 산초라고 했지. 이 조피 껍질은 매운맛을 내는 대표적인 향신료였어. 또 약용으로도 널리 쓰였어. 이 초 자에 '오랑캐 호(胡)' 자가 붙은 게 호초, 즉 후추고, '매울 고(苦)' 자가 붙은 게 고추야. 후추는 한나라 때 장건이 서역, 곧 오랑캐 지역에 갔다가 가져왔다고 해서 붙은 이름이야. 장건은 비단길을 이용했어. 고려 때는 해상 무역을 통해 후추가 국내에 들어왔어. 대단히 비싸서 평범한 사람들은 꿈도 못 꿨어. 고추는 잘 자랐기 때문에 후추와 사정이 달랐지. 고추가 처음에 들어왔을 때에는 이름이 일본에서 가져온 겨자란 뜻으로 '왜겨자'라고 했어. 이후 "맵다", "활활 타오르는 것 같다"는 뜻의 '고' 자가 붙어 고초가 되었어. 말의 어감이 약간 바뀌어 고추가 된 거야.

천초 열매와 잎

되어 있을 가능성이 커.

이후 중국, 조선, 일본에서는 고추가 다 잘 자랐어. 열대 기후에서만 잘 자라는 후추와 달리 고추는 열대는 물론 온대 지방에서도 잘 자랐으니까. 고추는 우리 땅에 맞게 점점 개량되었어. 한·중·일에서 각각 개량된 품종이 서로 섞이는 식으로 고추의 더 나은 개량이 이루어졌을 거야.

세계인과 함께하는 식탁

오늘날 김치는 맛, 영양, 색깔은 물론 씹는 맛까지 좋고, 또 식물성, 동물성을 고루 갖춘 완전한 영양식품으로 평가를 받고 있어. 김치 없는 밥상은 생각할 수 없게 된 거지. 나는 외국 나갔을 때 가장 먹고 싶은 음식이 김치찌개였어. 거의 모든 한국 사람은 마찬가지일 거야. 근데, 김치를 꼭 한국 사람에게만 가둬 둘 필요는 없어. 세계 사람이 같이 나누어야 할, 한국인이 개발한 기막힌 음식이야.

카레라이스 좋아하지? 카레가 어디서 온 건지 아니? 울금이란 약초가 카레 원료인데 인도에서 왔어. 삼국 시대부터

양반집의 장독대 김홍도가 그린 것으로 전해지는 〈평생도〉에서 돌잔치를 하는 모습이야. 왼쪽에 장독대가 보이지? 간장, 된장, 고추장이 들어있을 거야.

약재로 수입되었지. 카레로 만들어 먹은 건 요새 이야기야. 울금은 힘이 세게 해 주는 약이니까 너희도 많이 먹으면 튼튼해지겠다.

자장면도 좋아하지? 자장면이 중국에서 온 건 다 잘 알고 있을 거야. 중국에선 산동 지방에서 주로 먹던 건데 20세기 전후에 청요리가 들어온 뒤 우리나라 입맛에 맞게 바뀌어서 지금은 오천만 국민이 모두 좋아하는 식품이 되었어. 자장면의 자장은 콩으로 만드는 장인데 발효를 시키는 된장과 달리 볶아서 만들지.

우동과 초밥, 이건 일본 사람들이 즐겨 먹던 거야. 18세기 일본의 도시가

창덕궁의 장독대 조선 시대에 그린 〈동궐도〉야. 궁궐에도 장독이 가지런히 놓여있어. 장이나 김치가 들어 있지 않을까?

발달하면서 도시로 몰려든 일꾼들이 급하게 끼니를 해결하기 위해 만든 음식이야. 이제는 세계 사람들이 즐겨 먹는 음식이 되었어.

　태국 요리, 이태리 요리, 프랑스 요리도 대단한 음식들이지. 음식 이름을 대라고 하면 수없이 많이 나올 거야. 이런 세계 요리 덕분에 우리는 입맛의 즐거움을 맛볼 수 있는 거야.

　우리가 받기만 하고, 주는 게 없다면 섭섭한 일이지. 한국 음식도 세계적으로 유명한 게 있어. 셋만 꼽아 보면? 불고기! 비빔밥! 김치! 이중에서 밑반찬으로 쓰이는 김치는 외국의 슈퍼마켓에서도 팔 만큼 찾는 사람이 많은 음식이 됐으니까, 더욱 더 값어치가 있지. 게다가 잘 만들어 수출하면 외화도 많이 벌어들일 수 있잖아.

　"와, 젓갈이 어울린 빨간 김치가 너무 좋아요~. 김치 없으면 못 살아요."

　이처럼 외국 사람들도 한번 맛을 알면 푹 빠지는 음식이 바로 김치야. 그럼, 우린 과학으로 김치를 더 발전시켜 그 기대에 보답하도록 하자. 김치의 영양가를 더 높이는 것, 김치의 맛을 세계인에게 더욱 맞추는 것, 김치를 더욱 싱싱하게 보관하는 법 등이 과학자가 관심을 가져볼 만한 과제들이야.

 비밀노트

쌀보다 비싼 소금

소금은 한마디로 음식의 마술사야. 인류에게 쌀보다 더 중요한 게 이 소금이지. 쌀은 다른 곡식으로 대체할 수 있지만, 생존을 위해 필요한 대부분의 염분 섭취를 소금으로 하기 때문이야. 그럼 우리 조상들은 언제부터 소금을 먹기 시작했을까? 또 어떻게 소금을 얻었을까 궁금해지지?

인류가 소금을 이용하기 시작한 건 기원전 6000년 즈음으로 추정돼. 원시 시대에는 고기와 우유를 먹으면 자연스럽게 그 안의 염분을 흡수할 수 있었어. 그러다가 농경 사회가 시작되어 곡식과 채소를 주식으로 삼으면서 소금을 따로 먹어야 했단다. 소금이 얼마나 중요했냐 하면, 봉급을 뜻하는 샐러리(salary)란 말이 달마다 소금을 받는다는 뜻이었어. 고대 로마에서 생긴 말이야. 중국에서는 기원전 1000년 무렵에 이미 소금 판매 제도가 있었어. 우리나라에서는 삼국 시대부터 소금을 썼다는 기록이 보여.

우리나라에서 옛날에 소금을 만드는 방법은 바닷물을 끓이는 거였어. 높은 온도로 끓이면 물은 증발하고 소금만 남잖아.

"그럼, 염전에서는 소금을 어떻게 만들어요?"

좋은 질문이다. 개펄에 놀러 가보면 바닷가에 논 모양을 만들어 둔 거 봤을 거야. 그게 염전이야. 염전에 흙을 갈아엎어 놓으면 흙에 바닷물이 스며들게 돼. 그 흙을

우리나라 서해의 염전

가져다 끓이면 흙에 붙어 있는 소금기가 소금이 돼. 그냥 바닷물을 끓이는 것보다 힘도 덜 들고 훨씬 더 많은 소금을 얻을 수 있어. 우리나라에서도 옛날에는 그냥 바닷물을 끓이는 방식을 썼다가 차츰 염전 재배로 바뀌었어. 더 원시적인 방법은 해초(바다 식물)를 태우는 거야. 그 재에 소금기가 있기 때문에 소금을 얻을 수 있었어. 우리나라에서는 조선 시대까지 지역에 따라 이 세 가지 방식이 다 나타나.

소금은 꼭 필요했기 때문에 나라에서는 소금 판매로 세금을 많이 거두려고 했어. 민간인들은 소금 장사를 못하게 하고 오직 나라에서만 할 수 있도록 한 거지. 이를 전매 제도라고 해. 중국에서는 기원전 700년경 춘추 시대부터 소금 전매 제도를 실시했어. 우리나라에서는 고려 때부터였지. 조선 시대에는 그게 풀려 보통 상인들도 소금을 팔 수 있었어. 그래서 옛이야기에 흔히 보이는 소금장수 이야기가 가능했던 거야. 어둑해진 밤, 소금장수가 지쳐 산길을 가는데 어디선가 불이 깜박깜박…… 예쁜 처자 아니면 꼬리 아홉 달린 여우가 기다리고 있었겠지. 이솝 이야기에도 소금장수가 나오지. 소금 실은 당나귀 나오는 이야기 기억하지?

소금장수가 가난했을 거라고? 글쎄, 소금 장사는 꽤 돈이 됐기 때문에 수익성이 높은 사업이었어. 여기저기 떠돌면서도 해 볼 만한 사업이었지.

專賣
오로지 전 / 팔 매
어떤 물건을 독점하여 판다는 뜻으로, 대개 국가가 나라의 수입으로 쓰기 위해 어떤 물건의 판매를 독점하는 일을 말해.

▼
■ 김치와 향신료 전반에 관한 건 이성우 선생의 《한국 식품 문화사》를 주로 참조했어.
■ 소금에 관한 내용은 유승훈 선생의 《우리나라의 제염업과 소금 민속》이란 책을 봤어.
■ 각 항목의 정보 확인은 《브리태니커백과사전》, 《한국민족문화대백과사전》이 도움이 되었어.

4 열매가 주렁주렁 맺히는 책

오늘은 내가 꾼 꿈 이야기를 해 줄게. 이번 원고를 준비하다가 깜빡 잠들었다가 꾼 꿈이야. 글쎄, 딱딱한 농사 책 내용을 어떻게 쉽게 설명해 줄까 몹시 고민했더니, 이런 꿈을 꾸었지 뭐야. 한번 들어 볼래?

농사짓는 비법이 담긴 책

때는 조선 시대, 1500년 어느 이른 봄날.

"아, 이제 나는 병이 심해 더 이상 못 살 것 같구나."

"아버지, 돌아가시면 안 돼요. 우린 누굴 믿고 살라고."

"사람은 누구나 한 번은 죽는 거란다. 근데, 나 죽은 뒤 너희들이 어떻게 살아갈 지 걱정이 되어 차마 눈이 감기지 않는구나. 내 일생 동안 논·밭·과수·채소·가축을 계속 늘려오긴 했지만……. 애들아, 벽장 안 궤짝을 열어 보아라."

"모두 책이에요. 《농사직설》, 《금양잡록》, 《사시찬요초》가 있어요."

"그래, 그 책들이 농사짓는 방법을 알려줄 것이니 농사일에 소홀함이 없도록 해라."

"예, 잘 알았어요. 아버지, 흑흑~"

"자식들아, 잘 연구해 꼭 성공하기 바란다. 그리고 행복하게 살거라. 그럼, 이 책들을 믿고 난 편하게 눈을 감겠다."

돌아가신 아버지를 산소에 모시고 난 뒤 누나와 동생은 아버지 궤짝 속의 책을 공부하면서 어떻게 농사를 지을까 고민하기 시작했어. 아버지가 물려주신 유산이 논, 밭, 과수, 가축 등 수두룩했거든. 또 지을 옷을 위해 삼나무, 모시풀, 뽕나무까지 치고 누에도 기르셨네. 또 틈틈이 예쁜 꽃까지 기르셨어. 그래서 앞뜰 뒤뜰에 계절에 맞춰 매화, 복숭아꽃, 국화, 석류꽃들이 만발했던 거지. 울타리로 심은 개나리도 아버지가 가꾸신 거였어.

봄에 매화꽃으로 둘러싸인 초가집이야. 조선 시대 후기에 그려진 그림이야.

오누이는 《농사직설》을 가장 먼저 읽기 시작했어. 왜냐하면 그 책에 농사일에 가장 중요한 내용이 들어 있었기 때문이야. 다른 두 책들은 《농사직설》을 보완하거나 추가한 거였지. 참, 책이 한자로 쓰여 있으니까 농사꾼의 아이들이 읽기에는 힘들었어. 하지만 꿈에서 불가능한 일은 없으니까 이해해 주기 바랄게.

"책을 훑어보니, 역시 세종 임금님은 대단하신 분이었어. 동생아, 그렇지 않니? 조선의 기후 풍토가 중국과 다르기 때문에 실정에 맞는 책을 만들어야 한다고 말씀하셨군. '나랏말씀이 중국에 달라⋯⋯' 훈민정음을 만든 정신이 이

농사의 비법을 담은 세 책

■ 《농사직설》책 이름의 뜻은 농사에 대한 직접적인 경험을 말한다는 거야. 세종 임금의 명을 받들어 공조판서 정초와 실무 책임자 변효문이 편찬한 책이야. 경상도, 전라도, 충청도 등 농사 기술이 발달한 지역의 실제 경험을 정리했어. 1430년 정초와 변효문이 엮은 완성본 1000부가 찍혀 전국에 보급되었어. 이후 《농사직설》은 조선 시대 농사의 기본이 되었어. 모내기하는 법이나 문익점이 도입한 목화 재배법이 처음 등장한 농사 책이기도 해. 쌀·보리·콩·조·기장 등 오곡에다 피·밀·팥·삼 등의 종자를 관리하는 법, 밭과 논의 지력을 높이기 위해 봄·여름에 한 차례, 가을·겨울에 한 차례 땅을 갈아야 한다는 것, 잡초를 뽑기 위해 김매기 하는 방법도 담고 있어. 조선의 풍토가 중국과 달라 우리 풍토에 꼭 맞는 책을 만든 거야. 이런 책이 이전에 없었으니 그게 얼마나 소중한지 잘 알겠지.

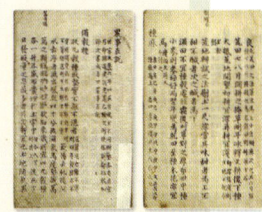
《농사직설》

■ 《금양잡록》은 노련한 농부의 풍부한 경험이 담겨 있어. 《농사직설》에 실린 농작물을 대상으로 했지만, 거기에 없는 내용으로만 보완했지. 1475년 성종 임금 시절 좌찬성 강희맹 대감이 쓴 책이야. 금양이란 지명은 지금의 과천, 시흥 지역이야. 관직에서 은퇴한 강희맹이 금양 지역에 머물며 경험 많은 농부에게 들은 여러 이야기를 정리했어. 그래서 책 이름에 잡록이란 말이 들어 있지.

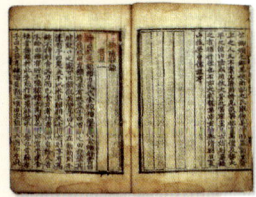
《금양잡록》

강희맹은 물론 농사일에 아주 밝은 인물이었어. 《농사직설》과 달리 이 책은 흙의 성질에 맞는 품종의 선택, 바람에 견디는 품종, 품종에 따라 다른 농사법을 특징으로 해. 그건 백성들의 실제 농사에 아주 도움이 되는 내용이었어. 특히 벼의 품종을 풍토와 기후에 따라 선택해 심을 수 있도록 19종씩이나 실었어. 그중에는 일본에서 들여온 '늦왜자' 같은 볍씨도 있어.

■ 《사시찬요초》는 '네 계절에 따른 요점을 골라 엮은 것 중 핵심을 뽑았다'는 뜻이야. 강희맹이 《금양잡록》의 자매편으로 썼어. 달마다 해야 할 일과 우리가 이미 공부한 24절기별로 해야 할 일을 적어놓았어. 수많은 민속 내용이 적혀 있기도 해. 이 내용은 나중에 '달마다 농가에서 해야 할 일을 노래한다'는 《농가월령가》의 모태가 되었지.

《사시찬요초》

채소, 옷감을 짜는 목화, 염색에 쓰는 홍화 재배는 물론이거니와 누에를 기르는 양잠, 벌을 치는 양봉, 가축 기르기, 과수 기르기는 오직 이 책에만 실려 있어. 중국 당나라 때 한악이 지은 《사시찬요》를 요약한 형식의 책이지만, 단순한 요약본이 아님을 기억하렴. 강희맹 대감이 조선 실정에 맞게 수정했거든. 달마다 절기마다 꼭 해야 할 일이 달력처럼 적혀있어서 편리하게 쓸 수 있었지.

미 확고하게 자리 잡혀 있으셨군. 음, 젊은 세종이 왕에 오르자마자 다른 무엇보다도 먼저 《농사직설》을 편찬토록 한 것이군. 《농사직설》을 펴낸 뒤에 측우기, 오목해시계, 자격루, 칠정산 등도 만드셨지."

"이것 봐, 누나. 《금양잡록》에는 논농사 짓는 법이 훨씬 자세하게 나와 있어. 음, 모든 게 구구절절 쓸모 있는 내용만 적혀 있잖아."

"와, 《사시찬요초》이건 되게 편하겠는데!"

둘이 동시에 소리를 질렀어.

"그때그때 해야 할 일을 달력으로 정리해 놓았어!"

《사시찬요초》에 어떤 내용이 적혀 있는지 맛을 보도록 할까? 농사를 준비하고 씨를 뿌리는 2~4월의 내용을 잠깐 보도록 하자.

농사를 지어보자

자, 누나가 먼저 시작할게. 내가 끝나면 동생이 이어서 해. 하나씩 말하는 거야.

2월. 모든 나무는 이 달에 심어야 한다. 과실나무는 보름날까지 끝내야 한다.

경칩. 봄보리를 파종하되 순무의 종자를 섞어 뿌린다.

춘분. 부추, 파, 오이, 가지, 미나리, 홍화 등 모든 채소와 풀의 씨앗을 뿌린다.

3월. 초하룻날 구름이 끼고 비가 내리면 누에농사가 잘된다.

어쭈, 잘하는데. 이번엔 청명. 땅 갈이를 한다. 땅을 갈 때에는 처음 갈이 때는 깊게, 두 번째 갈이 때는 얕게 한다. 청명에 이른 조, 기장, 늦벼의 씨를 뿌린다.

곡우. 호미를 만들고 푸른 콩을 심으며 보리밭의 김을 맨다. 또 누에씨(누에의 알)를 꺼낸다. 꿀벌을 기르기 시작한다. 지난해 파종한 보리밭을 두 번째 호미질한다.

4월. 그믐날 아침 비가 적게 내리면 벌레의 피해가 크지 않다.

입하. 들깨, 목화, 늦은 홍화 씨를 뿌린다. 생강, 수박, 참깨 재배를 시작한다. 생강은 흰 모래땅이 좋다. 수박도 모래땅이 좋다. 논에 풀을 베어 만든 거름을 준다. 올벼 논에 호미질을 한다.

소만. 소나 말에게 들풀을 먹인다. 붉거나 검은 콩을 심는다.

누나, 이제 나머지는 각자 읽어서 알도록 하고 달력에 적어 놓았다가 날마다 보면서 할 일을 하면 되겠지. 근데, 누나. 나 수박 좋아하는 거 알지. 우리 수박 농사도 지어보지.

뭐라고 썼는지 볼까? 수박은 모래땅에서 잘 자라. 구덩이를 넓게 파고 흙에 똥으로 만든 거름을 준 뒤에 수박씨 4~5개를 심는다고 해. 휴~ 냄새~. 그렇지만 속이 꽉 찰 수박 생각하고 참아야지. 또 잎이 4개가 나올 때 흙을 북돋아 주래. 이와 같이 3~4차례 하면 싱싱한 수박이 많이 열린대. 와, 기다려진다. 여름철 수박 주렁주렁 열려라.

🧒 옷 짜는 건 누나 담당이야. 누에는 누나가 쳐. 대신에 뽕나무는 내가 기를게.

👧 알았어. 근데, 내용이 왜 이렇게 길어.

👧 그만큼 중요한 일이었나 봐.

👧 음, 곡우날. 옹기 속에 잘 간직해 둔 누에씨를 꺼내서 바람이 없고 온화한 방에 옮겨 놓아. 누에치는 방이니까 '잠실'이라고 하네. 잠실은 남향이 가장 좋구나. 누에도 나처럼 시원한 바람과 밝은 빛을 좋아한대. 이제 누에씨는 차츰 자라서 개미누에(알에서 갓 깨어난 누에. 모양이 개미와 비슷하고 빛깔이 검거나 붉음)가 되었다가 큰 누에로 바뀌겠지. 누에씨 한 가운데 붉은 반점이 생긴 놈이 쓸 만한 놈이고, 푸르거나 누런 놈은 골라내야 돼.

🧒 누나, 누에 먹이 줄 때 조심해야 해. 욕심을 내 너무 많은 누에를 한꺼

뽕잎을 따고, 누에를 기르는 모습을 담은 기록화야.

번에 기르려고 하지 마. 실패하기 십상이라 했어.

　　알았어. 개미누에가 되면 뽕잎을 먹여야 돼. 하루에 뽕잎을 네 번 줘야 하는구나. 누에가 크면 먹는 양이 많아져. 근데 너무 많이 먹이면 일찍 늙고, 너무 적게 먹이면 실을 자아내지 못해. 뽕잎도 항상 싱싱한 것만 먹여야만 되네. 누에 자리를 넓히고, 똥 갈아주는 것도 사랑하는 마음으로 정성껏 해야만 한다고 하네. 이런 일 다 잘하면, 잘 자란 누에들이 고치를 짤 시기가 오지. 그땐 나무나 발로 섶을 만들어 누에를 그곳에 올려주게 되지. 그 섶에서 누에가 고치를 만들어. 섶의 위쪽에 있는 게 수놈, 아래쪽에 있는 게 암놈이야. 아이고, 누에 키우는 게 보통 일이 아닐세. 이제 고치에서 실 빼는 또 다른 고통스런 일이 시작되겠군.

　　동생아. 책에 적힌 대로 뽕나무 잘 기를 수 있겠지?

　　응. 묘목을 심어 5년 동안 정성껏 봄과 가을에 뿌리 근처에 거름을 주어야 해. 그런 다음 다시 3년간 거름을 잘 주면 나무마다 뽕잎 30근을 얻을 수 있어. 또 맛있는 오디도 잔뜩 달릴 거야.

　　뽕나무가 크려면 시간이 제법 걸리겠구나. 우리 과수원에 과일나무도 여럿 심어 볼까? 《사시찬요초》에는 과수나무 기르는 법도 나와 있어. 배나무, 오얏(자두)나무, 복숭아나무 재배법이 나와 있지.

　　근데, 누나. 꽃 기르는 법도 책에 있어? 돌아가신 아버지가 꽃을 아주 좋아하셨잖아. 우리 뜰에 그 꽃을 심으면 어떨까?

　　그러자. 음, 여기에 모란, 해당화, 석류, 국화, 매화 기르는 법이 나와 있구나. 뜰에 심는 방법뿐만 아니라 화분을 만드는 법, 매화 접붙이기 하는 법까지 나와 있네.

　　하지만 아버지가 좋아하셨던 동백, 백일홍, 무궁화 꽃은 없잖아.

　　걱정 마, 동생아. 강희맹 어르신의 형님인 강희안 어르신이 지은 《양화소록》이란 책이 있어. 그걸 빌려 찾아보도록 하자. 거기엔 분명히 나와 있을 거야.

옳지. 《양화소록》에는 더 많은 화초가 실려 있군. 연꽃, 난초, 서향화, 치자꽃, 사계화, 일본철쭉, 석창포와 함께 산다화, 자미화가 실려 있어. 산다화가 동백꽃, 자미화가 백일홍이지. 꽃 종류 하며, 심는 방법, 키우는 방법도 아주 자세하게 나와 있어. 이대로 뜰에 심도록 하자. 하늘나라에서 아버지도 좋아하실 거야.

색실로 수놓은 병풍이야. 모란과 석류를 시원스럽게 그려 넣었어.

꽃을 담은 책 《양화소록》

우리나라의 첫 원예 전문 책이야. 이 책을 쓴 강희안은 조선 전기 문신이야. 여러 꽃과 나무를 기르는 방법을 기록했어. 화초에 얽힌 일화나 화초의 성질에 관한 격언도 실었어. 꽃을 빨리 기르는 방법, 꽃꽂이, 화분 배치법과 함께 화초와 어울리는 괴이한 돌에 대한 설명도 실었어. 《양화소록》은 중국의 서적, 우리나라에서 써온 기술, 자신의 경험을 종합하여 쓴 책이야. 후대에 조선은 물론 일본에서도 널리 읽혔어. 근데, 무궁화 꽃은 안 나와 있네.

무궁화를 비롯한 더 많은 꽃은 호가 화암이란 분이 지은 《화암수록》이라는 책에 실려 있어. 무궁화가 원래 우리의 나라꽃은 아니었어. 조선 왕조의 공식 꽃은 오얏, 즉 자두였어. 왜냐고? 왕의 성씨인 이 씨가 '오얏 리(李)'였기 때문이야.

개화기에 우리나라에 열강들이 침입하던 시절, 영원히 지지 말라는 염원을 담아 무궁화가 나라꽃으로 선택되었어. 나라꽃에 대한 역사도 기억해두면 좋겠지.

책을 읽던 선비가 마당에 있는 화분을 보며 쉬고 있어. 조선 후기의 화가 정선이 그린 그림이야.

농사짓는 법은 계속 진화한다

지금까지 꿈의 형식을 빌려서 조선 초반의 농사 책을 살폈어. 무엇보다도 세종 임금 때 비로소 농사에 관한 책이 처음 나왔다는 사실이 중요해. 고려 때까지는 중국 책을 참고해 썼거든. 기후와 풍토를 본다면 우리나라는 중국 동북쪽과 상당히 비슷해. 그래서 농사짓는 방법도 거의 비슷했지.

근데, 고려 말부터 조선 초기에 삼남 지방(충청, 전라, 경상)을 중심으로 논에 물을 대는 논농사가 시작되었어. 그건 물 많은 중국 남쪽의 농사법을 받아들여 생긴 거야. 그래서 그때까지 써오던 중국 동북쪽 농사법이 통하지 않게 되었어. 이와 함께 땅 갈기 방법, 거름주기 방법이 발달하면서 땅을 한 해 묵히는 옛 농법을 쓰지 않아도 될 정도가 됐어. 아예 안 묵히거나, 두 해에 한 번 묵히는 방법으로 변하게 된 거야. 이게 옛 중국 농사 책이 우리나라에서 쓸모없게 된 또 하나의 이유지. 실제로 아심 있는 농가에서는 이미 이런 방법을 터득해 쓰고 있었어. 세종 임금은 발달한 농사 방법을 전국으로 널리 퍼뜨리고 싶어 했어. 그래서 《농사직설》을 짓도록 한 거야.

또 거기서 부족한 부분을 《금양잡록》이 덧붙인 거야. 또 《사시찬요초》는 이 두 책에 빠진 누에 기르기, 채소 기르기, 과일나무 기르기 등의 농사일을 덧붙이고 한결 쉽게 익히도록 했지. 화초 기르기는 강희안의 《양화소록》에서 덧붙였어.

이 모든 걸 하나로 모으면 좋겠지. 1655년 숙종 임금의 명령을 받아서 신속이 《농가집성》을 지었어. 여기에 조선 초기 3대 농서 《농사직설》, 《금양잡록》, 《사시찬요초》를 하나로 모으고, 그간 발달한 농사법을 덧붙였지. 모든 농사법을 모았다고 해서 책 이

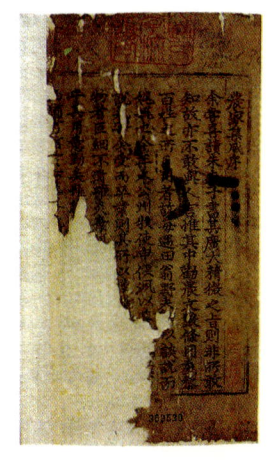

《농가집성》 조선 초기 3대 농서 《농사직설》, 《금양잡록》, 《사시찬요초》를 한데 모으고, 그동안 발달한 농사법을 덧붙여 펴냈어.

름이 '농가집성'이야. 신속은 바로 다음에 살펴볼 《신간구황촬요》를 지은 사람이기도 해. 가뭄이 들어 굶주릴 때 풀뿌리, 나무껍질로 이겨내는 방법을 담은 책이지.

가축 기르기

너희들 애완동물 좋아하지? 가축 기르기에 관한 내용은 조선 후기의 책에서 비로소 보여. 임진왜란 직후인 1618년 허균이 역적으로 몰려 사형당하기 직전에 부랴부랴 쓴 《한정록》의 '치농'편에서 다뤘어. 한정록은 억울한 마음을 다스려 한가로운 때 농사일을 정리했다는 뜻이야. 허균, 잘 알지? 그래, 《홍길동전》을 쓴 것으로 알려진 그 이름난 허균이야. 《한정록》에서는 소, 돼지, 양, 닭, 오리와 거위 등을 기르는 법은 물론이거니와 물고기를 기르는 법도 실었어. 그중 금붕어 기르는 법을 살펴볼까?

> 금붕어를 기르는 데는 경치가 아름다워야 한다. 초당 후원 창문 아래에 연못을 만들면 흙의 기운이 물과 서로 어울리고, 부평초 같은 여러 물풀도 무성하므로 물고기가 이런 수초 사이를 헤엄쳐 다니면서 수면을 오르락내리락하는 모습은 참으로 볼 만한 광경이다. 못 가운데 1~2개의 돌로 산 모양을 만든 뒤에 바위 밑뿌리에는 석창포를, 바위 위에는 전포(석창포의 일종)를, 돌 산 위에는 소나무, 대나무, 매화, 난초 등 여러 가지를 심어 놓으면 이는 바로 완연한 하나의 봉래도(중국에서 신선이 살고 있다는 상상의 섬)이다. 먹이로는 기름이나 소금기가 없는 찐 떡을 주는데, 먹이를 줄 때마다 창문을 두들겨 소리를 내면서 준다. 이 소리를 오래도록 들어 익숙해지면 손님이 찾아와 문을 두드릴 적에도 물고기가 스스로 물 밖으로 나올 것이니, 이 또한 한때 즐길 만한 광경이다.

이 밖에 《한정록》에서는 벌 기르기, 학 기르기, 사슴 기르기, 들새 기르기 등의 내용도 간단하게 수록했는데, 그 내용이 무척 흥미롭단다.

조선 초의 농사 책 내용 중 아직 살피지 않은 부분은 약초야. 국산 약초 채취와 재배 방법은 세종 임금 때 《향약집성방》과 《향약채취월령》에서 완성되었어. 국산 약의 채취와 재배에 관한 내용은 이 책에서 곧 보게 될 거야.

집안의 동물들 김홍도가 그린 그림이야. 마당을 거니는 학과 뒷마당에서 노는 노루(추정)가 보이니? 상상을 해서 그린 그림인지 실제로 보고 그렸는지 알 수 없지만 옛 사람들이 동물 기르기에도 관심이 있었다는 걸 알 수 있지.

▼
- 농사 책은 무척 중요한 데도 재미있게 설명하기는 힘든 내용이야. 그래서 실감이 나도록 원래 책의 내용을 글감으로 많이 썼어. 《농사직설》, 《금양잡록》, 《사시찬요초》의 번역은 한국 농사 책의 대가인 김영진 선생의 것을 따랐어.
- 《양화소록》은 이병훈 선생의 번역을 참조했어. 꽃에 대해서는 이상희 선생의 3권짜리 책 《꽃으로 보는 한국 문화》가 있어. 우리 꽃에 대한 흥미진진한 내용이 담겨 있어. 한문투성이긴 하지만 문일평 선생의 《화하만필》이란 책도 아주 재미있는 책이지.
- 각 항목의 세세한 정보는 이춘녕 선생의 《한국 농학사》와 김영진·이은웅 선생의 《조선 시대 농업 과학 기술사》와 함께 《브리태니커백과사전》, 《민족문화대백과사전》의 항목을 참조했어.

5 풀뿌리와 나무껍질로 견뎌 낸 굶주림

이고 지고 나섰으나 오라는 곳 어디메뇨
갈 곳을 모르니 어디로 향할쏘냐
피붙이도 보전치 못하겠으니
두려울 손 천륜을 어겨 버리네
부러워라, 저 들판에 날아가는 새떼들은
벌레 쪼아 먹고 가지 위에 앉았도다

이 시의 제목이 뭔지 아니? 〈굶주린 사람들〉이야. 배가 고파서 새가 벌레를 잡아먹는 것까지 부럽게 보고 있어. 다산 정약용이 수많은 사람이 굶주려 죽는 모습을 슬프게 읊은 거야.

사람도 잡아먹는 굶주림

굶주린 사람들이 흙을 파서 끓여 먹었다는 기록도 있어. 얼마나 절망스러

웠으면 흙을 다 끓여 먹었을까. 아니면 심한 굶주림 때문에 흙이 쌀로 보였는지도 모르겠어. 흙이 과연 허기를 없애줄 영양가를 지니고 있을까? 어떤 흙들은 영영가를 가지고 있고, 또 통증을 없애는 약효를 보이기도 해. 하지만 대부분의 흙은 그렇지 않아. 그렇기 때문에 흙을 먹으면서 목숨을 이어간다는 것은 사실 불가능했어. 19세기 후반 이규경은 "흙을 끓여 먹은 사람들이 배앓이를 하면서 죽어갔다."고 썼어.

굶주림이 극한에 달해 식인을 하기도 했어. 식인은 사람을 먹는다는 뜻이야. 끔찍하지. 인육, 이 또한 흙과 마찬가지로 최악의 상황 때 등장하는 먹을거리였어. 사람을 잡아먹는다는 것은 평상시에는 꿈도 꿀 수 없는 일이야. 하지만 감당하기 어려운 대기근이 들면 이런 일이 벌어지기도 했어. 어떻게 해. 주변에 아무것도 먹을 게 없는데. 다 굶어 죽거나 일부를 잡아먹거나. 아, 둘 다 너무 끔찍한 일이야.

飢饉
주릴 기 / 주릴 근
흉년이 들어 먹을거리가 모자라 굶주린다는 뜻이야.

조선 역사에서 최악의 기근이 1670~1671년에 있었어. 그때(경신년 대기근)의 기록이야.

남의 집 종인 순례는 깊은 골짜기에서 다섯 살 먹은 계집아이와 세 살 난 사내아이를 잡아먹었다. 같은 동네 사람이 그 소문을 듣고 가서 물어 보니, 아이들이 병에 걸려 죽었고 자신이 큰 병에 들어 굶주린 끝에 아이들을 구워 먹었다고 말했다. 결코 일부러 잡아먹은 것이 아니라고 말하는 순례의 얼굴은 귀신 같았으며 마치 실성한 사람 같았다.

1936년 서울의 토막민 지금으로부터 겨우 80여 년 전 서울의 모습이야. 형편이 어려워 산기슭이나 다리 밑에 집을 짓고 살았던 토막민의 움막이란다. 토막민들은 풀뿌리와 나무껍질로 끓인 죽을 먹을 정도로 굶주렸어. 굶주림은 전쟁보다 더 큰 고통을 주지.

정약용이 〈굶주린 사람들〉이라는 시에서 "피붙이도 보전치 못하겠으니 두려울 손 천륜을 어겨 버리네."라는 구절은 바로 순례가 자식을 잡아먹는 것과 같은 상황을 말한 거야.

"얼마나 굶주렸으면 흙을 먹고 사람을 잡아먹을까요? 상상하기 힘들어요." 요즘은 굶주림을 잘 몰라. 하지만 생각해 봐. 못 먹으면, 죽는 거야. 그런 시절이 불과 100년 전까지만 해도 매우 흔한 일이었어. 배고픔 때문에 부잣집에 딸을 종으로 파는 일이 드물지 않던 때였어. 남의 집에 종이 되어도 끼니만 해결하면 된다고 생각했던 시절이니까.

굶주림을 가져오는 원인

굶주림의 가장 큰 원인은 가뭄에 있었어. 세자 문종이 가뭄을 겪으며 측우기를 만든 거 기억나지? 가뭄이 들면 왕들은 청룡, 백룡, 황룡 등에게 기우제도 올렸지. 용이 물과 관련된 신물로 받들어졌거든. 기우제는 왕이 백성들과 함께 고통을 나누고 있음을 보여주는 상징적인 의례였어. 이와 함께 가뭄을 이겨 내려고 하는 조치도 했지. 저수지를 만들거나 그보다 조그맣게 하천에 둑을 쌓아 냇물을 막아 물을 저장해 두는 시설인 보를 만들었어. 조상들은 주로 큰 저수지보다는 보를

용 부적 용은 물과 관련된 신물로 높이 숭배했어. 가뭄이 들면 온 백성이 굶주림을 겪어야 했지.

많이 만들었어. 1935년 무렵 조사된 보가 9만 514개였다고 해. 얼마나 열심히 보를 만들었는지 알겠지. 보는 물이 필요한 논농사에 꼭 필요한 시설이었어.

근데, 가뭄이 심해지면 보에 고인 물도 없었어. 이때에는 더욱 적극적으로 물을 퍼 올려야 해. 그런 시설로 수차라는 농기구가 있었어. 발로 밟아 낮은 곳의 물을 높은 곳으로 끌어올리는 장치야.

수차는 중국과 일본에서는 많이 쓰고 크게 발달시켰어. 우리나라에서는 고려 시대까지 거의 쓰이지 않았어. 조선 시대에 들어 논농사 지역이 확대되면서 수차의 필요성이 더 높아졌어. 세종은 신숙주가 일본에 사신으로 다녀오면서 들여온 일본식 수차를 농촌에 널리 보급하도록 했어. 그렇지만 대다수 농민들은 수차를 만들기보다 기존의 방법으로 물을 댔단다. 조선에서 수차의 사용은 처절할 정도로 실패했어. 또 적지 않은 사람들이 심한 가뭄 때가 아니면 구

소를 이용한 수차 물 대기는 농사의 수확량을 결정하는 무척 중요한 일이었지.

태여 수차가 없어도 된다고 생각하기도 했고 말이야. 심지어 어떤 학자들은 물은 위에서 아래로 흐르는 게 자연스러운 거고, 그걸 거스르는 건 좋지 않다고까지 생각했어. 한편으로는 가뭄이 아주 심하게 들면 수차로 퍼 올릴 물도 없을 정도였지. 심한 가뭄을 사람 힘으로 극복하는 게 불가능했고, 오직 기우제를 지내면서 하늘만을 살펴볼 수밖에 없었어.

죽 한 그릇을 얻기 위해

가뭄이 심해 농사마저 짓지 못할 때도 있었어. 그때는 나라에서 직접 죽을 끓여 굶주린 사람에게 나누어 주었어. 왜 죽을 끓여 먹였는지 알아? 굶주려 지친 사람에게 밥이나 물 같은 음식을 그대로 먹게 하면 그게 독약이 되기 때문이야. 《신간구황촬요》란 책에서는 이렇게 말하고 있어.

> 굶주려 피곤한 사람에게 바로 밥을 많이 먹이거나 뜨거운 것을 먹게 하면 반드시 죽고 만다. 우선 간장을 물에 타서 먹인 다음에 찬 죽을 먹여서 기운이 살아나기를 기다려 차차 죽이나 밥을 먹이도록 하라.

밥과 달리 미음이나 죽은 소화 능력이 떨어진 상태에서 가장 요긴한 형태의 음식이야. 적은 곡식으로도 생명을 유지하게 해 주지. 게다가 소금과 미역 정도의 간만 있어도 충분히 먹을 수 있어. 그렇기 때문에 죽은 굶주린 사람을 살리는 음식이었어.

죽은 누가 나누어 주었을까? 서울 성 밖의 굶주린 사람을 수용하는 기관인 활인서나 지방의 관아에서 했어. 기근이 들게 되면 굶주린 사람들이 살기 위해서 죽 배급소를 찾아 모여들었어. 배급소 근처에서 머물다가 가뭄이 풀리면 다시 고향으로 돌아가 농사를 지었지.

죽 배급소의 이모저모를 한번 볼까? 그야말로 아수라장이었어. 현종 임금 때 대기근이 들자 순식간에 2만 명의 굶주린 사람이 서울로 모여들었을 때야.

지난달 25일, 죽 배급소에 들어가기 위해 서로 다투다가 팔십 노파가 넘어져 많은 사람들에 밟혔다. 하인을 시켜 구하도록 하였으나 크게 상처를 입어 살기 어려울 것이다. 처참한 일이다.

죽 한 그릇을 얻으려고 굶주린 사람들이 아우성치는 모습이 눈앞에 보이는 것 같아 마음이 아프구나. 젊은 사람들은 재빠르게 한 그릇 먹어 치우고 나서 다시 줄을 서서 두 그릇, 세 그릇도 받아먹었어. 한편 노약자는 제 몫 챙기기도 쉽지 않았지. 어른은 두 홉 반, 아이는 두 홉이라는 규정을 지키기 힘들었지. 이후 정약용은 《목민심서》(1817년)에서 이런 폐단을 고칠 방법을 다음과 같이 제시했어.

아귀 불교의 귀신 중에 하나야. 목구멍이 바늘처럼 가늘어 늘 먹을 것에 굶주려 하는 귀신으로 염치없이 먹을 것을 탐하는 사람을 일컫는 말로 쓰이기도 하지.

첫째, 굶주린 사람들을 구제할 장소를 정한 뒤에는 청렴하고 신중하며 숙달된 관리를 배치한다.

둘째, 솥과 가마를 걸고, 소금, 장, 미역 등을 갖추어 둔다.

셋째, 배급소의 질서를 유지하고 여러 번 먹는 사람과 아예 못먹는 사람이 없도록 장부에 적는다.

넷째, 급식 줄을 구별할 깃발과 양을 정확히 할 됫박을 새로 만들고, 배급소 출입 딱지를 만들어 갖고 있게 한다.

구휼 제도

아주 오래전부터 가뭄을 이겨내기 위한 노력을 했어. 진대법이라고 들어봤지? 고구려 고국천왕 때(194년) 실시했던 제도 말이야. '진'이란 구제한다는 뜻이고, '대'는 빌려준다는 뜻이지. 봄 가뭄 때 나라에서 곡식을 빌려주고, 가을에 추수를 한 뒤 되갚는 제도였어. 이와 같은 제도로 고려 때는 의창이나 상평창이 있었고, 조선 시대에는 환곡 제도가 있었어. 환곡이란 곡식을 돌려준다는 뜻이야. 이러한 제도는 나라에서 펼친 것이고, 한편 민간에서도 돈 많은 양반이 자기 곡식을 풀어 굶주린 백성을 구하기도 했어. 이는 사창(社倉)이라고 해. 이렇게 곡식을 저축했다가 빌려주는 건 가뭄을 이겨내기 위한 으뜸의 정책이었어. 정약용은 《목민심서》에서 이렇게 말했어.

賑貸法
구휼할 진 / 빌릴, 꿀 대 / 법 법

대체로 기근을 이겨내는 정치로서 가장 으뜸은 미리 곡식을 많이 저축해 놓는 것이요, 축적이 있는 곳에서 곡식을 옮겨 나누어 먹는 것이 그다음이요, 아무것도 없이 미음과 죽을 끓여 나누어 먹이는 것이 최하이다.

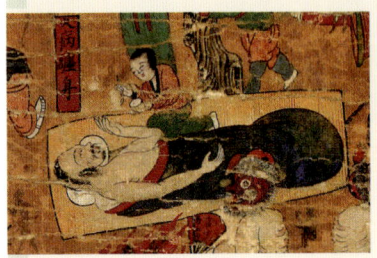

근데, 나라에서 운영하는 제도는 문제가 많았어. 관리의 부정부패 때문이야. 빌려주지 않은 곡식을 빌려줬다고 하는 일, 곡식을 빼돌리는 일, 알곡에 쭉정이를 섞어 주는 일, 곡물 값을 높게 하여 빌려주는 일, 묵은 곡식 위주로 빌려주는 일 따위가 흔하게 벌어졌어. 백

아픈 사람에게 음식을 떠 먹이고 있어.

성의 불행을 틈 타 아전들은 이렇게 자신의 뱃속을 채웠고, 백성의 삶은 더욱 찌들었어. 조선 시대의 환곡 제도는 더 큰 문제점이 있었어. 나라에서 곡식을 빌려주고 나서 나중에 받는 이자가 너무 많았어. 명종 때 처음 1할(10%)의 이자를 붙였어. 임진왜란, 병자호란을 거치면서 그게 3할(30%)로 됐어. 그래도 참았어. 근데, 19세기에는 무려 5할(50%)이 이자였어. 그러니 민란이 안 터졌겠어. 임술년(1862년) 진주민란을 비롯한 전국 각지의 민란이 터지고 나서야, 그 원성이 크다는 것을 깨닫고 나라에서는 절반을 이자로 내는 고리대금업을 끝내게 되었어.

흉년을 구하는 구황 식물

나라가 주는 죽도 얻어먹지 못하는 상황이 흔히 있었어. 특히 지방의 경우 더 심각했지. 굶어 죽기 전에 발버둥이라도 쳐야 하는 거 아냐. 그 발버둥이란 게 풀뿌리, 나무껍질을 먹는 것이었어. 근데, 아무거나 먹으면 안 돼. 먹을 수 있는 게 있고, 또 그걸 특별한 방법으로 조리를 해서 먹어야만 죽음을 면할 수 있어. 나라에서도 곡식 대신에 먹을 수 있는 풀뿌리, 나무껍질을 연구해 백성에게 알렸어. 가장 대표적인 책이 현종 임금 때 신속이 펴낸 《신간구황촬요》 (1660년)야. 이 책의 머리말을 보도록 할까?

나라의 창고와 큰 부자의 창고도 바닥이 났다. 백성들은 굶주림에 허덕이며 눈물만 흘리고 있고, 아이는 어미의 젖을 받지 못하고 있다. 수많은 백성들은 길바닥에 흩어져 뒹굴고 있다. 오호라, 슬프도다! 재난이 닥친 때에 백성을 다스리고 있는 관리들이 해결책이 없다고 하며 못 본 체만 하면 되겠는가. 서원현감 신속은 세종 대왕이 펴낸 《구황촬요》 1편을 보충하는 한편, 그것을 한글로 번역하여 널리 배포하였다.

이 책에는 굶주림을 면하게 하는 풀뿌리와 나무껍질이 모두 소개되어 있어. 흉년을 구하는 식물이라고 해서 '구황' 식물'이라고 해. 솔잎, 느릅나무 껍질 등 수십 종이 나오지. 메밀·칡뿌리·흰콩·검은콩·참깨·들깨·밤·감·대추·호두꽃·토란·도라지·칡·마·냉이·산야채·상수리·쑥 등이 포함되어 있어.

救荒
구원할 구 / 거칠 황

굶주려 죽게 된 사람을 살리는 법, 굶주려 퉁퉁 부어오른 사람을 고치는 법도 실려 있어. 가장 대표적인 구황 식물인 솔잎과 느릅나무 껍질을 이용하는 방법을 실었어. 솔잎 가루를 만드는 법, 솔잎으로 죽을 만드는 법, 솔잎 가루와 콩가루를 섞어 음식을 만드는 법 등이 있지. 느릅나무 요리로는 나무의 진을 얻는 법, 껍질로 떡을 만드는 법이 있어.

이런 방법은 원래 불로장생을 꿈꾸던 도인들이 쓰던 방법이었어. 많이 먹지 않고 자연식으로만 건강을 유지하면 오래 산다고 생각했던 거지. 요즘으로 말하면 다이어트를 통해 건강해지려는 방법과 비슷해. 그러니까 이런 독특한 건강법과 장수하는 법이 굶주림을 면하게 하는 방법으로 활용된 거야.

"근데, 맛이 있었을까요?" 맛이 문제가 아니라 사느냐 죽느냐의 문제라니까!

최소의 식량으로 오래 버티는 방법도 소개되어 있어. 찹쌀 1되와 술 3되를 조리해서 한 달을 견디는 법도 있고, 청량미라는 쌀 1말과 쓴 술 1말로 석 달을 버티는 법도 있어. 이 방법들도 불로장생하려는 사람이 단식할 때 쓰던 방식이야. 그걸 굶주린 사람에게 적용한 거야. 이 밖에 《신간구황촬요》에는 소금·콩·밀·누룩·조 등을 재료로 간장을 담그는 법이 실려 있어.

도토리와 소나무가 가장 좋은 구황 식물이었어. 굶주림을 면하게 하는 효과로는 도토리가 소나무보다 훨씬 나았어. 하지만 잎이나 껍질까지도 먹을 수 있다는 점에서는 소나무가 도토리보다 나았지. 그래서 19세기에는 솔잎, 소나무 껍질 요리를 전문으로 하는 책까지 등장했지. 여기서 소나무 껍질 요리를 소개하마.

> 흉년을 맞아 가난한 사람들은 소나무를 도끼로 찍어 흰 껍질을 먹는다. 그러면 얹혀서 통증이 생기거나 변비가 생겨나며 마침내는 부황(오래 굶주려서 살가죽이 들떠서 붓고 누렇게 되는 병)이 일어나서 죽게 되는 경우가 많다. 그것은 조리를 안 했기 때문이다. 소나무 껍질을 채취하여 엉성한 것을 버리고 쌀가루와 함께 쪄먹는다. 또는 햇볕에 말려 두었다가 사용할 때는 따뜻한 물로 축인다. 또는 찧거나 썰어서 반드시 차진 곡식 가루와 함께 쪄서 먹는다. 소나무 껍질만을 먹어서는 안 된다.
>
> ―《찬송방》, 최두익

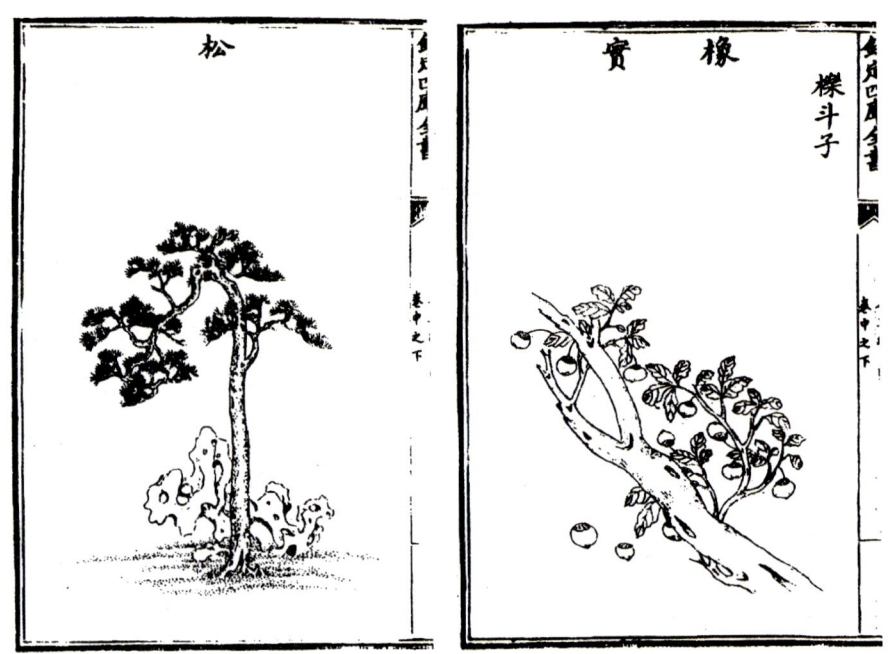
소나무와 상수리 《본초강목》에 나온 그림이야. 소나무, 상수리와 함께 느릅나무가 3대 구황 식물이었어.

근데, 무분별한 소나무 채취는 큰 문제거리였어. 기근이 든 해에는 산의 소나무가 다 베어져 소나무를 찾기 힘들었다는 기록도 있어. 궁궐이나 관아를 짓는 데, 또 배를 만드는 데 으뜸인 재료가 소나무였지. 그래서 소나무 베기를 엄격히 금지하게 되었어. 1788년의 '소나무 채취를 금지하는 법'을 잠깐 보도록 할까.

아름드리 소나무 10그루 이상을 벤 자는 사형.
9그루 이하일 때에는 귀양살이.
제법 큰 나무 1그루를 베었을 때에는 볼기 60대.

"와, 법이 엄격해 사람 잡을 정도였네요." 그래, 이런 법을 무릅쓰고 굶주린 백성들은 소나무 껍질을 벗겨 쪄 먹었어. 청명에 죽으나, 곡우에 죽으나 죽기는 매한가지란 말이 있어. 일단 당장 눈앞의 굶주림을 벗어나려는 마음이었겠지. 누가 감히 굶주린 무리의 절절한 행동을 막을 수 있었겠어.

굶어 죽음을 벗어나게 하라

이런 굶주림은 어떤 때 한 번 찾아오는 게 아니라 늘 껴안고 사는 문제였어. 우리나라의 연 강수량은 700~1500mm 정도야. 비가 많지 않은 편이지. 게다가 그 비의 절반 이상이 7~8월 장마철에 몰려서 내려. 봄에는 가뭄이 심해. 때로는 6~8월 비 많이 내릴 철에 가뭄이 들기도 해. 게다가 물난리, 태풍 피해까지 잦았어. 조선 시대 482년 동안 이러한 재난을 모두 합쳐 238번도 넘었어. 평균 2년에 1번씩 어떤 종류의 피해가 있었던 거야.

그중에서도 특히 자연재해가 여러 해, 또는 몇 십 년을 계속해 덮쳤다면 그건 바로 재앙이었어. 17세기가 바로 그런 시대였어. 유달리 가뭄과 홍수, 우박 같은 냉해가 집중적으로 나타났어. 앞에서도 얘기했던 1670년 '경신년 대기근'이 있었어. 엄청난 기근이 계속되자 나라의 곡물 저축 창고도 바닥이 났어. 할 수 없이 군량미를 풀었어. 그것도 새발의 피였어. 굶주린 백성의 수가 경상도와 전라도만 해도 각각 24만여 명, 21만여 명에 달했으니까. 심지어 1699년 대기근에는 한 해에만 인구가 140만 명이나 감소했어. 사람이 굶주리게 되면 병에 대한 저항력이 떨어지게 돼. 그러면 무서운 전염병이 습격해 많은 사람들이 죽게 돼. 이걸 '죽음의 사이클'이라고 해. "시체가 산을 이루게 된다."는 당시 기록이 결코 거짓이 아니야.

모든 근심 중 가장 큰 근심은 굶주림으로 인한 거야. 먹고살기 힘들면 힘들수록, 기근이 심하면 심할수록 풍년을 간절히 원했어. 굶주림의 쓰라림을 이해했을 때 우리는 옛 사람이 느낀 풍년의 기쁨을 제대로 알 수 있어.

풍년이 온다네 풍년이 와요
이 강산 삼천리 풍년이 와요

이처럼 풍년을 기원하는 노래는 남원 아리랑, 서산 아리랑 등 전국 각지의 아리랑이나 수많은 민요에서 흔히 발견할 수 있어.

태평성대란 딴 게 아니야. 풍년 때 배부르고, 흉년 때 굶어 죽지 않는다면 그게 바로 태평성대야. 굶어 죽음을 면하게 하는 정치, 그것이 모든 임금이 실현해야 할 최종 목표였어. 그러나 옛날에 그게 어디 쉬웠겠어? 오늘날에도 수많은 사람들이 굶주리는걸. 과학자들도 식량 문제

모내기를 하는 날이야. 근데 몇 사람은 일을 안 하고 논에서 장구도 치고 태평소도 불고 있다고? 풍년을 기원하는 거야.

를 늘 관심 있게 지켜봐야 할 거야.

○ 비밀노트

대표적인 구황 식물, 고구마와 감자

굶주림을 면하기 위한 최상의 선물이 아메리카 인디언들로부터 왔어. 그게 뭐냐고? 오늘날에도 즐겨 먹는 고구마와 감자야. 인디언이 직접 보낸 건 아니고, 아메리카 대륙을 발견한 유럽 사람들이 실어온 게 온 세계로 퍼져서 우리나라까지 이르게 된 거야.

감자의 한자 뜻을 풀면, '단맛이 나는 덩이뿌리'란 뜻이야. 감자나 고구마가 땅속에서 주렁주렁 열린다는 건 다들 알고 있겠지.

근데, 감자가 더 다니, 고구마가 더 다니? 고구마가 더 달잖아. 그런데도 덜 단 녀석이 '감자'라는 이름을 얻게 된 사연이 있어. 우리나라에 고구마가 더 먼저 들어왔거든. 그게 조선에 알려진 건 1600년대 중반이지만, 재배는 그보다 100년 정도 늦은 1700년대 후반부터야. 고구마가 우리나라에 처음 알려질 때에는 '감저'란 이름도 있었어. 남쪽에서 왔다고 해서 남감저라고도 했지. 그렇기 때문에 강필리가 쓴 《강씨감저보》나 김장순이 쓴 《감저신보》는 감자 책이 아니라, 고구마 책이야. 헷갈리지 않도록 해. 1834년 서유구의 《종저보》도 고구마 관련 책이야. 왜 이런 책들이 나오게 됐냐 하면, 고구마가 추운 곳에서 잘 자라지 않기 때문에 어떻게든 서울, 더 나아가 평안도, 함경도에서도 길러보려고 노력했기 때문이야. 고구마는 비교적 쉽게 기를 수 있고 영양분은 높았거든.

甘藷
달 감 / 감자 저

감저라고 하다가 왜 이름이 고구마가 됐냐고? 우리나라에서는 고구마란 이름이 더 인기를 끌었기 때문이야. 고구마는 일본말 '고귀위마'에서 유래한 말이야. "효도하기 위해 구해서 바친 귀한 덩이뿌리"란 뜻이야. '효(孝)'를 일본말로 '고'라고 읽어. 고구마가 알려진 뒤에 덩이줄기 식물인 감자가 들어왔지. 감자는 본디 남아메리카 안데스 산맥 고랭지에서 자라는 식물로 우리나라 북쪽을 거쳐 왔다고 해서 '북감저', 둥글둥글한 덩이뿌리 모양이라고 '원저'라 불렀지. 이게 대략 1820년대 중국을 거쳐 우리나라에 들어왔다고 알려져 있어. 이후 보급될 때, 이미 더 단맛이 나는 녀석이 고구마란 이름으로 불리고 있었기 때문에, 이 감자는 곧바로 '감자'란 명칭을 얻게 되었어. 감자 관련 책으로는 김창한의 《원저보》가 있어. 근데, 나라에서는 감자 재배를 원하지 않았는데 그 이유가 기가 막혀. 우리나라 아무 데서나 너무 잘 자라기 때문에 사람들이 온통 밭에 감자만 심지, 세금으로 내야 할 다른 곡물을 안

땅 속 감자의 모습

심게 되자 금지를 시켰다는 거야. 그럼에도 고구마와 달리 감자는 수십 년 사이에 전국 각지에 널리 퍼져 나갔어. 이 때문에 굶주림을 면한 우리 조상님들 수도 없이 많아. 고구마는 탄수화물이 매우 많이 포함되어 있어 주식 대용으로 쓰였고, 또 수분이 빠지면서 전분이 많이 생겨 단맛을 내지. 감자도 고구마처럼 탄수화물로서 전분으로 이뤄져 있는데, 고구마보다 단백질이나 칼륨이 더 많아. 감자가 덜 질리기 때문에 고구마보다 더 여러 가지 음식을 만들어 먹지.

▼
■ 내가 이전에 《조선 사람의 생로병사》에서 쓴 기근에 대한 글을 주로 이용했어. 경신년 대기근에 대해서는 최근에 김덕진 선생이 《대기근, 조선을 뒤덮다》란 흥미로운 책을 냈어.
■ 나머지 필요한 정보는 《브리태니커백과사전》과 《민족문화대백과사전》의 항목을 참고했어.

6 조선 최고의 수출품, 인삼

우리나라에서 재배하는 약초 가운데 가장 이름난 것이 무엇일까? 바로 인삼이지. 오늘은 인삼을 알아보자. 그보다 먼저, 산삼 좋다는 거 잘 알고 있지? 산삼을 캐러 가 볼까? 요즘은 산삼 캐기 도사들인 심마니가 줄어들어 산에 산삼이 제법 많을 거야. 오늘 약수터 다녀오던 길에 주변에 있던 산삼을 그냥 지나쳤을지도 몰라. 운이 좋으면 오늘 산삼을 캘 수 있을 거야.

국가 대표 브랜드 '고려 인삼'

그런데 산삼이 어떻게 생겼는지 알아야 캐겠지? 고구려 때 어떤 사람이 인삼 노래를 지었어. 여기에 산삼 찾는 비결이 들어 있어.

세 가지 다섯 잎에
그늘에서 자란다네.
나 있는 곳 알려거든

인삼

박달나무 밑 보라네.

몽둥이를 만들 때 쓰는 박달나무를 지날 때마다 아래를 잘 봐. 옻나무 아래에도 간혹 있지. 눈을 부릅뜨고 봐. 가지 3개에 이파리 5개 달린 풀이 보이면 그게 산삼이야. 늦가을에 보게 되면, 풀 꼭대기에 빨간색 열매가 알알이 맺혀 있을 거야. 만일 이런 걸 보게 되면 크게 소리쳐야 해.

"심봤다!"

심이란 산삼의 옛 말이야. 심과 삼이란 말이 서로 비슷하지 않니. 인삼이란 말은 사람 모습을 닮은 삼이란 뜻이야.

"그러면, 고려 인삼이 뭐예요?" 고려 인삼이란 말은 앞서 말한 고구려 사람이 지은 인삼 노래에 처음 등장해. 고구려의 원래 이름이 고려였어. 이 노래는 중국 책에 실려 있어. 그러니까 적어도 고구려 시대부터 중국 사람이 우리나라의 인삼을 '고려 인삼'이라고 불렀다는 걸 알 수 있지. 지금 우리나라의 영어 이름이 코리아인데, 이건 고려 시대 때 우리나라가 서양에 알려져 코리아가 된 거고.

고려 인삼이란 이름을 따로 붙였다는 것은 우리나라에서 생산되는 인삼을 중국에서 나는 인삼이나 다른 지역에서 나는 인삼과 구별한 거야. 근데, 이 기록 말고 20세기가 되도록 고려 인삼이란 말은 거의 보이지 않았어. 그러다 일제 강점기 때 개성의 인삼 상인들이 고려 인삼이란 말을 썼어. 개성상인들은

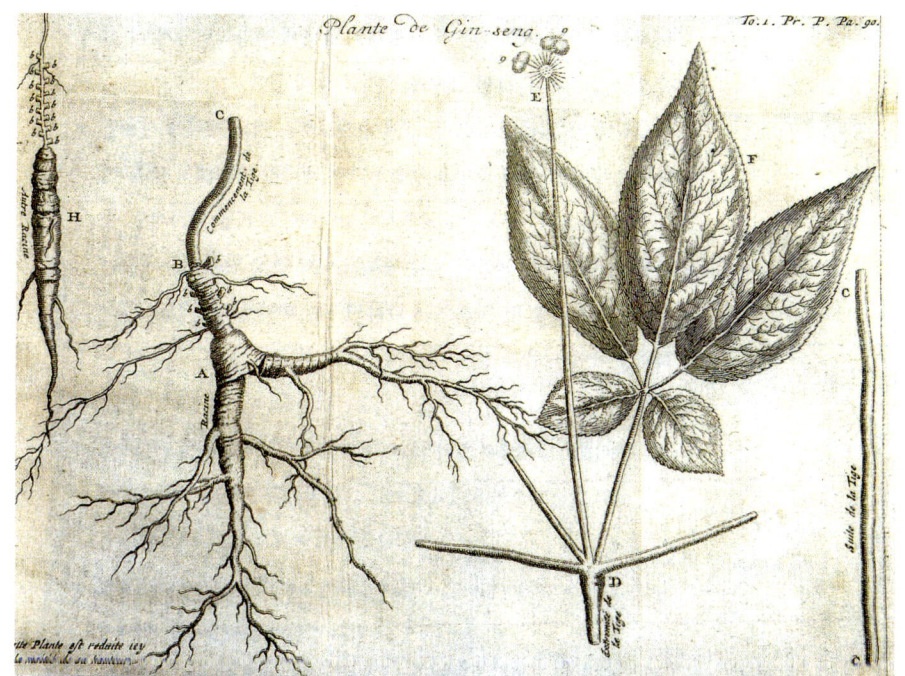

프랑스 인이 그린 산삼 18세기 중국에 와 있던 프랑스 선교사가 그린 산삼이야. 이렇게 산삼을 그려 프랑스로 보냈어. 그리고 그림과 함께 보낸 편지에 산삼은 숲이 울창한 곳에 잘 자라므로 캐나다에 있을 거라고 말했어. 이때부터 캐나다와 미국에서도 산삼을 찾게 되었다고 해.

여러 가지 삼

산삼, 인삼 말고 또 다른 삼도 있나? 더덕은 한자로 사삼(沙蔘)이라고 해. 곧 모래에서 나는 삼이란 뜻이지. 또 현삼, 고삼이라는 약초 이름에도 '삼'이 들어가 있지.

밭에서 길러낸 재배 인삼이 나오면서 산삼이란 말이 생겼지. 깊은 산속에서 캐내던 삼을 산삼이라 하고 밭에서 기른 삼을 인삼이라고 나누어 부르게 된 거야. 근데 산에서 나는 거라도 다 산삼이 아니야. 사람들이 산에다 씨를 뿌려 거두거나, 인삼밭의 종자를 새가 먹어 옮기거나 해서 산에서 자란 건 산삼이라고 할 수 없어. 부르는 이름이 따로 있지. 산에서 기른 거라고 해서 '산양삼'이라고 해. 산양삼의 또다른 이름은 장뇌삼이야. 산양삼은 가운데 머리꼭지 부분이 긴 삼이 많아서 '장뇌삼'이라고도 하는 거지.

산삼은 깊은 산 깊은 계곡 천연 숲속 안에서 자생한 것만을 말해. 산양삼과 장뇌삼은 산삼과 비슷한 삼인 셈이지. 그러니까 네들이 혹시 동네 약수터 산길에서 발견한 삼은 산삼일까, 산양삼일까? 답은 안 해도 알겠지.

오래된 중국 책에 들어 있던 고려 인삼이란 말을 찾아내서 쓴 거였어. 그 뒤 널리 알려진 거야.

그럼, 왜, 고려 인삼을 다른 지역의 인삼과 구별하려고 했을까? 요게 핵심이야. 우리나라 인삼이 최고란 걸 드러내기 위해서였지. 나라 이름을 상표로 만든 거야. 우리나라의 유명한 브랜드로 비슷한 게 '한지'가 있지.

원래 인삼은 우리나라와 그 둘레 지역인 만주, 러시아의 연해주 지역에서 자생하는 식물이었어. 이 지역에만 나거나 기르던 인삼이 18세기 이후에는 일본, 미국, 캐나다 지역까지 확대되었어. 이렇게 다른 나라에서 나는 인삼과 우리의 인삼을 구별 짓기 위한 이름이 고려 인삼이었지.

보약 중의 보약

근데 인삼이 다른 약초와 뭐가 다른 걸까? 어떻게 보면, 이 질문이 더 핵심적일지도 몰라. 허준이 쓴 《동의보감》에서는 인삼에 대해 이렇게 쓰고 있어.

> 인삼은 '신의 풀'이라 한다. 사람 모양처럼 생긴 것이 더욱 좋다.
> 인삼은 오장의 기가 부족한 데 주로 쓴다. 정신을 안정시키고 눈을 밝게 해 주고 마음을 시원하게 하고 기억력을 좋게 한다.
> 몸이 허해서 약해진 것을 치료한다. 폐병 때 생긴 가래를 삭인다.

뜻을 음미하지 않는다면, 이런 내용이 그다지 대단하지 않은 것처럼 보여. 질문을 다시 하도록 할까? 몸이 허약했을 때 몸을 보하는 약을 딱 한 가지만 추천한다면?

"인삼이요." 딩동댕. 바로 딱 한 가지, 다시 말해 가장 좋은 약이 인삼이었던 거야. 18세기 전라도 고흥에 황윤석이란 선비가 있었어. 선비의 딸이 아기를 낳은 후 죽을 지경이 되었어. 몸이 허해서 생긴 병이라고 생각해서 황윤석은 천금을 아끼지 않고 산삼을 구하러 이리저리 뛰어다녔어. 결국 산삼을 못 구해 인삼으로 대신했어. 인삼 덕분인지는 몰라도 다행히 그 딸은 살아났어.

이런 비슷한 이야기는 수많은 전설로 남아 있어. 일본에도 있어. 병에 걸린 아버지를 살리기 위해 인삼을 구하려고 스스로 기생이 되었다는 이야기가 연극으로 만들어져 크게 인기를 끌었다고 해. 중국에서는 인삼이 마약인 아편 중독을 치료하는 약으로 알려졌어. 19세기 중엽 중국에는 영국 사람들이 판 마약이 판을 쳤거든. 중국 정부기 이편 수입을 기부하지 영국이 일으킨 전쟁이 '아편 전쟁'이야. 《증보문헌비고》란 책에는 이런 이야기가 실려 있어.

홍삼 개성 사람 최 씨는 홍삼을 만들어 떼돈을 벌었어. 홍삼은 저장 방법에서 혁신을 일으켜 얻었어. 원래 밭에서 바로 캐낸 인삼은 수삼이야. 수삼은 말리지 않아 물기가 있는 삼을 말해. 수삼은 수분이 있어서 오래 두면 썩게 되지. 그래서 말리는 방법을 써왔는데, 말린 삼을 '백삼(白蔘)'이라고 해. 말리면 하얗게 되거든. 백삼은 오래 되면 파삭 부서지는 단점이 있어. 그래서 증기로 쪄서 말리는 방법을 개발했어. 찌는 방법은 17세기 초반에도 있었다고 해. 근데, 개성의 최 씨가 그 방법을 개량해 홍삼을 만든 거야. 삼을 증기로 찌게 되면 다소 붉은 빛깔을 띠기 때문에 홍삼이라고 해. 홍삼은 10년 이상 오랜 기간까지도 보관할 수 있었지. 그러니 무역 도중에 상해서 버릴 일이 없어진 거야.

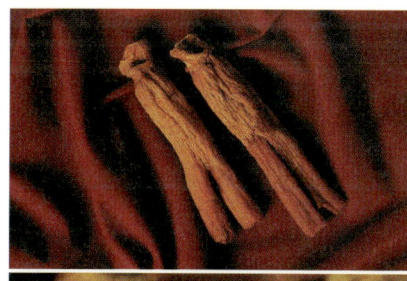

> 조선의 삼은 천하에서 귀하게 여기는 것이다. 최 씨 성을 가진 사람이 찐 인삼, 즉 홍삼을 청나라 사람에게 팔았다. 아편에 찌든 청나라 사람이 있었는데, 조선 인삼을 보배로 여겨 그걸 먹고 아편 중독에서 벗어났다. 최 씨는 그 뒤 찐 인삼(홍삼)을 중국에 팔아 막대한 돈을 벌어들였다.

사람은 누구나 병이 생길 수 있고 나이가 들게 되면서 몸이 허약해지잖아. 아무리 신분이 높은 황제나 고관대작도 피할 수 없는 거야. 진시황이 죽지 않기 위해 불로초를 찾아 헤맨 일은 진짜 있었던 일이야. 수많은 약 가운데 그런 용도로 인삼이 으뜸이었어. 인삼을 재배하기 전까지는 모두 산삼이었으니, 산삼은 그 효능이 더 좋았지.

인삼 역사의 대사건, 인삼 기르기

삼(자연산 산삼)이 어디서 난다고? 그래, 처음에는 우리나라와 중국의 동북부 지방에만 자생했던 거야. 그중에서도 남쪽에서 나는 백제 인삼, 신라 인삼이 북쪽에서 나는 고구려 인삼보다 더 좋다고 알려졌어. 조선 시대에는 중국과 조선, 조선과 일본 사이에서 인삼 무역이 활발하게 이루어졌어. 특히 중국의 황제에게는 진상물로 바치기도 했지. 조선의 상인들은 인삼으로 떼돈을 벌었어. 서울에서 70냥에 사는 인삼이 일본 도쿄에서는 300냥을 받았거든. 외국에서는 진품만 있으면 돈을 아끼지 않았어.

고려 중엽 이후부터는 나라에 진상하는 양이 무척 많았어. 이와 함께 무역도 같이 이루어졌으니 삼이 무척 많이 필요했어. 요구하는 양이 늘게 되자 무슨 문제가 생겼을까?

"자연산 산삼이 마구 샘솟듯 솟아나는 게 아니잖아요." 그렇지. 마구잡이로 산삼을 캐서 씨가 마를 정도였어. 공물로 올릴 산삼도 채우기 어려웠지. 조정에서는 난리가 났어.

"각 고을마다 삼을 더 바쳐라. 정해진 양을 채우지 못하면 못 바친 만큼 돈을 내라!"

사또들은 누굴 닥달했겠어. 심마니들이지. 하지만 심마니라고 뾰족한 수가 없었어. 아무리 부지런히 산길을 헤맨다고 해서 없던 삼이 나오지 않잖아. 한 가지, 수가 있었어. 몰래 재배를 하는 거야. 인삼 씨를 산에 심었다가 자라나

면 그걸로 양을 채웠던 거야. 사실 산삼이 아니라 산에서 재배한 산양삼인 거지. 더 나아가 아예 밭에 삼을 심기까지 했어. 이를 집에서 길렀다고 해서 가삼이라 불러.

　　우리나라에서 언제부터 산양삼과 가삼을 재배했는지 정확한 기록은 없어. 산양삼은 고려 말이나 조선 초부터 재배했다는 설이 있지만 확인할 자료가 없구나. 농가에서 기른 인삼의 시작은 대략 17세기 무렵이었던 것 같아. 숙종 때 나온 《중경지》란 책의 내용을 잠깐 보도록 하자.

> 나라 곳곳에 인삼이 난다. 2종이 있다. 하나는 산삼으로 산에서 자생한 것이고, 다른 하나는 산에 종자를 심어 오래 둔 후 거둔 것이다. 이 두 가지 모두 구하기 힘들었다. 그런데 전라도 동복현이란 마을에 어떤 여인이 인삼 종자

인삼밭 오늘날 이렇게 밭에 심는 삼은 가삼이야.

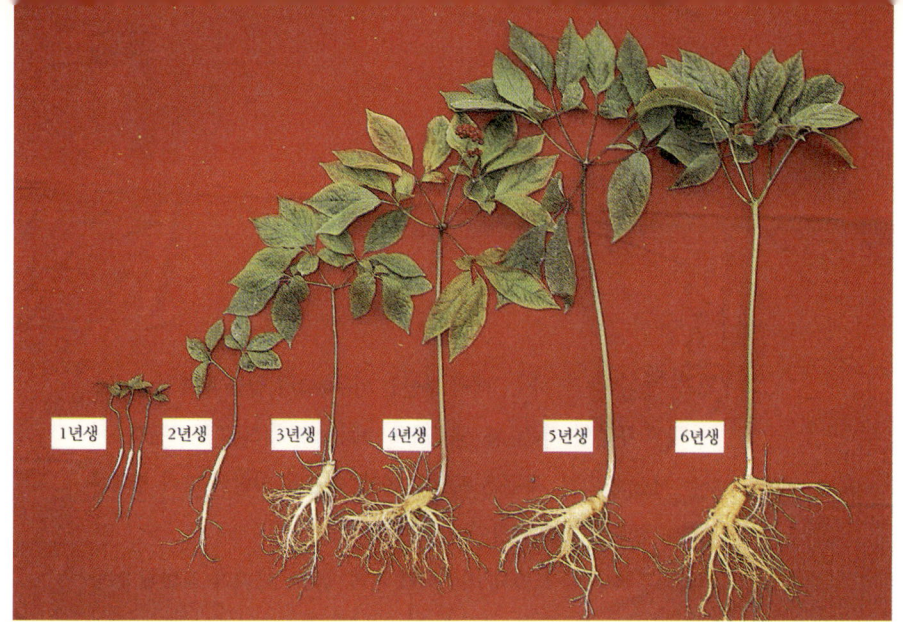

인삼은 기르기도 까다롭고 수확할 때까지 4-6년이 걸려. 그리고 인삼을 한 번 기른 땅에서는 10년 정도 인삼을 심지 못해. 왜냐하면 흙속의 특정한 영양분을 인삼이 모두 빨아들여서 그런 거야.

를 얻어 밭에 심었다. 이후 최 씨 성을 가진 사람이 이 기술을 배워 전했다. 이것이 집 재배 인삼(가삼)의 시작이다.

밭에서 인삼을 재배한 것은 인삼의 역사에서 한 획을 긋는 큰 사건이야. 재배를 함으로써 인간이 수확량을 조절한다는 것은 매우 중요해. 인삼이 흔하지 않은 건, 아무 데서나 자라지 않기 때문이야. 또 인삼은 담배나 감자처럼 1년짜리 작물이 아니라 최소한 4년에서 6년은 길러야 하는 식물이었거든. 인삼 재배는 쉽지 않았어. 씨앗 얻기, 씨앗 심기, 인삼 싹 옮겨심기, 수년에 걸쳐 수확하기까지의 과정은 험난한 길이었어. 작물이 어떤 땅에서 잘 자라는지 알아내는 것도 쉽지 않은 일이야. 얼마나 많은 실패를 거듭했을지 눈앞에 선해.

끈질기게 이런 작업을 해내 인삼 재배에 성공했던 사람들이 바로 개성 사람들이야. 왜 인삼하면 개성인삼, 개성상인 하는지 잘 알겠지. 기록에 따르면, 처음 가삼을 퍼뜨린 최 씨가 바로 개성 사람이었어. 원래 개성은 인삼이 잘 자랄 만한 기후가 아니야. 개성 사람들이 남쪽에 와서 인삼을 경작한 거였어. 인삼 재배가 까다롭고 수확 때까지 수년이 걸리기 때문에 돈이 많이 들어. 그건 지금도 마찬가지야. 병충해에도 약하기 때문이 자칫하면 쫄딱 망하는 지름길이야. 다행히 성공을 거두면 대박이 나지. 인삼 농사는 개성 사람들이 적격이었어. 그들은 장사해서 번 돈을 인삼에 투자했고 재배 기술을 발달시켜 인삼 농사를 성공시켰어. 고려가 망한 후 개성 사람들은 벼슬을 도모하지 않고 거의 다 상인의 길로 나섰다는 말이 있을 정도야.

조선 경제를 지킨 '조선판 반도체'

인삼의 국제 무역에 대해서는 좀 더 자세히 알아야 할 필요가 있어. 먼저 임진왜란 직후부터 18세기 중엽에 이르기까지 인삼 무역이라고 하면, 다 산삼 무역이었어. 이때 중국이나 일본 모두 인삼의 약재 수요가 크게 늘어났어. 임진왜란 직후 명나라에서 장경악이라는 의사가 《경악전서》라는 유명한 책을 썼어. 우리나라의 《동의보감》만큼 유명한 책이야. 거기에 처방이 모두 2220개가 실려 있는데 인삼, 곧 산삼이 들어가는 게 무려 25퍼센트쯤인 509개야. 특히 인삼 처방을 중시했다는 걸 알 수 있지. 아마 인삼보다 많이 들어가는 약초로는 약방의 감초나 당귀 정도였을 거야. 이게 뭘 뜻할

일본과 무역을 했던 부산의 초량왜관이야.

까?

"인삼을 넣어야 효과를 제대로 낸다는 뜻 아닐까요?"

그래. 그러니 중국에서 이 의학책에 따라 약을 지으려면 인삼이 많아야 했지. 또 이 무렵 일본 사람들은 돈 따지지 않고 조선 인삼을 찾았단다. 중국의 요동 지역은 벌써 씨가 말라 있었고, 그래서 조선 인삼이 불티나게 팔려나갔어. 아무리 그래도 자연산은 무한정 캐낼 수 없었는데, 그러던 차에 인삼 재배가 성공하고, 또 홍삼까지 개발하게 된 거야.

인삼 재배는 개성상인이 주도했는데 금산, 풍기, 강화 등 다른 곳에서도 재배가 활발하게 이루어졌어. 그렇지만 인삼을 쪄서 홍삼을 만드는 곳인 증류소는 개성에 지정되어 있었어. 이렇게 찐 삼인 홍삼은 더 오래 저장할 수 있다는 장점이 있었어. 이후 18세기 중엽 일본도 조선의 정보를 염탐하고, 끝없는 노력 끝에 지기 나라에서 인삼 재배를 성공시켰어. 그래서 일본으로 수출하는 양은 크게 줄어들었어. 또 비슷한 시기에 조정에서는 산삼보다 질이 떨어지는 홍삼의 무역을 법으로 금지시켰어. 그렇지만 밀무역까지는 막지 못했어. 정조 21년(1797년)에는 홍삼 수출 금지법이 완전히 풀렸어. 홍삼 무역이 나라 재정에 크게 도움이 된다는 것을 깨닫게 된 거지.

우리나라가 재배 인삼으로 무역을 해서 떼돈을 번 것은 바로 이후부터였어. 무역량이 50년 만에 120근에서 4만 근까지 껑충 뛰어올랐어.

홍삼 1근 값이 서울에서는 최상의 은 100냥인데, 북경 가면 적게는 350냥, 많게는 700냥을 받았어. 조선은 인삼 4만 근을 중국에 팔면 1000만 냥도 훨씬 넘게 이득을 보았지. 은 100냥이면 쌀 60~80가마였으니까, 얼마나 많이 벌었는지 실감이 나지.

조선 후기의 상인 임상옥 이야기를 들어봤니? 1821년 그가 사신을 수행하여 청나라에 갔을 때였어. 임상옥은 인삼 무역을 맡았었지. 북경의 상인들

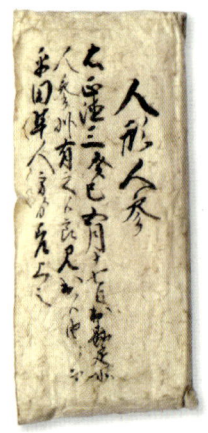

사람 모양 인삼 일본의 한 박물관에 있는 인삼이야. 조선 중기가 되면 조선의 인삼이 일본 수출품의 반을 차지해. 일본과 조선이 인삼을 거래할 때는 은으로 지불했어.

무역에 사용했던 은괘

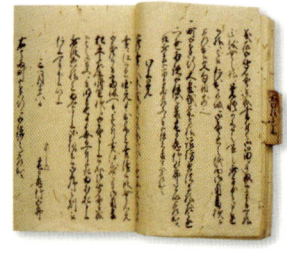
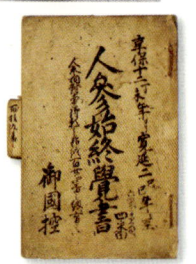

일본의 에도 시대에 인삼을 사고파는 내용을 기록한 장부야.

이 조선 인삼 불매 운동을 벌여 헐값으로 사들이려고 수작을 부렸어. 이때 임상옥은 "차라리 안 팔겠다."며 인삼을 쌓아놓고 불을 질렀어. 그러자 북경의 상인들이 잘못했다 빌면서 제발 팔아달라고 아우성을 쳤어. 임상옥은 원가의 수십 배를 받고서야 남은 인삼을 팔았다는 이야기야.

조선이 외국에 장사해서 이만큼 많이 벌어들인 건 이전에 거의 없었어. 인삼 재배가 성공하지 않았다면, 꿈도 꾸지 못했을 일이지. 인삼은 개성상인이 주도한 조선 최대의 '벤처 산업'이었어. 실패하면 쪽박, 성공하면 대박, 그래서 벤처 산업이라 말하는 거 아니겠어? 이철성 선생은 "인삼이 조선 경제를 유지시켜 준 조선판 반도체"라고 표현했어.

20세기 전반까지만 해도 우리나라의 인삼은 세계 전체 인삼 수요의 수십 퍼센트를 차지했어. 가장 품질이 좋은 고려 인삼이라는 브랜드를 가지고 말이야. 지금도 고려 인삼은 다른 지역의 인삼보다 품질이 뛰어나다고 알려져 있기 때문에 가장 고급품으로 팔리고 있어. 그렇지만, 20세기 후반에는 중국과 미국이나 캐나다의 인삼이 우릴 앞질렀어. 지금은 세계 무역량 가운데 고려 인삼의 비중이 채 5퍼센트도 되지 않아. 인삼의 종주국으로서 부끄러운 일이지. 어떤 이는 고급 진품 인삼과 홍삼만 고집하느라 다양한 형태의 인삼 가공품을 시도하지 않았기 때문에 스스로 목을 죈 거라고도 해. 인삼차, 인삼 젤리, 인삼 건빵, 인삼 추출액……, 이런 것들은 모두 다 외국이 앞서서 시도했던 것들이야.

우리의 인삼이 세계 시장에서 차지하는 비중이 크게 떨어졌기 때문에 많이 안타깝지. 그렇지만 인삼은 우리의 종자가 외국에 나가서 성공을 거둔 사례야. 우리는 밖으로부터 받은 게 많잖아. 목화, 감자, 고구마 등……. 인삼처럼 준 것도 있으니까 한편으로는 당당한 마음이 들기도 해.

▼
■인삼의 역사를 일목요연하게 잘 정리한 글로는 이철성 선생의 〈개성 인삼이 왜 유명하게 되었을까?〉란 글이 있어. 돌아가신 홍문화 선생도 인삼의 역사와 효능에 대해 많이 연구했어. 인삼 전반에 관한 글로는 옥순종 선생의 《교양으로 읽는 인삼 이야기》란 책이 있어. 물론 인삼에 대해 가장 방대하게 자료를 모은 건 일본 사람 이마무라 도모야. 그는 8권으로 된 《인삼사》라는 책을 썼어.
■최근에 양정필 선생과 여인석 선생이 인삼의 중국 원류설, 즉 중국에서 인삼이 시작되었다는 설을 재검토하는 흥미로운 글을 발표했어. 이마무라 도모가 중국 원류설에 종지부를 찍은 사람인데, 그의 해석에 문제가 있다는 거야. 이마무라 도모가 근거로 삼은 중국 태행 산맥(타이항 산맥)의 인삼은 진짜 인삼이 아니라 유사한 약초인 만삼이었다는 거야. 대신에 고구려 사람이 쓴 인삼 노래가 진짜 인삼을 노래한 거라고 말하고 있어. 이러한 근거를 토대로 양정필·여인석 선생은 고구려 지역에서 인삼에 대한 관심과 연구가 먼저 생겨났다는 주장을 해. 아직 논쟁의 여지가 많기 때문에 글 안에 넣지 않고 이렇게 따로 이야기하는 거야.

7 담배, 조선을 피우다

옛날에 홀어머니를 모시고 살던 효자가 있었어. 어머니가 심한 병에 걸렸어. 그때 어떤 도사가 나타나 고칠 방법을 일러 주었어. 개 100마리를 잡아 고아 먹이면 낫는다고. 아울러 도사는 호랑이로 변했다가 다시 인간으로 돌아오는 부적을 효자에게 주었지.

효자는 호랑이로 변신하여 개를 잡았어. 99마리까지 성공했어. 마지막 한 마리 잡으려고 변신할 때 아내가 본 거야. 호랑이를 보고 깜짝 놀라 그 부적을 찢어 버렸어. 효자는 다시 인간으로 영영 돌아오지 못하고 호랑이로 남게 되었어.

그 호랑이가 인육도 먹고 사람을 괴롭히자 포수가 나서서 잡게 되었어. 근데, 호랑이를 잡은 그 포수가 어린 시절 친구였던 거야. 호랑이는 포수에게 담배 한 대 얻어 피우며 신세 한탄을 했다고 하지.

재미있는 옛이야기로 문을 열어봤어. 호랑이가 자신의 신세를 한탄할 때

담배를 하나 피워 물었네.

'호랑이 담배 피우던 시절'이라는 말 자주 들어봤지? 근데 이 말이 언제부터 생겼는지는 잘 알지 못할걸. 그건 '담배'를 통해 알 수 있어.

호랑이가 담배를 피우기 시작한 17세기

호랑이 담배 먹던 시절은 1600년 이전으로 거슬러 올라가지는 않아. 그걸 어떻게 아냐고? 그 전엔 우리나라에 담배가 없었거든. 담배란 말도 당연히 없었고.

어떤 사람들은 왜 몸에 해로운 담배를 어린이 책에 포함시켰을까 궁금해 할지도 모르겠어. 그건 담배가 옛 사람들의 생활을 이해하는 데 너무나 중요한 작물이기 때문이야. 17세기 초 우리나라에 들여오자마자 담배는 매우 빠르게 조선에 퍼져 남녀노소가 다 즐기는 기호품이 되었지. 아마 이에 견줄 수 있는 그 어떤 작물도 우리 역사에서 없었어. 물론 그때에도 찬성과 반대의 논쟁이 거세게 벌어졌어. 이런 현상은 너무 크고 깊었기 때문에 생물을 연구하는 역사가라면 당연히 열심히 파고들지 않을 수 없는 거야.

담배의 원산지는 남아메리카 대륙의 안데스 산맥으로 알려져 있어. 감자도 원산지였던 거 기억나지? 이곳 사람들이 담배를 오래전부터 피워 왔는데, 그들이 사용한 담뱃대 이름이 토바코였다고 해. 토바코가 타바코로, 타바코가 담바구로, 담바구가 담배가 된 거로 추정하고 있어. 빵이란 이름도 타바코가 전래되던 무렵 포르투갈어가 일본에서 변해 생긴 말이야. 포르투갈어 팡이 빵이 된 거지. 카스텔라란 말도 그래. 스페인의 옛 지방 카스티야에서 만든 과자를 포르투갈어로 읽은 게 일본에서 빵 이름인 카스텔라가 된 거야. 이처럼 담배, 빵, 카스텔라는 모두 콜럼버스를 비롯한 유럽 사람들이 신대륙을 발견한 이후에 생긴 교역 시대의 산물이었어. 옥수수, 감자, 고구마와 함께.

1492년 콜럼버스가 아메리카 대륙을 인도인줄 알고 도착했을 때, 그곳 인디언들이 담배를 피우는 걸 봤다고 해. 인디언들은 성인식 같은 행사를 치를 때, 담배 연기를 들이마셨어. 또 병을 몰아내는 데에도 도움이 된다고 믿었어. 이후 서양인들이 담배를 자기네 나라에 가지고 갔어. 프랑스는 1556년, 포르투갈은 1558년, 스페인은 1559년, 영국은 1565년부터 담배를 피우기 시작했어. 그 후 포르투갈 상인들이 중국과 일본에 전했어. 1610년쯤에는 일본을 통해서 우리나라에 들어왔어. 유럽 사람이 피우기 시작한 지 50년 뒤에 우리나라에 들어왔구나. 우리나라에선 1614년에 나온 이수광의 《지봉유설》에서 다음과 같은 담배 이야기가 나와.

최근에 담배가 일본에서 들어와 널리 퍼졌다.

담배는 놀랄 정도로 빨리 퍼져나갔어. 전국에서 재배되었지. 얼마나 유행했냐 하면, 1650년대 표류하다가 13년 동안 조선에 억류되었던 하멜의 말을 보면 잘 알 수 있어.

조선 사람들은 담배를 좋아하여 아이들도 4, 5세만 되면 담배를 피우며 남녀노소 담배를 피우지 않는 사람이 없다.

어? 네댓 살 어린이까지 담배를? 그때 담배는 기침, 배앓이에 좋다고 알려졌기 때문에 약이라 생각했던 거야.

담배가 들어온 지 100년쯤 지난 다음 담배는 돈 주고 사고파는 농작물의 대표가 되었어. 농산물 가운데 담배처럼 돈 주고 사고파는 게 활발했던 것은 없어. 그러다 보니 곡식이나 채소 같은 작물을 심지 않고 밭에 담배를 심는 사람들이 많아졌어. 그래서 조정에서는 논밭을 함부로 담배밭으로 바꾸지 못하게 하는 법령을 내리곤 했어. 하지만 성공하지 못했어. 담배를 피는 사람이 무척 많았기 때문이었지.

담배밭

조선에 널리 퍼진 담배

김홍도 그림 중에 담배 그림이 있어. 김홍도가 그린 풍속도에 벼농사, 타작, 옷감 짜기와 나란히 포함되어 있다는 건, 담배가 얼마나 유행했는지를 말해줘.

김홍도의 〈담배 썰기〉

　자, 그러면 그림을 보도록 하자. 아래쪽 웃옷을 벗고 있는 아저씨가 지금 뭘 하고 있지?

　"담배 잎사귀를 손질하고 있어요." 잎 가운데 줄기를 떼어 내고 있지? 이걸 제거한 잎으로 담배를 만드는 거야.

　"아래에는 잎이 수북이 쌓여 있어요." 그래. 담배는 잎사귀를 태워 연기를 들이마시는 거란다. 흡연이란 말이 연기를 마신다는 뜻이지. 근데 넓적한 잎사귀를 그냥 피울 수 없잖아. 위쪽을 봐. 손작두로 뭘 하고 있지?

　"잎을 가늘게 자르고 있어요." 맞았어. 옆의 궤짝은 썬 담배를 담는 통이야. 혹시 집안에 담배 피우는 사람이 있다면 한 개피만 뜯어서 잘 봐. 종이를 뜯어보면, 그 안에 잎을 잘게 자른 게 들어 있을 거야. 그게 담뱃잎이야.

　담배 종자는 아주 작아. 씨가 몹시 작아서 모래알보다도 작아. 눈 나쁘면 잘 보이지도 않을 정도야. 그걸 일일이 가려서 심어 싹을 틔운 다음 옮겨 심어

김홍도의 〈장터 가는 길〉 장에 가는 사람들 모습이야. 말을 타고 가면서 담배를 피우고 있어. 갓을 쓴 사람은 나이가 제법 든 사람인데, 막 담뱃불을 붙이고 있구나. 두 명은 한눈에 봐도 어린 소년들이야. 그 중 한 명은 부싯돌을 치고 있고, 다른 한 명은 담배를 빼끔 피우고 있네. 틈만 나면 어른, 소년 할 것 없이 담배를 피웠다는 옛 기록과 일치하는 그림이야.

여러 가지 담뱃대와 담배합 조선 후기에 만들어진 담뱃대와 담배를 넣어두는 합이야.

담배를 길러. 다 자란 담뱃잎을 따서 정성껏 잎을 다듬은 뒤에 말려서 태울 수 있게 만드는 거야.

옛 사람들이 담배를 태울 때 불을 어떻게 붙였을까?

"물론, 부싯돌을 썼겠지요?"

맞았어. 부싯돌을 썼어. 근데, 부싯돌이란 말은 많이 들었겠지만 실제로 본 적이 있니? 또 사용해 본 적 있어? 어떤 돌들은 부딪히면 불꽃이 잘 튀는 게 있어. 맨질맨질한 돌이 제격이야. 그래서 단단하고 광택이 나는 석영이라는 돌로 부싯돌을 만들어. 담뱃대의 대통에 담배를 꾹꾹 다져 넣고 부싯돌을 탁 쳐서 불꽃을 일으켜 담뱃잎에 불을 붙였어. 능숙한 사람은 단번에 붙였지만, 서투른 사람은 여러 차례 불꽃을 일으켜야만 했어.

담배와 늘 함께하는 찬성·반대 논쟁

1810년 이옥이 지은 《연경》, 즉 '담배에 관한 모든 것'이라는 책은 조선 시대 담배에 대한 유일한 전문서적이야. 재배법, 피우는 법, 찬성과 반대의 논리, 담배의 문화와 예절이 다 담겨 있어. 최근 안대회 선생이 번역하여 세상에 널리 알려지게 되었어. 자, 그럼 흡연하는 사람 이야기를 먼저 볼까?

> 첫째, 밥 한 사발을 먹은 뒤에 피우면 입에 남아 있는 마늘 냄새와 비린내를 없애준다.
> 둘째, 아침에 일어나 목에 가래가 끓고 침이 텁텁한 것을 가시게 한다.
> 셋째, 시름 많고 걱정 심하거나 하릴없이 심심할 때 피우면 상쾌해진다.
> 넷째, 술 덜 깼을 때 피우면 술이 탁 깬다.
> 다섯째, 추울 때 몸이 얼고 입술이 뻣뻣해질 때 연거푸 피우면 몸이 따뜻해진다.
> 여섯째, 비가 많이 내려 축축하고 곰팡이 피는 것 같을 때, 피우면 상쾌해진다.
> 일곱째, 한 대 태우면 좋은 시구가 팍 떠오른다.

이걸 보면, 담배는 이모저모 다 좋네. 게다가 가래 기침에도 좋다고 했어. 약으로 본 거야. 오죽하면 담배 이름이 가래[痰(담)]를 흩어준다[播(파)]는 잎인 '담파고'라고 쓰기도 했겠니? 게다가 아이들의 배앓이에 특효약이라고 알았지. 배 안의 회충도 담배 연기를 못 견뎌 밖으로 쫓겨 나온다고 생각했으니까.

옛 사람들이 담배를 찬양만 했던 건 아냐. 적지 않은 사람들이 담배의 해로움을 지적하며 손사래를 쳤어. 이옥의 《연경》 내용을 이어서 보자.

첫째, 몸의 기운을 없앤다.

둘째, 눈이 침침해지는 걸 재촉한다.

셋째, 담배 연기가 배어 옷가지가 더러워진다.

넷째, 담배 연기와 담뱃진이 옷과 책들을 얼룩지게 한다.

다섯째, 담뱃불이 큰불의 원인이 된다.

여섯째, 치아가 일찍 상한다.

일곱째, 담배를 얻으려고 무슨 짓이든 다하게 되며, 패가망신하기까지 한다.

여덟째, 담배 피우려면 계속 불을 붙여야 하고, 부싯돌과 담뱃갑 챙기는 일이 번거롭다.

아홉째, 담배 연기 마시고 내뿜는 태도가 오만불손할 때가 많다.

열째, 담배를 태우려고 계속 손을 움직이다 보면 예법을 어길 때가 많다.

이걸 보면 담배는 좋은 게 하나도 없네. 또 이 쓸데없는 담배 농사를 짓느라고 농민들은 곡식 심는 논밭을 팽개치니 이 어찌 대단한 손해가 아니겠어. 무엇보다도 온 나라 360 고을마다 흡연자 1만 명이 담뱃값으로 하루 1문(10문이 1전, 100전이 1냥)씩 낭비한다고 쳤을 때, 1년 360일 동안 나라 전체로 1260만 냥을 담배로 태워 없애는 거야. 담배가 온 조선을 피워 버리는 거지. 흉년 때 이 돈을 들인다면 곡식 걱정을 하지 않아

도 될 비용이었을 거야.

가장 싼 값으로 사람들을 만족시킨 담배

담배의 이익과 손해를 주장하는 사람들이 팽팽하게 맞섰지만, 조선에서는 흡연이 대승리를 거뒀어. 김정화 선생은 "담배가 가장 싼 값으로 사람들의 기호를 만족시킨" 존재였다는 데서 담배의 승리 요인을 찾아. 요즘 사람들은 옛 사람의 고통을 잘 이해하지 못해. 수많은 자연재해와 질병은 시시각각 목숨을 노리고 있었고, 실제로 수명을 단축시켰어. 게다가 절대적인 식량의 부족, 신분 사회와 남존여비의 족쇄, 엄청나게 많은 일과 고단함……, 이 모든 것이 겹쳐 있던 사회였어.

달리 말해, 담배 한 모금이 인간이 자신의 의지를 발휘해 휴식을 하는 그 짧은 시간이었던 셈이었어. 비슷한 일이 일어나는 곳이 전쟁터야. 총알과 포탄이 난무하는 전장에서 언제 죽을지 모르는 상황에서 담배 한 모금 뿜어내는 그 순간이 자신이 살아있음을 문득 느끼는 순간이었던 거야. 실제로 담배의 독성이 몸과 정신을 순간적으로 집중시켜 주는 일을 하기도 했지.

그래서 농부는 농부대로, 아낙은 아낙대로, 병고에 시달리는 노인은 노인대로, 오늘날과 달리 고된 노동에 시달렸던 어린 소년은 소년대로 담배 연기를 뿜어 댔던 거야. 시구를 뒤적이는 사대부는 사대부대로, 독서광이었던 정조 같은 임금도 집중력을 높이기 위해 담배를 태웠던 거고. 요즘 사람들에겐 똑같은 이유로 해서 커피가 담배를 대신하는 측면이 있지.

오늘날 사람들이 담배를 멀리하는 가장 큰 이유는 담배가 폐암과 같은 암을 일으키는 주요 원인으로 밝혀졌기 때문이야. 근데, 옛적에는 그건 너무 먼 일이었어. 더 쉬운 죽음의 원인이 수두룩했거든. 또 오래 살아 암에 걸릴 만한 사람도 매우 드물었어. 담배가 건강에 나쁘다는 이유 정도로 담배를 끊을

담배 피우는 할아버지 조선 후기의 화가 김득신이 그린 그림이야.

이유가 없었던 거지. 음, 한마디로 말해 담배는 조선 사람의 고통 받는 삶과 함께한 슬픔과 기쁨이 담긴 거였어. 그건 일제 강점기를 겪을 때까지도 마찬가지였지.

묘약일까 독약일까

담배와 함께 같이 꼭 언급되는 게 하나 있어. 술이야. 술은 담배보다도 더 전통이 깊은 인류의 기호 식품이야. 어떤 사람은 술을 신이 준 독약이란 표현을 써. 좋게 보면 모든 약의 으뜸이지. 또 온갖 근심을 잊게 해 주는 묘약이기도 해. 그렇지만 술이 지나치게 되면 몸이 망가지고 사회생활의 절도를 잃게 되지.

우리나라도 매우 오래된 술의 전통이 있어. 또 온갖 술이 발달했어. 삼국 시대 때 만든 술은 중국에도 널리 소문이 날 정도였지. 고려 때는 몽골을 거쳐

담배에도 예절이 있다

조선 사람들이 담배를 좋아하는 대신 거치적거리는 일이 있었으니, 신분 사회에 걸맞은 담배 예절을 지키는 것이었어.
이옥의 《연경》에서는 담배 피우는 것이 미울 때가 있다고 했어. 어떤 게 있는지 볼까?

첫째, 어린아이가 한 길이나 되는 긴 담뱃대를 입에 문 채 서서 피울 때. 또 가끔씩 이 사이로 카악 침을 뱉을 때. 가증스러운 녀석!
둘째, 안방의 다홍치마를 입은 부인이 낭군을 마주한 채 유유자적 담배를 피울 때. 부끄럽도다!
셋째, 젊은 계집종이 부뚜막에 걸터앉아 안개를 토해내듯 담배를 피워댈 때. 호되게 야단쳐야 한다!
넷째, 시골 사람이 다섯 자 길이의 흰 대나무 담배통에 담뱃잎을 가루로 내어 퉤퉤 침을 뱉어 섞을 때. 또 불을 댕겨 급하게 몇 모금 빨고 나서 화로에 침을 퉤 뱉고 재로 덮어 버릴 때. 민망하기 짝이 없도다!
다섯째, 거지가 지팡이와 같은 담뱃대를 들고 길 가는 사람에게 담배 한 대 달라고 할 때. 겁나는 놈이렷다!
여섯째, 대갓집 종이 긴 담뱃대로 비싼 담배를 마음껏 태우다 손님이 앞을 지나가도 멈추지 않을 때. 몽둥이로 내리칠 놈!

이 여섯 경우는 담배 예절을 지키지 않는 대표적인 사례야. 조선은 유교 사회답게 자연스럽게 담배 예절을 만들었어. 어른 앞에서 아이가 담배를 피워선 안 돼. 특히 아들이나 손자가 아버지나 할아버지 앞에서 맞담배를 피는 건 더욱 안 돼. 제자는 스승 앞에서 피워선 안 되고, 천한 사람이 높은 사람 앞에서 피워서도 안 돼. 아낙이 남편 앞에서 피워도 안 됐어. 오직 기생들만이 선비들과 맞담배가 허용됐을 뿐이야. 담배 예절은 담뱃대 길이로도 표현되었어. 신분이 높을수록 긴 담뱃대를 썼지.

조선 시대 화가인 신윤복 그림 중 일부야. 기생들 앞의 담뱃대를 한 번 보렴. 양반들은 긴 담뱃대를 썼어. 긴 것은 1미터 가까이 될 만큼 길었기 때문에 손이 닿지 않아 종이 불을 붙여주었지.

아라비아의 술인 소주가 들어 왔어. 쌀로 빚은 탁주인 막걸리는 오랜 동안 백성들의 벗이었지. 시대마다 지역마다 수많은 술들이 있었다는 것만 알도록 하고, 여기선 자세한 건 생략하도록 하자.

최근에는 삶의 양상이 많이 달라졌어. 살림살이가 나아졌고, 의학도 발달했지. 술과 담배에 의지해야 살 수 있는 사회를 벗어났다 이거야. 지금은 담배 피우는 사람이 눈에 띌 정도로 줄어들었지. 담배가 아니라도 즐길 게 많이 생겼어. 기호 식품도 셀 수 없을 정도로 많아졌고, 텔레비전, 영화, 인터넷 등 시시각각 즐길 게 바로 곁에 있지. 구태여 몸에 해롭다는 담배에 손이 갈 필요도 없는 거고. 난 담배를 피우지 않아. 손을 대본 적도 없어. 왜냐면 몸에 좋지 않다는 걸 잘 알고 있기 때문이야.

근데, 담배 중독 못지않은 새로운 중독이 등장했어. 아마 게임 중독일 거야. 옛 어린이들처럼 노동의 고통에 시달리지는 않지만, 요즘이 10대는 공부 스트레스 때문에 죽을 맛이야. 담배와 게임은 공통점이 많아. 순간의 쾌락에 빠져들어 긴 고통을 마비시키는 구실을 하지. 중독성이 강해 끊기가 힘들지. 또 그만큼 몸과 인생을 망치게 된다는 공통점이 있어.

비밀노트

세상을 바꾼 이파리, 차

담배처럼 이파리 하나가 세상을 바꾼 건 거의 없어. 이에 견줄 만한 잎이 단 하나 있지. 바로 찻잎이야.

차는 차나무에서 딴 잎으로 만든 음료야. 차는 담배 필 때 감수해야 할 부작용이 없어. 깨끗하고 안전하지. 게다가 입안을 깨끗이 해 주고, 정신을 맑게 해 주고, 몸 안의 찌꺼기를 씻어주는 훌륭한 약이기도 하고. 차는 담배 못지않게 전 세계에 널리 퍼졌어. 담배가 아메리카 대륙에서 유럽을 거쳐 아시아 지역으로 왔다면, 차는 원산지인 중국에서 다른 아시아 지역으로, 유럽으로, 온 세계로 퍼져 나갔어.

차의 원산지는 중국의 사천이라고 추정되고 있어. 중국에서는 대략 2000년 전부터 차를 마셨다는 기록이 있어. 중국에 담배를 싣고 왔던 서양의 배들은 차와 차를 담는 그릇인 찻잔과 도자기를 자신의 나라로 실어갔지. 이후 차는 서양에서 없어서는 안 될 음료로 자리를 잡았어.

우리나라에는 삼국 시대에 불교의 전래와 함께 차가 들어왔어. 불교에서 차를 중요시했단다. 아마 우리나라에도 자생하던 차가 있었을지도 모른다고 추정되지만, 차의 재배법, 차를 타 먹는 방법과 문화가 중국과 흡사하다는 점에서 차와 차 문화가 수입되어 정착되었다는 설이 더 설득력이 있어. 우리나라에서 차는 불교가 국교인 고려 시대에 귀족 사회에서 큰 인기를 끌었어. 고려청자 상당수가 차와 관련된 다기였을 정도였지. 송나라 무역선과 고려의 무역선이 엄청난 차를 고려와 일본에 실어 날랐어. 신안 앞바다에 침몰했던 송나라 보물선 안에도 차가 많이 실려 있었어.

청자 주전자와 찻잔 고려 시대(12세기)에 만든 상감 청자야.

13세기 이규보는 《동국이상국집》에서 송나라의 값진 차가 생산된 지 몇 달 안 되어 개경에 도착해 널리 팔린다고 했어. 또 우리나라 자생차 산지인 지리산 자락에는 농민들이 나라에 진상할 차 재배 때문에 등골이 휘어진다는 원성도 적어놓았어. 이때 차는 비쌌기 때문에 일반 서민들이 이용하는 음료로 내려오지는 않았어.

조선 시대 들어서는 차 재배와 무역이 고려 시대보다 쇠퇴했어. 차를 바치는 의식이 필요한 불교 대신에 유교 문화가 자리 잡았기 때문이지. 그럼에도 일부 사대부들은 차의 그윽한 향기를 좋아했어. 선비들을 통해서만 차의 명맥이 겨우 유지되었던 거야. 19세기 후반 서유구는 《임원경제지》에서 다음과 같이 적었어.

> 우리나라 사람들은 차를 그다지 마시지 않아 나라에 자생하는 차 품종이 있으나 아는 사람이 또한 드물었다. 근래 50~60년 동안 사대부들과 부귀한 사람 가운데 종종 즐기는 사람들이 있다.

이보다 100년 앞서 임수간이란 선비는 〈담배를 예찬하는 노래〉를 지었는데, 차 대신 담배를 좋아하는 조선 사람의 마음이 드러나 있어. 한번 추려서 볼까.

> 차라는 풀이 있어 당나라 말엽에 세상에 나타났지.
> 국가에서 전매하여 거두는 세금은 소금이나 황금에 맞서고
> 손님과 주인이 마주 앉아 마시는 예절은 음주의 예법보다 더 했네.
> 아! 성대하도다.
> 이윽고 연기를 마시는 차 곧 담배가 차의 뒤를 이어 출현했네.
> 그 옛날 중국의 명차가
> 한 시대에 맛과 가격이 으뜸이었다손 치더라도
> 아무래도 담배에는 미치지 못하리.

차가 중국에서 나왔고, 또 일본에서는 대단한 유행을 했는데, 왜 우리나라에서는 그만큼 유행하지 못했을까. 오죽하면 외국에서 들어온 것 중 크게 실패한 두 가지를 꼽을 때 농사의 물대기에 썼던 수차와 함께 꼽히는 게 차야. 흔히 우리나라는 물이 좋았기 때문이라고 해. 일본이나 중국, 또 유럽에 가 본 사람들이 하나 같이 하는 얘기가 한국처럼 물맛 좋은 데 못 봤다는 거야. 이들 나라는 물에 석회가 있기 때문에 바로 먹지 못해. 그래서 차를 끓여 먹게 되었다는 거지.

녹차밭 전라남도 보성의 차밭이야. 보성은 요즘 우리나라에서 녹차가 가장 많이 나는 곳이야.

또 어떤 사람들은 중국 사람들이 음식을 기름지게 먹기 때문에 차가 더 어울린다고 말해. 하지만 일본 사람들은 기름지게 먹지 않는 데도 차를 즐겨하기 때문에 꼭 기름진 음식 때문에 차를 많이 먹게 된 건 아닌 것 같아. 정연식 선생은 우리나라에선 옛 농민들이 차를 재배하게 되면 뼈 빠지게 일한 걸 세금이나 공물로 다 빼앗아 갔기 때문에 차 농사를 일부러 안 지었다고 보았어. 근데, 이것도 또한 금지했던 담배 농사를 열심히 지은 걸 보면 꼭 그런 이유 때문만은 아닌 것 같아.

이런저런 이유를 찾아보고 나니, 우리나라에 차가 유행하지 않은 까닭은 풍토 때문은 아닐까? 중국과 일본에서는 차가 잘 자라는 습한 기후의 산지가 널려 있어. 그렇지만 우리나라는 그렇지 않아. 차가 자라는 지역이 적었던 거지. 그러다 보니 찻값이 담뱃값과 비교할 수 없을 정도로 비쌌던 거야. 우리 농민들은 음식 먹고 텁텁한 걸 숭늉으로 풀었지. 게다가 차의 도를 즐길 만한 계층이 중국과 일본보다 턱없이 적었거든.

최근의 사정을 보면, 우리나라에서도 다이어트 음료로 차가 큰 인기를 끌고 있어. 그렇다 해도 아직 중국이나 일본처럼 많이 마시지는 않아. 요즘 한국 사람들은 차 대신 커피를 많이 마시지. 커피 자판기가 한국만큼 많은 나라는 없어. 커피는 1876년 개항 이후 서양 사람이 우리나라에 들여와서 퍼지기 시작했어.

▼
- 담배는 흥미로운 주제라서 그런지 재미있는 글들이 여럿 있어. 조선 사람의 일상생활이라는 관점에서 접근한 글도 있고, 세계 속의 한국이라는 측면에서 접근한 글도 있어. 내가 주로 참고한 건 김정화 선생의 《담배 이야기》와 안대회 선생이 옮긴 이옥의 《연경, 담배의 모든 것》이라는 책이야.
- 차에 대해서는 송재소·유홍준·정해렴 선생이 지은 《한국의 차 문화 천 년》과 류건집 선생의 《한국 차 문화사》라는 책을 주로 참고했어.

8 매와 말을 치료하는 의학 책이 있었다

해동청 보라매라는 말 들어봤니? 아마 한번쯤은 들어봤을 거야. 우리나라 공군의 상징이 바로 이 해동청 보라매지. '해동'이란 중국의 바다 동쪽, 즉 우리나라를 뜻하고, '청'은 푸른색을, '보라'는 태어난 지 1년이 안 된 어린 매를 말해. 그러니까 해동청 보라매는 우리나라에 나는 푸른색 날개를 가진 어린 매를 뜻해. 어렸을 때부터 길을 들여 사냥할 때 썼어. "꿩 잡는 게 매"라는 말이 있는데, 말 그대로야. 중국 사람이 봤을 때, 고려의 매가 조그마하면서도 날쌔게 사냥을 잘해서 붙인 이름이지.

海東靑
바다 해 / 동녘 동 / 푸를 청

수지니 만들기

새타령에도 매가 나와.

남원산성 올라가 이화문전 바라보니

수지니, 날지니, 해동청 보라매 떴다 봐라 저 종달새……

꾀꼬리는 짝을 지어 이산으로 가면 꾀꼬리 수르르

여기서 수지니와 날지니가 매야. 사람 손에서 1년 기른 게 수지니고 날지니는 야생매야. 산에서 1년 지낸 매는 산지니라고 해. 매가 뜨면 온갖 새가 다 긴장해. 하늘에서 크게 원을 그리며 날다가 먹이를 발견하면 빠른 속도로 날아가 오리나 갈매기, 꿩을 낚아채. 사람이 마당에서 기르는 병아리나 닭도 잡아갔어.

매를 길러 사냥에 쓴 건 꽤 오래됐어. 옛날 사람들 대단하지 않니? 야생매를 길들여 사냥을 하다니 말이야. 고구려 벽화에도 해동청 보라매가 나와. 조선 시대 그림에도 심심찮게 나오지. 매 기르기는 옛 전통이 하나도 변하지

고구려 삼실총 벽화 사냥꾼의 어깨 위에 위품 있게 앉아 있는 새가 보라매야(왼쪽). **매사냥꾼** 조선 후기에 찍은 사진이야. 100여년 전만해도 매로 사냥을 했다는 걸 알 수 있지(오른쪽). 매사냥은 2010년 11월에 유네스코 인류무형문화유산에 올랐어.

않고 조선 시대까지 죽 이어져 왔어.

이놈 보물단지야. 생각해 봐. 잘 키워 산과 들로 데려만 가면, 꿩이며 토끼를 척척 잡아 오잖아. 황금알 낳는 거위와 다를 바가 없지.

중국 황제들이 해동청 보라매를 좋아했기 때문에 우리나라에 많이 요구했어. 그래서 고려 충렬왕 때에는 매를 사육하는 전담 기구까지 만들었어. 이 기구를 '응방'이라고 했어.

의학 책을 가진 새, 매

잘 길들인 매는 한 마리 값이 말 한 마리 값과 맞먹을 정도였어. 어쩌다 병이라도 들면 빨리 회복시켜야 되겠지? 그래서 매 의학이란 게 생겨났어. 우리나라에서 현재 남아 있는 가축 의학 책 중 가장 오래된 게 바로 매 의학 책이야. 놀랍지 않아? 이름하여 《응골

가마우지 어부들이 물고기 반찬을 놓고 밥을 먹고 있어. 드리워 놓은 낚싯대 위로 가마우지들이 날고 있어. 중국 남쪽 지방을 가면, 농민들이 가마우지라는 오리 비슷한 새를 길러 물고기 사냥을 시키기도 하더라. 중국과 일본에서는 오랜 옛날부터 사냥용 가마우지를 길렀어. 근데, 목에 줄을 매달아 물속에 쳐 넣고, 새가 물고기를 삼키려 하면 줄을 당겨 못 먹게 하는 다소 잔인한 방법을 썼어. 우리나라는 가마우지를 사냥용으로 기르지 않았어.

매를 어떻게 조련하는지 알아? 절대 원칙은 매가 사람이 주는 음식을 먹도록 길들여져야 하는 거야. 일단 먹이로 닭이나 꿩을 주지. 어린 매의 다리에 줄을 묶어 사냥을 하도록 시켜. 먹이를 잡아 먹는 순간 기다렸다가 먹이를 빼앗아. 독이 오른 매는 더 열심히 사냥감을 덮치지. 많이 잡으면 그때 사람이 맛난 음식을 실컷 주는 거야. 이런 식으로 계속하면 매가 사람에게 길들여지지.

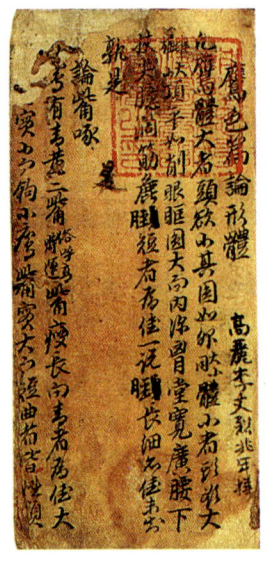

《응골방》 매의 여러 병 증상에 맞춰 약을 쓰고 있어.

방》, 매의 병에 대한 처방집이란 뜻이야. 고려 때 이조년(1269~1343년)이 편찬했어. 왜 매의 건강에 대한 책을 썼는지 그의 말을 직접 들어보도록 할까?

"사람들은 매사냥을 즐기지만, 매를 다스리는 기술이 부족해. 매들이 병에 걸렸을 때에는 쩔쩔매고 아무 조치도 못 취하잖아. 나는 그걸 한스럽게 여겼어. 그래서 매들이 마시고 쪼는 형세와 살찌고 여윈 징후를 잘 관찰해 병이 생기는 이치를 알아냈지. 또 약물을 써서 매의 병을 고치는 방법도 터득했어. 내 처방은 매를 기르는 사람들에게 큰 도움이 될 거야."

이조년은 매를 다섯 마리나 길렀다고 해. 매가

매사냥을 나선 사람들 매사냥을 나설 때는 4~5명이 한 팀을 이뤄. 맨 왼쪽에 앞서 가는 사람이 매를 조정하는 사람인 수할치야(왼쪽). 토끼를 잡은 매 좋은 매는 몸은 크되 머리는 계란같이 작으면서 둥글고, 눈은 크면서 둥글고, 가슴은 탁 터져 있고, 허리 뒤쪽은 협소하고 뾰족해야 한다고 했어. 조선 시대에 심사정이 그린 거야(오른쪽).

병이 들면 사람이 먹는 값진 약들을 먹였어.

어때, 매 이야기 진짜로 재미있지 않아? 모르겠다고? '시치미' 떼지 마. 네들이 재미있어 한다는 거 내가 다 알고 있어. 이럴 때 쓰는 시치미란 말이 사냥매에서 나온 말이란 거 알고 있니? 시치미는 매 주인이 매의 깃털에 단 이름 꼬리표를 뜻해. '시치미 뗀다'는 말은 매가 간혹 집을 잘못 찾아갔을 때, 그 집 주인이 굴러들어온 남의 매를 꿀꺽한다는 뜻이야.

"하하하. 그렇군요." 시치미를 뗐으니, 뉘 집 매인 줄 어떻게 알겠어.

시치미

인류의 역사를 바꾼 동물, 말

네들 말 타봤니? 따그닥따그닥 아주 신 나지. 제주도나 경주 같은 유명 관광지에 가서 몇 분 타는 승마도 기분 좋지. 말을 몰 때는 '쨔쨔쨔쨔쨔쨔……', 말을 멈출 때는 '쥬~우'. 말이 껑충껑충 뛸 때는 긴장감 넘쳐. 말을 탈 때에는 말에 맨 줄을 꽉 잡아당기면 안 돼. 말이 뛰는 리듬에 맞춰 같이 출렁거리는 게 가장 좋아. 옛날의 장수는 말을 잘 타야 했어. 말 위에서 활 쏘고, 칼 휘두르고, 춤을 추기도 할 정도야.

말이 자동차보다 좋은 점이 뭔지 알아? 세 가지만 말해 볼게. 첫째, 영리해서 알아서 움직여. 말 탄 사람 수준에 맞춰 딱 알맞게 달려 주지. 둘째, 말은 산길 경사진 좁은 길도 잘 다녀. 아래로 굴러 떨어질 것 같은 가파른 길에 끄떡없이 균형을 잘 잡아. 셋째, 가장 중요한 건데 말 타기가 건강에 엄청 좋다는 거야. 온몸 운동이야. 말 처음 타면 사타구니와 등이 아리고 쓰려서 잠을 못 잘 정도야. 이게 익숙해지면 온몸의 군살이 다 빠지고 맵시 있게 돼. 옛 조선 선비

말 타고 가는 선비 조선 시대 후기 윤두서가 그린 그림이야. 선비들이 말을 타고 다니는 일은 무척 흔한 일이었어. 말 타고 다니는 것만으로도 만만치 않은 운동이 되었지.

가 나약했을 거라고 생각하지 마. 늘 말 타고 다니면서 한 운동만 해도 결코 만만치 않았기 때문이야.

말이 자동차보다 좋지 않은 점이야 좋은 점보다 더 많지. 무엇보다도 하루에 달리는 거리가 한계가 있어. 동물이니까. 보통 말은 한 번에 한 30킬로미터 정도 달리면 한두 시간 쉬어야 해. 또 쉬면서 풀을 잔뜩 먹어야 해. 엄청 많이 먹어. 그런 다음 다시 한 30킬로미터를 달리면 하루가 다 가지. 하루에 60킬로미터, 150리 길이 전부야. 아니지, 그게 어디야. 3천리 강산 그 어느 곳이라도 말 타면 20일이면 갈 수 있어. 먼 길 떠날 땐 말 없으면 엄두도 안 나지. 특히 경상도나 전라도 선비들이 과거 보러 서울 갈 때, 말 없으면 제때 맞춰오기 힘들지. 또 보통 의원들이 먼 곳으로 왕진 나갈 때, 환자

집에서 말로 모셔가지 않으면 길을 안 나섰거든. 말을 부리는 비용이란 뜻의 거마비란 말이 여기서 생겼어. 말을 직접 데려오거나, 아니면 그에 맞먹는 교통비를 주어야 했지. 말이 얼마나 소중했는지 짐작하고도 남겠지?

> **車馬費**
> 수레 거 / 말 마 / 쓸 비
> 교통비와 같은 말이야.

말은 인류가 길들인 짐승 가운데 가장 필요한 놈이었어. 인류의 역사를 바꿨다고 할 수 있지. 말은 집에서는 자가용이었고, 군대에서는 장갑차였어. 교통 수단으로서도 중요했지만, 말은 전쟁에서 더 요긴했지. 칭기즈 칸이 세계를 정복한 힘이 바로 말의 기동성에 있었다는 거 잘 알잖아. 기마 부대와 보병 부대의 싸움, 상대가 안 되겠지. 전쟁의 승패를 결정짓고, 멀고 낯선 지역의 개척에 꼭 필요했어. 그래서 오래전부터 '말 의사', 즉 마의(馬醫) 또는 수의(獸醫)가 있었어. 중국은 지금부터 거의

고구려 시대에 만들어진 고분의 벽화야. 말을 타고 가며 활을 쏘아 호랑이를 잡고 있어.

3000년 전부터 수의가 있었어. 우리나라도 삼국 시대에 수의가 있었을 것으로 추측되지만 기록이 남아 있는 것은 고려 때부터야.

말 의학 책

말에 관한 의학 책은 조선 초에 처음 씌어졌어. 《신편집성마의방》이 그거야. 새롭게 말 의학에 관한 처방을 모아 만들었다는 뜻이야. 이 책의 부록으로

우리나라에 말이 몇 마리나 있었을까

삼국 시대의 기록을 볼까? 고구려의 태조왕 69년에 기병만 1만 명이 전쟁에 참여한 적이 있고, 보장왕 4년에는 보병과 기병을 합쳐서 4만 명이 전쟁에 참여했다고 해. 백제도 말이 많았어. 백제의 초고왕 2년에는 기병만 8000명, 무왕 3년에 보병과 기병 합쳐 4만 명이 전쟁에 참여했어. 신라라고 질 수 있겠어. 아달라왕 14년에 기병 8000명, 진덕왕 원년에 보병과 기병 1만 명이 전쟁에 참여했어. 이를 보면 삼국 각국이 최소한 전투마만 1만 마리를 가지고 있었지.

고려 때는 더욱 정확하게 말의 규모를 알 수 있어. 태조 때 기마군 수가 모두 4만이었어. 고려 말 우왕 때 새로 흥기해 고려에 터무니 없는 요구를 하는 명나라를 치기 위한 요동 정벌에 징발된 말의 수는 2만 1682필이었어. 제주 목장에서만 2만여 마리를 길렀어. 왜 전쟁에 승리했는지는 말 숫자만 봐도 알 수 있어. 조선 초에는 말을 기르는 데 온 힘을 기울였어. 그래서 성종 임금 때에는 말 4만 필 정도가 있었어. 이후 조선 중기 이후에는 절반 이하로 줄어들었어.

한 나라의 부유함은 말이 몇 마리 있느냐로 구분했어. '천승지국'은 말 몇 천 마리 있는 나라를, '만승지국'은 말 몇 만 마리 있는 나라를 뜻했어. '승'이란 탈 것, 즉 말이 끄는 수레를 말해. 삼국 시대 이후 3만 마리 안팎의 말이 우리나라에 있었다고 봐도 될 거야. 만승지국은 됐던 거지. 어림잡아 우리나라의 옛 인구를 500만~800만 명으로 치면, 인구 100~200여 명에 말 1마리 정도 있었던 셈이 되겠구나.

가야의 말머리 가리개 고대 사회의 전쟁에서 말은 중요한 수단이었어. 말에게도 갑옷과 투구를 씌워 말을 보호했지.

소의 의학을 다룬 《신편집성우의방》이 붙어 있는데 그건 잠깐 있다 다룰 거야. 《신편집성마의방》은 조선이 건국된 지 7년밖에 되지 않았던 1399년에 편찬되었어. 중국 당나라 때 나온 《사목안기집》(말을 잘 길러 건강하게 하는 책)이란 책과 원나라 때의 처방들과 함께 고려 때 경험한 처방을 묶어 만든 책이야. 좌의정 조준, 우의정 김사형이 수의학 책을 엮는 사업을 펼쳤고, 의학 전문가인 권중화와 한상경이 이 책을 썼어. 복잡한 이론 대신에 쓸모 있는 처방의 선택에 역점을 둔 책이야. 그럼, 왜 이 책을 지었는지 《신편집성마의방》의 머리말을 잠깐 들여다보자.

하늘과 땅 사이에 말만큼 쓰임새가 큰 것이 없도다. 좋은 말이 없으면 어떻게 적을 막아 나라를 지킬 수 있겠는가? 천하 국가의 크고 작음, 강하고 약함은 모두 말의 수효로 결정된다. 그래서 좋은 말은 모든 사람이 다 원한다. 아, 그런데 어찌 하랴! 말은 역시 살아있는 동물인지라 일을 너무 많이 하거나 먹을 것을 잘못 먹어 탈이 생길 수밖에 없다. 이때 말의 건강을 어찌 말부리는 천한 사람들에게 맡겨서야 되겠는가. 마땅히 올바른 말 의학 이론에 따라 적합한 약을 골라 써야 한다. 그래서 이 말에 대한 의학 책을 쓰게 된 것이다.

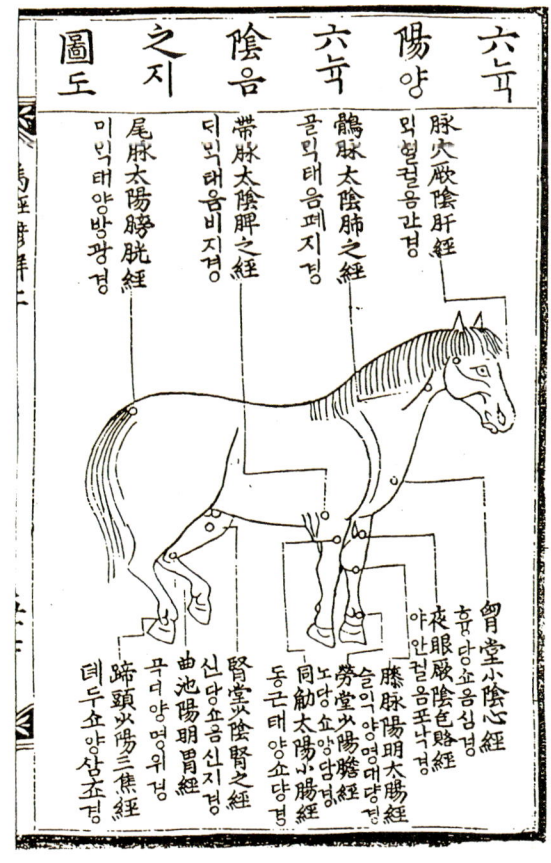

《신편집성마의방》 사람 몸처럼 말의 경락이 표시되어 있어. 이는 말에게도 침을 놓았다는 것을 알 수 있게 해 주는 그림이야.

어떤 내용이 있는지 보도록 하자. 오늘은 우리가 말 고르러 가는 사람이 되어 보자. 말들이 많이 있구먼. 어떤 것을 사야 할까? 암놈, 수놈, 어린 놈, 늙은 놈은 대충 구별하겠는데, 어떤 말이 잘 달리고 힘이 센지 영 모르겠네. 이럴 때 《신편집성마의방》을 보면 되지.

말의 나이는 이빨을 봐서 알고, 재빠른 말, 둔한 말은 모습을 봐서 알 수 있다 하네. 책에 나온 좋은 말 설명 가운데 이런 구절이 있어.

머리는 우뚝하게 높아야 하고
낮은 수척한 듯 살이 적어야 한다
귀는 작아야 하니 귀가 작아야 간이 작아서 사람의 생각을 빨리 알아차리고 성질이 가장 경쾌하다
코는 커야 하니 코가 크면 폐가 커서 달리기를 잘한다
눈은 커야 하니 눈이 크면 심장이 커서 용맹스럽고 놀라지 않는다
눈 아래에 살이 없는 놈은 사람을 무는 경우가 많다

그래, 좋은 말 찾았니? 말은 처음에 잘 고르는 게 중요해. 품종이 가장 중요하지. 또 튼튼하게 생긴 말을 골라야 해. 그래서 《신편집성마의방》에서는 좋은 말, 나쁜 말 고르는 여러 방법을 자세하게 설명했어. 또 수말끼리 싸우지 않는 법, 전투마를 기르는 법 등이 실려 있어.

말 의학 책엔 그림이 많이 나와. 사람 병이야 물어볼 수 있잖아. 말은 그렇

《마경초집언해》 말의 입 색깔로 병을 진단하고 있는 모습을 그린 거야. 《신편집성마의방》에도 이런 내용이 나오는데, 이 책에서는 더 보충하고 그림을 더욱 자세히 실었어.

지 못하지. 소도 마찬가지야. 그러니까 말이 아플 때 나타나는 말의 모습을 일일이 그림으로 그려서 밝혔어. 말 병의 증상을 36개 그림으로 그려서 나타낸 후 증상에 맞는 약을 제시했지. 또 말도 진맥을 했고, 침 치료를 했어. 사람 손을 진맥하는 것과 달리 말은 목덜미의 맥을 짚었어. 약을 구하기 어려울 때에는 주로 침을 써서 말의 병을 고쳤어. 《신편집성마의방》은 조선 전기의 가장 중요한 의학 책이었어. 이후 17세기 중반 이서(1580~1637년)가 쓴 《마경초집언해》가 나올 때까지 이 책은 조선의 마의학을 지배했어. 《마경초집언해》란 말 의학 책 경전 중 핵심을 추려서 한글로 번역했다는 뜻이야. 《신편집성마의방》보다 좀더 발전되었지.

소의 병 고치기

소는 말과 함께 쌍벽을 이루는 가축이었지. 소 없는 농사란 생각할 수 없었어. 특히 논밭을 깊게 갈아주는 농법이 등장한 이후 소는 없어서는 안 될 가축이 되었어. 사람 열 명 이상의 몫을 거뜬히 해냈거든. 소는 농사 수확량을 부쩍 높여 주었어. 마땅히 인간은 그런 고마운 존재인 소의 건강에 대해서도 깊은 관심을 가질 수밖에 없었지. 아까 말했지만, 우리나라에서 소에 대한 의학 책은 1399년 《신편집성마의방》의 부록으로 쓰여졌어. 《신편집성우의방》이 그 거야. 이 책에서는 소가 왜 중요한지 이렇게 말하고 있네.

> 이제 이를 보건대 묵은 밭, 새로 밭을 개척할 때 이랑을 이리저리 갈아엎는 데 한 필 소의 힘이 어찌 열 사람의 일일 뿐인가 보냐. 아아, 한 필 소이지만 그 쓰임은 무척 넓구나. 또 조상신에게 소를 희생하여 하늘에 바치면 죽은 영혼이 우리를 돌본다. 소는 이처럼 백성과 사직에 공이 크도다. 그래서 우리 조선은 개국 초에 민간에서 소의 도살을 금지시켰다. 때로 소들이 나쁜 기운이나 주림과 배부름, 노고와 편안함 때문에 병에 걸린다. 어찌 치료를 하지 않을 수 있겠는가.

《신편집성마의방》을 지은 권중화와 한상경은 중국의 농학 책을 모았어. 중국 농학 책에는 좋은 소를 고른다는 뜻의 《상우경》 같은 소 전문 의학 책도 포함되었지. 거기에다 고려의 경험을 덧붙여 《신편집성우의방》을 지은 거야. 여기에는 소를 잘 기르는 법, 외양간 짓기, 좋은 소 고르는 법 등과 함께 14가지 병의 증상과 치료법을 실었어. 소도 말처럼 말을 못하기 때문에 병의 증상을 그림으로 그렸어. 그럼, 좋은 소는 어떻게 생겼을까?

> 머리는 작고 뇌는 크다
> 목의 뒤 쪽은 길고 몸은 짧다
> 뿔은 모나며 눈은 둥글다
> 등마루 가죽은 높고 궁둥이는 낮다
> 눈썹은 나뉘지 않으며 일어설 때 네 발이 모두 가지런하다
> 이런 소를 '밭갈이 소'라고 할 수 있다

좋은 소 : 뿔 사이가 한 자 떨어진 소를 용문(龍門)이라고 하고, 이 소를 소 가운데 왕이라고 했어. 이런 소를 기르면 사람에게 크게 이롭다고 했지.

나쁜 소 : 검은 소인데 머리와 꼬리가 희면 주인에게 흉한 일이 많이 생기고 논밭 농사에 불리하다고 했어.

《신편집성우의방》 '좋은 소를 알아보는 법'에 실린 소 그림이야.

이 책은 조선 내내 소의 병을 돌보는 유일한 참고문헌으로 쓰였어. 이렇듯 소 의학은 있었지만, 말의 의학만큼 방대하고 정교하지는 않았어. 말 전문 의사인 마의는 있었지만, 소 전문 의사인 우의는 따로 존재하지 않았지.

또 다른 가축에 뭐가 있을까? 고양이와 개가 있지. 조선 시대에는 개와 고양이에 관한 의학은 없었어. 옛 사람들도 개와 고양이를 길렀지. 지금과 마찬가지로 사람과 매우 친근한 동반자였어. 화가들은 숱한 개와 고양이 그림을 그렸고, 시인은 숱한 시를 지었지. 또 역사와 소설책은 개와 고양이를 소재로 수많은 아름다운 이야기를 만들어냈지. 그렇지만 그들을 약으로 쓰기는 했어도 개와 고양이에 대한 전문 의학은 나오지 않았어. 소나 말, 심지어 돼지나 양만큼 생활에

고양이가 병아리 한 마리를 입에 물고 도망가고 있어. 어미 닭과 주인 남자가 고양이를 쫓아가고 있구나.

가치가 없었거든. 오죽했으면 "개에게는 몽둥이가 약", "개나 고양이만도 못한 놈"이라며 하찮게 여겼을까? 하지만 오래 살고 볼 일이야. 오늘날엔 어떤 개나 고양이는 가난하고 천한 사람보다 훨씬 더 나은 세상이 왔지. 옛날 사람들 누가 상상이나 했겠어.

비밀노트

가축 전염병을 고쳐라

가축의 질병 중 가장 무서운 건 전염병이야. 요즘도 광우병, 발굽 벌어진 짐승이 옮기는 구제역, 돼지 콜레라 등이 생기면 온세상이 시끌시끌하잖아. 이 책을 쓴 2011년에 구제역으로 소와 돼지 합쳐서 수백만 마리가 죽어나간 걸 너희들도 잘 알고 있을 거야. 가축이 떼죽음당하면 농가가 망하는 거야.

우리 역사를 훑어보면, 가축 전염병의 문제가 매우 심각했어. 잊을 만하면 찾아온 병이었지. 1763년 영조 때에는 전라도에 소 전염병이 유행하여 1만 마리 이상이 떼죽음 당하기도 했어. 소치는 집 농민들의 울음소리가 하늘을 진동할 정도였대. 어떤 때는 소와 말, 돼지, 양, 개, 닭 등에게서 전염병이 돌았어. 가축 전염병이 돌면, 대체로 말의 신, 소의 신에게 제사 지내는 게 주요 대책이었어.

가축 전염병에 대해서 물론 연구도 했지. 1541년 중종 때 평안도에서 가축 전염병이 크게 유행했어. 각 고을에서 죽은 농사용 소가 무려 3500여 마리나 되었지. 근데, 여기서 그치지 않고 비슷한 전염병이 돌아 양, 돼지까지 전염되었어. 심지어는 기우제 때 바칠 소까지 다 죽어 버렸어. 농사를 포기해야 할 상황에 이르렀어. 이런 상황에서 이름도 길고 외우기도 힘든 책, 《우마저양염역병치료방》이 편찬되었지. 우는 소, 마는 말, 저는 돼지, 양은 양이고 염역병은 전염병, 치료방은 처방을 뜻하니까 소·말·돼지·양의 전염병을 치료하는 처방집이란 뜻이야. 각 가축의 전염병의 치료법과 예방법을 다뤘어. 가축마다 하나씩만 들어보도록 하자.

소와 말의 전염병이 시작했을 때 몸뚱이에 조금 부스럼이 났을 경우 종기가 난 곳을 자세히 살펴 쇠꼬챙이를 불에 달궈 그곳을 지진다.

소가 피똥을 쌀 때 부뚜막의 가마 밑에 있는 흙 두 냥을 술 한 되에 타서 끓인 후 식혀서 소의 입에 붓는다.

돼지의 역병을 치료할 때 무 또는 무 잎을 먹인다. 이것은 돼지가 즐겨하는 먹이니, 약의 성질이 서늘하여 돼지 몸의 열독을 낮게 할 수 있다.

양의 전염병을 예방하는 방법 외양간을 높은 데 만들어 날마다 깨끗이 쓸며 오전 9시에 양을 바깥에 풀어주고…… 이슬 젖은 풀을 먹지 않도록 한다.

이 책은 황급하게 만들어졌기 때문에 내용이 풍부하거나 정돈이 잘 되어 있지는 않아. 하지만 하늘에 기도하는 것을 넘어서서 대책을 내놨다는 데 의의가 있어.

또 이 책은 세 가지 특징이 있어. 첫째, 소를 중심으로 하되 다른 가축 전염병에 대해서도 다뤘다는 거야. 둘째, 약 처방은 농민이 알 수 있도록 한글 해석을 달았어. 셋째는, 약의 이름을 민간에서 부르는 이름을 적었다는 거야. 즉 전염병의 범위를 여러 가축까지 넓히고, 의학 내용을 정확하게 하고, 약물 처방을 쉽도록 한 거였어. 나라에서는 이 책을 전국에 널리 나누어 주었어. 또 의원과 약을 전염병이 발생한 지역에 보내 가축을 돌보도록 했어.

이 책은 이후 조선 시대 여러 차례 활자로 찍혔고 꾸준히 쓰였어. 책에 실린 처방은 대체로 오늘날의 과학 지식으로 보면 타당한 것은 아니야. 그렇지만 가축 전염병을 막고자 한 조선 사람들의 마음은 잘 엿볼 수 있어.

▼
■한국 수의학의 역사에 대해서는 내가 쓴 《한국 마의학사》를 주로 참고했어. 매와 관련된 일화는 〈이야기 과학 실록〉(2008년 6월 5일자, 12일자)이란 글이 도움이 됐어.

9 조선의 물고기 모두 모여라

자, 오늘은 물고기에 대해 알아볼 거야. 속담 퀴즈로 시작해 보자. "어물전의 꼴뚜기가 생선 망신 다 시킨다." 들어 봤지? 이 속담이 뭘 뜻하는지 정확하게 말해 보렴.

"꼴뚜기가 못생겨 같이 놓인 생선 모두를 볼품없게 만든다는 뜻 아닐까요. 근데, 어물전이 뭔지 정확히는 모르겠어요."

그래, 뜻을 잘 알고 있구나. 꼴뚜기는 꼴이 형편없다는 뜻에서 붙여진 이름이야. 꼴뚜기는 오징어처럼 생겼지만, 그보다 작아. 여러 모로 쓸모가 크지 않은 생선이었지. 그렇다면 맛이라도 확 끌어야 하는데, 조상들은 꼴뚜기 맛을 그렇게 즐기지 않았던 거

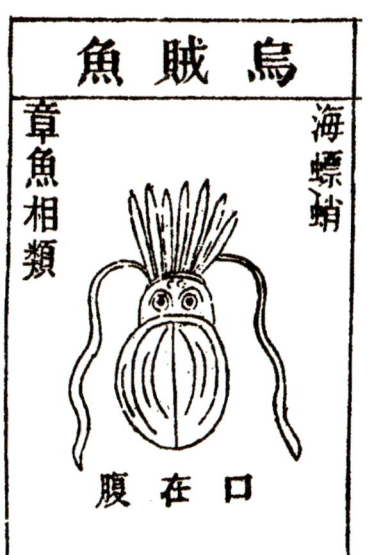

《본초강목》에 나온 오징어

같아. 다른 생선은 모두 물고기 꼴을 잘 갖춘 생선들이야. 제 분수 모르고 깝죽거리는 사람을 비겨서 "어물전 꼴뚜기"라고도 하지. 어물전은 잘 모르겠다고? 조선의 수산 시장이야. 어물전은 비단가게, 무명가게, 명주가게, 모시가게, 종이가게와 함께 6의전의 하나야. '의전'은 나라의 허가를 받은 시장이란 뜻이지. 조선 시대 어물전은 지금 종로에 하나, 서소문 밖에 하나가 있었어.

우리나라 물고기 연구의 역사

우리나라에서 어류에 대한 기록은 이미 반곡리 반구대 바위그림에서 봤잖아. 아주 오래전부터 수렵, 채취와 함께 물고기를 잡는다는 '어로'란 말이 괜히 나란히 있겠어. 부족이 생기고, 나라가 생기면서 왕을 비롯한 지배층들은 각지에서 올라오는 맛난 고기들을 먹었지. 또 약으로 쓸 수 있는 물고기도 알아냈어.

전국 각지에서 나는 물고기에 대한 지식을 최초로 정리한 건 세종 임금 때의 일이야. 《세종실록》의 지리지, 기억나지? 공물로 바칠 전국 각지의 특산물을 조사해 실었잖아. 이때 전국의 물고기 특산물이 다 조사되었어. 함경도 함흥 지방의 특산물로는 대구, 연어, 고등어, 전복, 미역이 있고, 경상도 창원은 미역, 대구, 굴, 조개, 해삼 등이 특산물이었고, 제주도는 거북이껍질, 전복, 오징어, 옥돔, 다시마 등이 특산물이었지.

이렇게 해서 전국의 물고기 52종과 물고기는 아니지만 바다에서 사는 많은 동식물 20여 종이 포함되었어. 가장 대표적인 건 숭어, 상어, 가물치, 조기, 광어, 은어, 대구, 문어, 오징어, 낙지, 새우, 전복, 굴, 김, 다시마였어. 이중에서도 특히 동해에서 많이 잡히는 대구, 문어와 서해에서 많이 잡히는 새우를 바치는 고을이 가장 많았어. 간혹 양어장에서 고기를 길렀다는 기록도 있는데, 이상하게도 우리나라에서는 오랫동안 물고기 연구가 없었어. 《동의보감》에서 약으로 쓰는 물고기 항목이 단 하나 있었을 뿐이야.

19세기에 이르러서야 그 오랜 침묵이 깨졌어. 조선 3대 물고기 연구가가 나타난 거야. 김려, 정약전, 서유구가 잇달아 책을 펴냈어. 그럼, 이 세 사람이 펴낸 조선 3대 어류 책을 차근차근 뜯어보도록 할까.

《우해이어보》(1803년)는 우해라 부르는 진해 바다에서 본 기이한 물고기를 기록한 책이야.

《자산어보》(1811년)는 정약전이 흑산도의 바다 생물에 대해 연구한 책이야. 자산은 정약전의 호야.

《난호어목지》(1820년)는 난호, 즉 파주의 임진강과 주변 바닷가에서 고기를 잡고 기르는 것을 기록한 책이지. 여기에 '어명고', 즉 '물고기 이름에 대한 고찰'이라는 글에서 물고기에 대해서 다뤘어.

그러니까 하나는 경상도 남쪽 바다, 다른 하나는 전라도 남쪽 바다, 마지막은 경기도 서해 바다를 다룬 셈이네.

동해 바다가 없다는 게 아쉽군. 하지만 서유구의 '어명고'는 전국의 물고기를 대상으로 했고, 민물고기까지 다뤘으니까 그걸로 어느 정도 아쉬움을 달래도록 하자.

물고기 연구 삼총사 – 첫 번째 김려

김려, 이 선비 이름을 들어본 사람? 거의 없을 거야.

김려는 귀양을 가서 탁 트인 남해를 보고서 감탄했어. 또 뭍에서 살 때는 몰랐는데 바다에 엄청나게 많은 물고기가 있다는 걸 알게 되었어. 가난하거나 불우한 사람들에 관심이 많았던 김려는 금세 바닷사람들과도 친해졌어. 또 몸소 배를 빌려 낚시를 즐겼어. 밤을 새워 낚시할 정도였지. 그러다 시의 감흥이 떠오르면 한 수 짓곤 했어. 그러던 중 김려는 자신이 본 갖가지 물고기의 특징을 적기 시작했어. 크기, 모습, 색깔, 성질, 맛 등. 나중에 귀양살이 풀려서 서울에 가면 친구들에게 들려줘야겠다는 생각이 번쩍 들었던 거야.

김려(1766~1822년)
권세 있는 집안의 출신으로, 문학 쪽에서는 엄청난 대가였어. 특히 불우한 사람들에게 애정을 보였어. 백정의 딸인 여주인공을 며느리로 삼아 못살게 구는 내용을 다룬 장편 서사시는 그 어떤 소설도 따라오기 힘들 정도의 뛰어난 작품이야. 이 시는 신분차별을 이겨내고 평등을 이루어야 한다는 주장을 담았지. 그는 1791년 생원이 되어 촉망받는 인재로 인정받았어. 하지만 1797년 정치적인 사건, 연이어 1801년 천주교 탄압 사건에 엮여 10년 동안 귀양살이를 했어. 1801년 이후 진해에서 유배되어 있는 동안 《우해이어보》를 지었어.

"잉어같이 남들이 다 아는 물고기는 구태여 적을 필요가 없겠지. 해마, 물개, 고래 같은 것은 흥미롭기는 해도 어쩌다 잡히는 것이고 물고기 종류도 아니니 빼겠어. 잘 먹지 않는 것, 하찮은 것, 아무리 봐도 잘 모르겠는 것, 이런 것들은 뺄 테다. 그 대신 고기와 고기잡이, 고기 잡는 사람들, 고기를 사고파는 사람들에 대해 느낀 감흥을 시로 읊어 보리다."

김려는 수많은 물고기를 추리고 추렸어. 특별히 물고기를 분류하지는 않았고, 물고기와 물고기가 아닌 것 둘로 나눴어. 이렇게 방어·꽁치 등 물고기 53종을 엄선했지. 또 뽑은 것과 비슷한 물고기 29종을 들었으니까 모두 82종이네. 물고기 아닌 것으로는 새우나 게 같은 갑각류 8종과 조개류 11종, 비슷한 종 3종 해서 모두 22종이야. 다 합치면 104종이고 시는 39편을 썼어. '상어'라는 김려의 시 한 편을 감상하고 정약전을 보러 가자.

새우와 조개 김려는 물고기 외에 새우나 게 같은 갑각류 8종과 조개류 11종을 《우해이어보》에 실었어.

가을이 돌아와 짙은 색 바닷물이 구름처럼 깔리면
바로 상어가 해안으로 올라올 때라네.
포구의 어부들 쇠 작살 비 오듯 퍼부어 대니
세 가닥 등지느러미도 부러지고 피가 줄줄

물개 어미와 새끼 김려는 해마, 물개, 고래 같은 것은 다루지 않았어. 흥미롭기는 해도 어쩌다 잡히는 것이고 물고기 종류도 아니기 때문에 중요하게 여기지 않았던 거야.

우리나라에 인어가 있다고?

너들 인어 공주 이야기 잘 알고 있지? 안데르센의 슬픈 동화 말이야. 뭍에서 온 왕자와 사랑에 빠져 끝내 하얀 물거품으로 사라져 버리고 만 인어 이야기는 자세히 말하지 않아도 될 거야. 어떤 만화영화에서는 비극이 아니라 왕자와 결혼하며 끝나게 되지.
우리나라에도 인어가 있었어. 동서양을 막론하고 인어는 모두 여자야. 사람과 결혼하여 베도 짜고, 또 정든 낭군을 위해 흘린 눈물로 진주를 만든다고 알려져 있어. 다음은 우리나라 서해에서 인어를 본 할아버지의 이야기야.

일찍이 배를 타고 김제 들판에서 바다의 큰물로 내려가던 중 물 위에 서 있는 어떤 물체를 보았다네. 어렴풋이 보였는데 머리카락은 매우 윤기가 있으나 땋지 않았고, 피부는 몹시 깨끗했다네. 옷을 걸치지 않았으며, 허리 밑은 물 안에 감추고 있었지. 예쁜 계집아이였다네. 나는 평소에 괴이한 것을 믿지 않았기 때문에 떠다니는 시체가 거센 풍랑으로 세워진 거라 생각했다네. 근데, 뱃사람들은 크게 놀라 두려워하여 말하지 말라며 경계하고, 쌀을 뿌리고 주문을 외우면서 절을 하는 거였어. 배가 점점 다가가자 그 소녀는 곧바로 몸을 물속에 숨겨 버렸지. 배가 열 걸음쯤 더 비켜 지나가자 또 손을 모으고 머리를 풀고 서 있었는데, 서쪽을 향하여 있던 것이 동쪽을 향하여 또 사람과 등을 지고 서 있었다네. 난, 그게 책에서 말하는 인어라고 생각했다네.

–《백운필》, 이옥

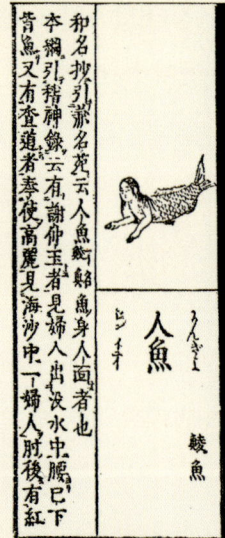

뱃사람들은 인어를 두려워해서 쌀을 뿌리고 주문을 외웠던 거야. 이옥은 전해지는 이야기에 따르면 인어와 사랑을 나누면 죽게 된다고 했어. 어때? 이 인어 이야기는 허풍 같지? 그러면 정약전이 담담하게 쓴 《자산어보》의 인어 항목을 보도록 할까.

인어. 모양은 사람을 닮았다. …… 지금 서해, 남해에서 인어는 두 종류가 있다. 하나는 상광어(작은 이빨고래)로 모양이 사람과 비슷하며 젖이 두 개 있다. 또 하나는 옥붕어란 놈이다. 길이가 여덟 자나 되며 몸은 보통 사람 같고 머리는 어린이와 같으며 머리털이 치렁치렁하게 늘어져 있다. 그 하체는 암수의 차이가 있고 남녀의 그것과 비슷하다. 뱃사람은 이것을 매우 꺼려한다. 이것이 그물에 잡히면 불길하다 하여 버린다.

일본 책인 《화한삼재도회》에 나오는 인어 그림이야.

그러니까 정약전에 따르면 사람 모습을 닮은 물고기가 있는 건 분명해. 사람 중에서도 여자 같은 모습을 하고 있으니까 상상력이 발동한 거지, 남녀의 사랑 이야기로. 이야기라지만 엄연히 물고기와 사람이 종이 다르기 때문에 결말은 늘 비극이야.

옥붕어(물범) 정약전이 인어라고 한 옥붕어는 물범으로 추측되고 있어.

물고기 연구 삼총사 – 두 번째 정약전

정약전은 서울을 떠나 흑산도로 귀양을 가면서 막막했어. 서울에서 목포까지 딱 천리 길. 우여곡절 끝에 도착해서 조그만 돛단배에 몸을 실었어. 조금이라도 바람이 세게 불면 언제 배가 뒤집힐 지도 모를 일. 목포를 떠난 배는 며칠 동안 섬과 섬 사이를 뉘엿뉘엿 빠져나가다가 흑산도에 도착한 거지.

정약전은 조선에서 가장 똑똑한 학자였어. 흑산도에 와서는 섬 아이들을 가르치거나 글을 읽으면서 시간을 보냈어. 하지만 그것도 하루 이틀이지. 10년이 지나도 귀양이 풀릴 가능성도 없었어. 그런 처지에서 《자산어보》를 쓰기 시작했어. 약으로 병을 고치는 데, 맛난 생선을 팔아 돈 불리는 데, 물고기가 들어간 시를 짓는 데 쓸모 있으라고 물고기 책을 지었다고 했어. 하지만 그건 겉으로 드러낸 이유였을 뿐이야. 정약전은 적어도 물고기 부분에서는 아직 세상에 없는 책을 쓰리라 다짐했어.

> **정약전(1758~1816년)**
> 정약용의 형으로 더 잘 알려져 있지. 정약용이 자신은 형의 똑똑함에 미치지 못한다고 말했을 정도로 정약전은 총명했던 인물이야. 서양 학문에 관심을 두다가 천주교 신자가 되었어. 1790년 과거에 급제해서 정조의 총애를 받았어. 1800년 정조가 죽은 뒤 일어난 1801년 천주교 박해 때 천주교를 믿은 죄로 체포되어 흑산도로 유배되었어. 정약전은 16년 동안 흑산도에서 유배 생활을 하다가 세상을 떠났어. 정약전은 흑산도에서 지내면서 물고기를 중심으로 바다 생물 연구의 전통을 새롭게 세웠어. 《자산어보》가 그 결산이야.

"내 비록 이 먼 곳에 뚝 떨어져 죽은 것 같은 목숨이지만, 드디어 내가 여기서 해야 할 최선의 길을 찾았어. 서울에는 없지만 여기에 넘쳐나는 것들, 엄청나게 많은 이 바다 생물을 정리할 테다. 여기에는 중국 책에도 안 나오는 물고기들이 엄청 많이 있어. 그걸 뛰어넘으려면 더 많은 바다 생물을 연구해야 해. 더 정확하게 관찰해야 해. 또 그들을 정연하게 분류해야 해. 아직 이름이 없는 건 원칙을 정해 새로 정해야 돼. 역사가 이런 내 작업을 제대로 평가해 준다면, 나는 결코 지는 게 아니다!"

아마 정약전은 《자산어보》를 쓰면서 이런 마음을 가졌을 거야. 《자산어보》에는 바다 생물 216종을 담았어. 이중 동물은 물고기가 115종, 딱딱한 껍질이 있는 게류가 66종, 더해서 181종이야. 바다 식물인 해초는 35종이었어.

"애개, 겨우 200여 종에 불과하잖아요?" 그렇게 말할 줄 알았다. 하지만 그때까지 중국 책에서도 물고기가 가장 많이 나오는 게 84종이었어. 중국의 《이어도찬》(1614년)이라는 책이 그거야. 일본이 자랑하는 《화한삼재도회》(1712년)에는 민물고기, 바닷물고기 합쳐서 83종의 물고기가 담겨 있어. 김려의 《우해이어보》가 104종이었잖아. 바다 동물만 쳐도 《자산어보》는 다른 물고기 책보다 거의 곱절, 또는 곱절 이상을 연구했어. 결코 '애개~'라고 말할 일이 아니야.

단지 숫자만 늘어난 게 아니었어. 물고기 관찰이 놀랄 정도로 꼼꼼해. 직접 배를 타고 물고기를 보러 다녔어. 또 물고기에 밝았던 흑산도 주민 장창대와 함께 깊은 토론을 거듭했지. 직접 물질하는 어부와 해녀들의 이야기도 빼놓지 않고 챙겼어. 필요하면 해부도 했어. 정약전의 목소리로 상어에 대해 정리한 것을 들어보렴.

"대체로 물고기 중에 알을 낳는 것들은 암컷과 수컷이 직접 짝짓기를 하는 것이 아니라, 수컷이 먼저 흰 액을 쏟고 암컷이 이 액에 알을 낳으면 알이 부화해서 새끼가 되지. 그런데 상어만은 수정된 알이 암컷의 배에서 새끼로 자라서 태어나. 물속 생물로는 참으로 예외적인 경우야. 암컷은 배에 두 개의 태보가 있는데 그 속에는 각각 4~5개의 태가 있어. 이 태 속에서 알이 부화되어 새끼가 태어나는 거지. 태 속에서 부화된 새끼상어의 가슴 아래에는 알처럼 생긴 무언가가 달려 있는데 크기가 수세미와 같지.

장창대
흑산도 주민으로서 옛 책을 즐겨 읽던 사람이야. 정약전이 《자산어보》를 쓸 때 가장 큰 도움을 준 것으로 알려져 있어. 성격이 조용하고 정밀하여, 대체로 풀과 나무, 물고기 가운데 들리는 것과 보이는 것을 모두 세밀하게 관찰하여 그 속성을 이해했다고 해.

胎
아이 밸 태
태반으로서 엄마 뱃속에서 아이가 자라는 곳이야.

胎褓
아이 밸 태 / 포대기 보
태반을 둘러싼 포대기 같은 것을 말해.

이것이 새끼상어에게 영양분을 공급해 주지. 영양분이 모두 공급되어 새끼에게 매달린 것이 줄어들어 사라지면 새끼가 암컷의 태에서 빠져나오는 거야."

단지 어부들의 지식과는 차이가 있는 매우 꼼꼼한 관찰이야. 오늘날의 생물학 지식과 견주어 봐도 조금도 손색이 없을 정도로 과학적이지.

더 놀라운 건 《자산어보》의 독창적인 분류법에 있어. 너희들도 유희왕 카드가 아무리 많아도 착착 나눌 수 있지? 물 속성, 불 속성, 빛 속성, 어둠 속성 들로 크게 분류하잖아. 일단 크게 묶으면 한결 가지런해져. 근데, 거기서 그치지 않잖아. 캐릭터 비슷한 것끼리 또 묶이지. 또 자세히 보면 공격 점수, 수비 점수도 있고, 별도 각각 다르게 가지고 있지. 바다 생물 분류도 똑같아.

이렇게 무리를 묶어서 정약전은 바다 생물을 해족(海族)이라 이름 붙였어. 정약전이 물고기에 대한 책을 쓰기로 하고 마지막까지 고민했던 건 그림을 그려 넣

바다에서 물고기를 잡는 어부들의 모습이야. 바위 위에는 남자 둘이서 낚시를 하고 있어. 아래쪽에 남자 해녀(보자기)가 보이니? 정약전은 어부들에게 들은 이야기로 더욱 풍부한 내용을 담은 물고기 책을 만들어냈어.

을까 말까 하는 거였어. 아무리 생긴 모습을 글로 잘 써도 물고기를 보지 못한 사람은 제대로 떠올리기 어렵잖아. 그래서 그림을 덧붙여 《해족도설》이라는

동아시아에서 최초로 시도된 정약전의 분류법

정약전이 분류를 고민하는 모습을 같이 보도록 하자꾸나. 정약전은 이렇게 고민했을 거야.
"어떻게 하면 이 모든 바다 생물을 일목요연하게 정리할 수 있을까?
이시진의 《본초강목》은 대단히 훌륭한 책이기는 한데, 바다 생물들이 여기저기 흩어져 있어. 어떤 건 물고기, 어떤 건 새, 어떤 건 짐승, 어떤 건 풀 부분으로 가 있어.
난, 바다에 있는 건 다 하나로 묶을 테다. 모든 바다 생물은 비늘 있는 물고기냐, 비늘 없는 물고기냐, 껍질 딱딱한 게류냐. 그리고 이 셋 중 어느 것도 아닌 잡것이냐 이렇게 넷으로 나뉜다. 잡것들에는 바다 벌레, 바닷새, 바다짐승, 바다풀 이렇게 4종류가 있고.
이렇게 나누었더니 하늘을 나는 갈매기, 바위를 슬금슬금 기어 다니는 갯강구, 가끔 나타나는 물개, 물속의 미역까지 하나도 빠뜨리지 않고 다 담게 되었구나. 큰 분류는 이제 됐어.
근데, 이 정도로 분류해서는 수많은 물고기들이 일목요연하지가 않아. 자세히 보면, 물고기 중에는 모습이 약간 다르긴 해도 특징이 거의 똑같은 놈들이 있어. 그걸 책이나 어부들은 서로 다른 이름으로 부르기도 해. 또 어떤 물고기들은 이름도 없지. 난, 멸치 종류를 꼼꼼히 살펴봤어. 정어리, 반도멸, 공멸, 말뚝멸은 다 멸치 식구야. 근데, 어떤 것은 이름이 멸치랑 상관없는 정어리야. 이 녀석들이 모두 같은 종자라는 것을 나타내려면 어떻게 하면 좋을까. 아, 모두 다 멸치라는 이름을 넣는 거야. 한자로 멸치 '추(鯫)' 자 말이야.
그럼, 정어리는 크니까 대추, 반도멸은 작으니까 소추라고 이름을 붙이면 되겠네. 공멸은 코가 툭 튀어 나와 있으니까 그 특징을 담아 수비추라 하고, 말뚝멸은 말뚝 '익(杙)' 자를 넣어 익추라 하면 되겠네.

다른 어류, 게류, 잡류 55종도 이렇게 식구를 거느리고 있구나. 똑같은 방식으로 이름을 지어 주도록 하자. 청어 계통은 '청' 자 돌림으로 하고, 상어 계통은 상어 '사' 자 돌림으로 하면 되지."
'류'라는 정약전의 세부 분류는 대단한 시도였어. 정약전의 과학성과 천재성이 잘 드러난 부분이지. 단지 약에 필요한 것, 맛난 생선을 찾아다니는 사람은 생각해 낼 수 없는 거야. 바다 생물 전체를 다 분류하겠다는 과학적 야심이 있기에 가능한 거였지. 세부 분류를 하다 보니, 이름이 없는 많은 바다 생물에 새롭게 이름을 붙이는 일도 했어. 이런 분류 원칙은 18세기 스웨덴의 린네가 식물학에서 시도했던 방법과 매우 비슷해. 동아시아에서는 정약전만이 유일하게 이런 생물의 세부 분류를 시도했어.

린네 (1707~1778년)
스웨덴의 식물학자, 탐험가야. 보좌신부의 아들로 태어났어. 어려서부터 꽃을 좋아했는데, 여덟 살이 되었을 때 이미 '꼬마 식물학자'라는 별명을 얻었어. 린네는 처음으로 생물의 종과 속을 정의하는 원리를 만든 것으로 유명해. 린네가 꽃의 수술과 암술의 수와 꿀을 바탕으로 식물을 분류한 건 이미 배워서 알고 있을 거야.

책으로 펴내려고 했었어. '도설'은 그림을 곁들여 설명한 책을 말하지. 사실 정약전은 그림 솜씨에도 일가견이 있었거든. 다른 지역에 귀양 가 있던 아우 정약용에게 그림을 그려 넣으려고 한다고 말했더니, 아우가 말렸어. 어설프게 그림을 그리기보다는 설명을 더 충실히 하는 게 좋다고. 우리나라 최초의 어류 도감이 나올 뻔했는데, 우리로서는 꽤 아쉬운 일이지.

물고기 연구 삼총사 – 세 번째 서유구

마지막 물고기 연구가 서유구를 만나보자.

서유구는 1806년 관직에서 쫓겨난 뒤 모진 삶을 살게 되었어. 그게 18년이나 계속될지 몰랐지. 두려운 마음으로 이곳저곳 떠돌며 밭을 갈고 나무하며 살았어. 그러는 동안 사는 곳을 6번 이상 옮겼어. 서유구는 겨우 입에 풀칠을 하면서도 책 쓰는 일에 온 힘을 쏟았어.

"사람들이 생활을 꾸릴 때 필요한 모든 유용한 지식을 하나의 책으로 엮

서유구(1764~1845년)
서유구도 잘 알려지지 않았어. 서유구 집안은 조선 최고의 관리, 학자 집안이었어. 증조할아버지가 판서, 할아버지가 대제학, 아버지가 이조판서를 지냈어. 이 집안은 여러 학문에 두루 밝았지만 특히 농학 분야에서 탁월했어. 할아버지 서명응은 농사일이 많이 포함된 책 《본사》(농사의 근본)를 지었고, 아버지 서호수는 《해동농서》를 지었어. 서유구는 집안의 학문을 잇고자 했어. 1790년 정약전과 함께 과거에 급제해서 1806년 대사성이 될 때까지 승승장구했어. 관직에 있을 때 적지 않은 적들을 제거했는데, 나중에 보복을 받았어. 작은아버지가 반대편의 공격을 받아 유배를 당하고 자신은 홍문관 부제학이란 자리를 내놓았어. 갑자기 잘나가던 집안이 몰락한 거야. 이후 18년이란 긴 세월 동안 벼슬에 나가지 못했어. 이후 풀려서 1834년 고구마에 대한 책 《종저보》를 쓰기도 했지.
관직에서 물러나 있는 동안 서유구는 집안의 학문을 이어받아 농학 연구에 힘을 썼어. 수풀과 동산인 임원, 즉 농가에서 꼭 해야 할 일을 16분야로 나누어 총 정리했어. 《임원십육지》 또는 《임원경제지》라고 하는 책이 그거야. 이 책에 물고기 연구인 〈전어지〉가 포함되어 있어. 전어지는 '짐승을 기르거나 잡고, 고기 잡는 것을 기록한다.'는 뜻이야.

으리라. 비록 우리 서씨 집안이 망해서 입에 풀칠하는 것조차 힘들지만, 가업을 잇기에 오히려 좋은 기회라고 생각하자. 할아버지의 《본사》, 아버지의 《해동농서》, 이런 빛나는 전통을 계승하는 거야. 그래서 농촌에 머물며 직접 농사를 지었지. 어촌 경험도 했어. 《난호어목지》를 지은 경기도 장단 난호 바닷가에 정착한 건 1815년의 일이었어. 난 난호 바닷가에서 9년 간 어민들과 같이 생활하면서 어민들이 물고기를 어떻게 잡는지 속속들이 알게 되었지. 물고기 잡는 건 나라 재정에도 보탬이 되지. 게다가 물고기에 대한 지식은 어버이 봉양할 때 꼭 알아야 할 지식이야. 또 이런 것도 있어. 한바탕 천렵(물에서 고기잡는 일)하고 나면 기분이 다 상쾌해지지."

김려, 정약전과 달리 서유구는 경제성, 즉 고기잡이가 첫 번째 관심이었어. 그래서 책 이름이 물고기 보고서를 뜻하는 '어보'가 아니고 물고기 기르는 보고서라는 뜻의 '어목지'였지. 후에 서유구는 《난호어목지》를 《임원경제지》의 16 분야 중 하나인 〈전어지〉에 포함시켰어.

옛 고기잡이 방식을 다 기록해 놓은 건 〈전어지〉가 유일해. 서유구는 그물과 어살, 낚시와 작살로 고기 잡는 방법을 상세히 설명했어. 물고기마다 잡는 방법이 다르잖아. 이를테면 잉어 잡는 법, 숭어 잡는 법, 철갑상어 잡는 법, 고래 잡는 법 등을 따로 제시했어. 또 고기 잡는 방법으로 약을 풀어서 잡는 방법, 이불을 펼쳐 고기를 잡는 법도 들어 있네. 물론 전복·해삼 따는 방법도 빼놓지 않았지. 〈전어지〉가 얼마나 가치 있는 책인지 알겠지?

〈전어지〉의 내용과 똑같은 그림
김홍도의 그림이야. 바닷물 안에 박힌 나무들을 어살이라고 해. 어살로 주로 조기와 청어 따위를 잡았다. 어부 둘이 어살 안에서 광주리에 고기를 담아 어살 밖의 작은 배에 탄 사람에게 넘겨주고 있어.
근데 어살로 어떻게 고기를 잡을까? 〈전어지〉에 자세한 설명이 나와 있어. 밀물 때 고기가 같이 밀려들어오잖아. 그때 들어온 고기가 어살 안에서 놀다가 썰물 때 못 빠져 나간 걸 잡는 거야. 이렇게 어살은 밀물과 썰물을 이용한단다. 그렇게 하려면 그림에 안 나타난 아주 중요한 장치가 하나 필요하겠지? 썰물 때 물이 나가는 길에 성을 쌓듯 돌을 촘촘히 심어놓는 거야. 그걸 임통이라 했어. 어살의 핵심 기술은 이 임통을 잘 쌓는 거야. 썰물 때 물만 빠져나가고, 고기는 못 빠져나가도록 해야 하지.
근데, 왜 이리저리 꺾인 모양으로 어살을 세워 놓았을까? 바로 물고기를 끌어들이려는 방법이야. 이리 저리 꺾어놓은 것 따라 다니면 재미있잖아. 물고기가 그걸 즐기며 들어오다가 인생, 아니 어생

끝나는 거지. 어살 근처엔 물이 얕기 때문에 작은 배로 접근했어. 〈전어지〉의 내용은 이 그림과 똑같아. 어살 근처는 물이 얕기 때문에 작은 배 둘로 다가갔고, 바닷물이 많은 곳에 큰 배 한 척이 대기하고 있었어. 그러니까 작은 배 한 척은 계속 어살 안의 고기를 받는 구실을, 다른 한 척은 그걸 큰 배로 실어 나른 거였어. 가운데 배에는 솥이 보여. 매운탕을 끓여먹고 있는 것 같아.
또 〈전어지〉는 그물로는 고기잡이 때 쓰는 간단한 촉고, 여러 사람들이 넓게 둘러치고 두 줄을 끌어당기는 후릿그물 등 13개의 그물에 대해 설명하고 있어. 이외에도 6종류의 통발, 낚시, 밑밥 주는 법도 설명하고 있지.

서유구의 《전어지》에 나오는 물고기들

《전어지》에 등장하는 어류는 모두 154종이야. 《자산어보》의 181종보다 조금 적지만 〈전어지〉의 물고기는 모두 강과 바다의 중요한 물고기들이지. 경제적 측면에서 보자면, 〈전어지〉가 최상의 어보라 할 수 있어.

〈전어지〉에서 물고기 이름은 '어명고' 부분에 나와. 어명고는 물고기 이름을 고찰했다는 뜻이야. 서유구는 조선 사람이 사물 이름에 밝지 않음을 한탄했기 때문에 이름을 분명히 하고 싶어 했어. 〈전어지〉의 '어명고'가 더욱 가치 있는 건, 일일이 한글 이름을 밝혔다는 점이야.

서유구는 크게 강의 민물고기와 바닷물고기로 나눴어. 다음에 비늘이 있는 것, 그렇지 않은 것, 딱딱한 계류로 나눴어. 자기가 모른 점은 분명히 밝혔어. 바닷물고기 중 직접 보지 못한 것, 중국산 물고기 중 조선에 보이지 않는 것, 국내 물고기이지만 잘 모르는 건 따로 적었어. 이런 걸 보면 서유구가 얼마나 철저한 기준으로 물고기를 연구했는지 짐작이 가겠지.

서유구의 책은 쓰임에 초점을 두었기 때문에 이름, 모습, 산지는 물론이거니와 물고기를 약으로 쓸 수 있는지까지도 크게 신경을 썼어. 또 여러 책을 참고하여 분석하면서 잘못된 것을 바로잡고 있어. 또 김려가 진해 바다의 물고기, 정약전이 흑산도 주변의 물고기를 집중 연구했던 것과 달리 서유구는 자신이 살았던 난호 지방뿐만 아니라 조선 전역에서 나는 물고기를 연구했어. 그래서 그런지 양도 가장 많아. 글자 수로 견주어 보면, 《우해이어보》가 대략 1만 2800자, 《자산어보》가 2만 1600자인데, 〈어명고〉는 무려 3만 자야.

이건 서유구가 다른 두 사람보다 자유로웠기 때문에 가능했던 거야. 먼 바다, 외로운 섬에 갇혔던 학자 정약전과 달리 서유구는 집안 대대로 내려오던 책을 맘껏 보면서, 서울 주변에 살면서 각종 정보를 수집하고 활용할 수 있었어. 무엇보다도 서유구는 그림이 그려진 훌륭한 외국 책인 명나라의 《삼재도회》, 일본의 《화한삼재도회》《왜한삼재도회》를 참고했어. 국제적인 안목에서 자신의 어보를 자리매김할 수 있었던 거야. 그렇지만 서유구는 꼭 알아야 할 물고기를 정리하는 데 목적을 두었기 때문에 정약전처럼 물고기의 분류 틀 자체를 바꾸는 대담한 시도는 하지 않았어.

일본의 《화한삼재도회》에 실린 물고기 그림 당시 서구의 도감과 비교해도 뒤떨어지지 않는 높은 수준의 정보를 담고 있었어.

물고기 삼총사가 활동한 시대

김려, 정약전, 서유구 이 세 사람에게는 물고기를 연구했다는 것 말고, 중요한 공통점이 있어. 모두 귀양을 가거나 벼슬 끈이 떨어졌을 때 이런 일을 했다는 거야. 우스갯소리로 조선 시대에는 귀양을 가야 공부를 한다는 말을 해. 허준도 귀양 가서 《동의보감》을 완성했고, 정약용도 귀양 가서 동아시아에서 가장 책을 많이 쓴 저술가가 되었잖아. 집안이 풍비박산 나고 개인 삶은 비참해졌지만, 벼슬보다 오래 남는 학문을 남겼지. 그래서 옛 그리스의 히포크라테스가 "인생은 짧고, 예술은 길다."라고 한 거야. 여기서 예술은 학문을 뜻해.

앞에서 말한 것 중 《동의보감》을 빼놓고는 다 19세기의 글들이야. 물고기 연구 삼총사는 물론이거니와 이옥의 인어 이야기도 그래. 왜 하필이면 이때 물고기 연구가 그토록 꽃을 피웠을까? 귀양을 많이 보내서? 아니야, 다른 시대에도 귀양은 많이 갔거든. 그때 실용적인 지식에 학자의 관심이 폭증했기 때문이야. 학문의 경향이 바뀐 거지. 삼강오륜 예의범절, 아니면 나라를 다스리는 데 필요한 지식만을 특히 중시하던 학풍이 실제 생활에 도움이 되는 지식을 찾는 것으로 바뀌었어.

또 18세기 이후 상업이 크게 발달했어. 어물장수, 생선장수도 무척 많았거든. 특히 얼음이 널리 보급되면서 생선 장사가 대단히 활기를 띠었지. 이제는 강가, 바닷가 동네만

19세기 후반에 그려진 병풍 그림이야. 병어와 가자미가 세밀하게 그려져 있어.

고기를 먹는 게 아니라 조선 팔도가 먹게 된 거야. 게다가 중국, 일본과 교류하면서 새로운 지식을 많이 얻게 되었어. 사실 이런 일은 물고기 분야만 일어났던 게 아니야. 하늘·땅·만물·언어 등 모든 분야가 서로 영향을 주며 얽히고 얽혀 함께 진행됐던 거야. 혹시 19세기 조선 말기에 우리나라가 깜깜한 어둠 속을 헤매었다고 생각했다면, 이제 그런 생각은 버리는 게 좋을 거야.

이런 배경에서 물고기 연구의 삼총사가 등장한 거야. 셋이 어류 책을 지으면서 추구하는 목적은 약간씩 달랐지만, 기본적인 자세는 똑같았지. 셋 다 매우 꼼꼼하게 관찰했다는 게 그거야. 아쉬운 건, 셋이 따로따로 연구를 했다는 거야. 뛰어난 천재 3인이 있었지만 서로가 서로를 몰랐지. 뭉쳐야 커지는 게 아니겠어? 만약 서로 연구한 것을 참고했다면, 한 걸음 더 나아간 성과가 있었을 텐데, 그게 없었던 거야. 또 그들을 계승한 제자가 한 사람도 없었다는 것도 무척 안타깝구나. 우리 과학의 역사에서 불행한 일이지. 물고기는 식량 자원으로도 중요해. 이 분야에 관심 있는 친구들은 도전해 보렴.

○ 비밀노트

판소리로 배우는 물속 동물들

그림 한 점 감상하며 시작할까? 조선 시대 후기인 18~19세기에 활동한 장한종이라는 사람이 그린 바닷가 그림이야. 들여다 보렴. 아주 많은 바다 생물들이 있어. 위부터 보자. 떼를 지어 가는 게, 소라, 새우류, 가오리, 물고기 들이 있지? 금방이라도 움직일 것 같이 생생해.

조선 시대 책 중에서 물고기가 아주 많이 나오는 게 또 하나 있어. 안 살피고 그냥 넘길 순 없겠지. 그게 뭘까? 네들도 잘 아는 이야기야. 용궁과 토끼 간이 나오는······.

"아! 《수궁가》요." 맞았어. 과학뿐만 아니라 문학도 잘 아는구나. 《별주부전》이라고도 하지. 판소리 《별주부전》도 앞서 본 물고기 책처럼 19세기의 글이야. 그럼, 한바탕 판소리를 들어보자꾸나.

> 이때에 남해 용왕이 우연히 병이 들어, 갖가지로 약을 다 써도, 효험보지 못하고 꼭 죽게 될 적에, 신선 옷 입은 도사가 토끼 간이 특효약이라 했겠다. 어휴~ 남해 용왕이 '물 세상에 있는 토끼를 어떻게 잡아다 간을 먹고 내 병이 낫는단 말이야?' 혼자 앉아 탄식을 하는데, 명을 받고 온갖 물고기 동물들이 모두 들어오는데, 이런 가관이 없것다.

어떤 물고기가 들어오는지 잠깐 더 보도록 할까. 앞에 붙은 어려운 벼슬 이름은 그냥 그런 게 있다는 것만 알고 물고기 이름에 주목하며 읽어 봐.

> 갖가지 물고기 다 들어온다. 동편에는 문관이요 서편에는 무관일세. 좌승상에 거북이며 우승상에 잉어로다. 이부상서 농어, 호부상서 방어, 예부상서 문어, 병부상서 숭어, 형부상서 준치, 공부상서 민어, 한림 깔따구(새끼 농어), 대사헌 도루묵, 간의대부 물치, 사관 풍어, 백의재상 쏘가리, 금자광록

대부 금치, 은청광록대부 언어, 대원수 고래, 대사마 곤어, 용양장군 이무기요, 호위장군에 장어라. 표기장군 벌덕게, 유격장군 새우, 합장군 조개, 혜원군 방게, 원참군 물메기, 수문장 대구, 주천태수 홍어, 부별 낙지, 장대 승대, 청다리 가오리, 주부 자라, 서주사자 서대, 연주자사 연어, 주천태수 홍어, 감옥관 수달, 유수 광어, 병사 청어, 군수 물개, 현감 견어, 청백리 자손 어사 뱅어, 탐관오리 자손 주서 오징어, 금군별장에 도미와 능성어, 좌우순령 수조기·수피·범처·모지리·전복·수염 긴 대하로다. 상어·병어·전어·명태·복쟁이·솔치·눈치·삼치·멸치·꽁치·갈치·좀뱅어·미끈덕 뱀장어. 군로사령 자개사리, 돌 밑에 꺽지, 산의 물에는 중고기요, 깊은 물에는 금잉어라. 삼천궁녀에 빛좋은 피리·망둥어·짱뚱어·송통이·올챙이·개구리·송사리·문쟁이까지 명을 듣고 다 들어와 절을 한다.
어휴 비린내~, 용왕이 가만히 보시더니만 내가 왕이 아니라 생선전 주인장이 되었구나! 자, 누가 뭍에 나가 토끼를 잡아올 텐가?

어때, 《별주부전》에 자라와 토끼만 나오는 게 아니지? 무려 74종의 물고기들이 등장해. 여기서 올챙이, 개구리는 물고기가 아니지. 문쟁이도 물고기가 아니야. 문쟁이는 문을 고치는 장인을 말하는데, 해학으로 넣은 거야. 그럼으로써 온갖 것이 다 들어온다는 효과를 얻고 있지.
벼슬을 붙인 내력도 몇몇 나와 있으니까 잠시 보도록 하자.

농어 '큰 입과 작은 비늘' 잘 생겼을 뿐 아니오라 옛 시인이 귀하게 여겼고, 성질이 점잖으므로 인사 담당 이부상서.
방어 중국 땅 황하의 방어가 유명하고, 이름 안에 '천원지방(하늘은 둥글고 땅은 네모나다)'의 '방' 자가 들어 있으므로 땅 차지 경제 담당 호부상서.
문어 다리가 여덟이니 '수기치인(자신의 덕을 닦아 남을 다스린다)'의 여덟 조목에 맞을 뿐 아니라 이름에도 '글월 문' 자가 들어가니 예문 담당 예부상서.
숭어 용맹이 뛰어나 뛰기를 잘하고 한자 이름에 '빼어날 수'가 들어 있으므로 군사 차지 병부상서.
준치 가시가 많아 사람마다 어려워하고, 이름에 '법을 엄준하게 지킨다'는 뜻이 들어 있으므로 형법 담당 형부상서.
민어 배 속에 갖풀이 들어 장인에게 꼭 필요하고, 이름에 '백성을 이롭게 한다'

〈어해도〉 병풍 그림에 그려진 물속 생물들이야. 그림만으로는 이름을 정확히 알 수 없지만, 이 물고기들도 조선 사람이 흔히 알고 있는 물고기였을 거야.

는 뜻의 '민' 자가 들어 있으므로 장인 담당 공부상서.
도미 민어처럼 맛이 있고 풍신이 점잖지만, 한 글자 한 자로 표현할 수 없는 데다 이름에 '고기 어' 자가 안 들었기 때문에 이조상서 후보에서 탈락.

여기에 나오는 물고기들이 조선 사람이 흔히 알고 있는 물고기들이었다고 보면 돼. 해학의 대상이 되었다는 건, 누구나 잘 알고 있어서 공감을 주기 때문이야. 근데, 모습과 특징을 중시했기 때문에 여기서는 물고기들이 강에 사는 것, 바다에 사는 것 구별 없이 섞여 있어. 또 물고기와 문어 같은 연체동물, 게 같은 절지동물, 거북이 같은 파충류, 고래 같은 포유류, 개구리나 올챙이 같은 양서류가 따로 구별되어 있지 않아.
《별주부전》에는 이처럼 수많은 물고기들이 나와. 고기 종류만 나열한 게 아니야. 물고기의 특징과 용도까지 익살에 녹여 전달하고 있다는 사실.

먼저, 좌승상 **거북이**. 사람들이 잡아서 껍질 벗겨 탕건이나 삼지끈 같은 재료를 만든다고 해서 후보로 탈락. 옛날엔 안경테나 안경집도 다 거북이껍질로 만들었어.

금군별장 **도미**. 쑥갓과 풋고사리 넣은 매운탕거리라서 후보 탈락.

원참군 **물메기**. 머리가 멋지고 수염이 아름다우나, 아가리가 너무 커서 먹을 게 많기 때문에 낚시꾼이 좋아할뿐더러 이질·복통·설사와 배앓이 특효약으로 쓰니. 게다가 사람들이 물고기 잡으려고 물에 천초 가루 약을 쳐서 민물에 얼씬도 못하니 이놈도 탈락.

합장군 **조개**. 온몸이 갑옷으로 둘러 단단하다고 해서 물망에 오름. 뭍에 나가면 도요새와 서로 물고 대박 싸우다가 둘 다 어부에게 잡혀 어부에게 이로움만 안겨줄 거라 해서 탈락.

표기장군 **벌덕게**. 열 발을 살살거리며 들어와 "산이 고향이라서 뭍에서도 문제가 없으며, 굵은 엄지발로 토끼 허리를 꽉 집어 대령하겠다."고 호언장담. 하지만 겁이 많아 뒷걸음질을 잘 친다는 이유로 탈락.

배불러 경륜을 많이 품은 **올챙이**. 한두 달에 못 올 테니 그 사이 개구리 되면 올챙이 시절 기억 못할 테니 탈락.

별주부 **자라**. 짧은 발, 방패 같은 등짝. 볼품없어서 말단직 주부 벼슬에 불과. 머리가 작고, 사람들이 잡아서 자라탕 끓여 먹을 거라 후보 탈락 직전에 반발. "다리가 넷, 위기 때 목을 움츠려 머리를 감출 수 있고, 대가리가 뾰족해 예리한 기운이 넘치고, 허리가 넓어 장사의 체격이오, 콧구멍이 작긴 하나 생각이 모자라지 않고, 볼이 퍼지지 않아 말솜씨가 있다."고 주장하여 낙점.

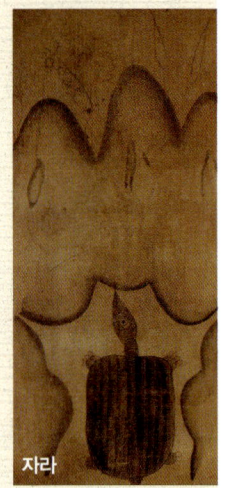
자라

어때, 자연 공부도 이렇게 하니 재미있지 않니? 역시 자연은 옛 사람이나 우리에게나 다 흥미로운 주제거리임에 틀림이 없어. 자연 관찰도 재미있지만, 문학이나 음악, 그림으로 접근하는 것도 참 재미있구나.

■《자산어보》를 빼놓고는 옛 물고기 연구가 많이 안 되어 있어. 《우해이어보》와 〈전어지〉도 매우 중요한데 다소 서러움을 겪고 있어. 다행히도 최근에 《우해이어보》(박준원 옮김), 《전어지》(김명년 옮김) 번역본이 나와 있어서 많은 도움이 되었어. 이 세 권 책을 모두 잘 알아야 되기 때문에 같이 다뤘어. 세 책을 같이 다룬 건 이 글이 처음이야.

■《자산어보》 연구의 으뜸 공로는 한국을 대표하는 어류학자 정문기 선생에게 돌려야 할 거야. 어떻게 보면 잊혀 있던 책을 번역하여 세상에 알린 분이야. 《자산어보》에 관한 내용 분석은 정명현 선생의 글을 많이 참조했어. 이태원 선생의 《현산어보를 찾아서》는 《자산어보》에 나오는 물고기 이야기를 일반 대중이 읽기 쉽게 쓴 좋은 책이야. 손택수 시인의 《바다를 품은 책 자산어보》는 자산어보의 내용을 맛깔나게 풀어냈어. 박천홍 선생이 쓴 어린이 책 《자산어보》는 정약전의 생애와 물고기 연구를 재미있고 알기 쉽게 썼어. 또 박수현 기자가 쓴 《바다 생물 이름풀이 사전》도 흥미로운 이야기로 가득 차 있어. 무엇보다도 네들이 읽어도 될 만큼 쉽게 써 있어.

■한때 《자산어보》를 《현산어보》로 읽어야 한다는 주장이 나왔어. 흑산도에 들어 있는 깜깜할 '흑', 왠지 느낌이 안 좋잖아. 그래서 정약용은 이 '흑' 자 대신에 '玆', 요런 자를 대신 썼어. 이게 보통 '자' 자로 읽는데, 사전을 보면 '현' 자라고도 읽는다고 되어 있거든. '자'로 읽을 때는 '이것'의 뜻이고, '검다'라고 할 때에는 '현'으로 읽는다는 거였지. 그래서 한자말을 연구하는 어떤 학자들은 '검은 산'을 뜻할 때는 자산으로 읽는 게 잘못되었고 현산으로 읽는 게 옳지 않으냐는 의견을 조심스럽게 내 놓았어. 게다가 이태원 선생은 흑산도를 현산으로 불렀음직한 한 기록을 찾아내 현산이 맞다는 입장을 지지했어. 그래서 이태원 선생은 책 제목에다 현산어보란 이름을 썼지. 근데, 생각해 봐. 이렇게 유명한 책이 책 이름을 잘못 읽고 있었다니, 얼마나 큰 사건이었겠어. 이후 인터넷 사전을 비롯해 많은 사람들이 재빨리 태도를 바꿔 정약전의 책을 《현산어보》라 고쳤어.

하지만 최근에 한문학자 김언종 선생은 매우 꼼꼼하게 검토하여 그때 사람들이 '검다'를 뜻할 때에도 '玆'의 대표음이 '현'이 아닌 '자'였음을 밝혔어. 김언종 선생은 이전에 '현산'을 지지했는데, 다시 '자산'이 옳다고 태도를 바꿨어. 또 나도 한몫 거들었어. 당시 사람들이 '자'를 '현'으로 읽은 게 없다는 사실과 '玆山'이란 말을 처음 쓴 정약용이 '玆山'을 '자산'으로 읽은 걸 찾아내서 《역사비평》에 글을 발표했어. 이런 논란을 겪으면서 깨닫게 된 사실이 하나 있어. 아무리 옳다고 생각하던 것도 의심할 수 있다는 것. 또 그 의심을 거쳐 확실히 증명되면 더욱 분명한 지식이 된다는 사실이 그거야. 《자산어보》《현산어보》둘 다 듣다가 오히려 헷갈릴 수 있으니, 앞으로 안심하고 《자산어보》라고 하면 돼.

10 곤충에 관심을 가진 조선의 파브르

우리 아들 지용이는 사슴벌레 광이야. 유치원 다닐 때부터 사슴벌레에 관심을 가졌는데, 한동안 내게 한 질문은 "사슴벌레와 장수풍뎅이가 싸우면 누가 이겨요?" 이런 것들이야. 지금도 집에서 기른 사슴벌레가 알을 까서 식구가 수없이 늘어났는데, 그래도 잊지 않고 먹이를 꼬박 챙기는 게 여간 기특하지 않아.

네들에게 '거미는 곤충일까, 아닐까?' 이런 질문하면 기다렸다는 듯이 답할 거야.

"거미는 당연히 곤충이 아니지요. 다리가 6개가 아니라 8개잖아요. 절지동물이에요." 곤충 박사구나. 그런데 조선 시대 책을 보면 거미는 곤충이라고 되어 있어. 한자 풀이를 해 보면, '벌레 곤', '벌레 충'이지. 똑같이 뜻을 벌레라고 새겨도 '곤'과 '충'은 엄연히 달라.

> **節肢動物**
> 마디 절 / 팔다리 지 / 움직일 동 / 물건 물
> 절지동물이라는 어려운 이름은 현대 생물학에서 새로이 붙였어. 현대에 쓰고 있는 곤충은 다리 6개 달린 것으로 몸통, 머리가 나뉘었음을 뜻하는 'insect'를 번역하면서 본디 쓰던 단어인 곤충이라고 한 거야.

한자가 만들어 질 때 '곤(昆)'은 '머리통(日)'에 '다리가 여럿 달린(比)' 모습을 하고 있잖아. 그러니까 '곤'은 지금의 곤충과 거의 비슷한 거야. 하지만 '충(蟲)'은 뱀이 똬리를 틀고 있는 모습과 비슷하지 않니? 뱀에서 유래한 글자야. 옛날에는 동물 중 사람도 아니고, 새도 아니고, 뭍짐승도 아니고, 물고기도 아닌 모든 걸 다 버러지 '충'이라고 했어. 곤충은 물론이거니와 애벌레, 뱀 같은 파충류, 개구리 같은 양서류, 거미 같은 절지류, 지네 같은 다지류, 새우 같은 갑각류, 조개 같은 연체동물, 회충·요충 같은 기생충도 다 '충'에 속했던 거지. 그러니까 곤과 충이라는 말을 써서 몸통과 다리가 나뉘어져 다리가 여럿 달린 벌레와 그와 다른 종류를 구별했어. 그래서 옛 기준으로 보면 거미도 곤충에 속한 거야.

조선 시대에 알려진 곤충들

19세기에 유희(1773~1837년)란 사람이 쓴 《물명고》에 곤충에 대한 정의가 나와 있어. 《물명고》는 국어사전이라고 보면 돼.

곤충은 1년 사는 조그만 벌레이다. 다리가 있는 놈이 충이고, 다리가 없는 게 치(豸)이다. 다리가 있는 놈과 다리가 없는 놈을 사람들이 잘 구별하지 못한다. 이를테면 누에나 나비의 애벌레들은 몸을 구부려 움직인다. 흔히 다리가 없다고 말하는데 배 아래에 조그만 이빨 같은 다리들이 있다.
애벌레는 탈바꿈해서 나비가 된다. 대체로 1년에 탈바꿈하는데 어떤 놈은 3번, 어떤 놈은 2번, 어떤 놈은 1번 한다. 전혀 하지 않는 놈도 있다. 알에서 애벌레가 나오고, 애벌레는 번데기가 되고, 번데기는 나비가 된다. 곤충을 말하는 사람들은 많으나 애벌레와 어른벌레가 똑같은 놈이며 변해서 생긴 것임을 잘 알지 못하니 안타깝도다.

어때, 상당히 과학적이지 않아? 곤충 박사인 너희들은 애벌레와 성충이 같다는 건 잘 알고 있지? 유희도 곤충의 탈바꿈, 즉 변태(變態)를 알고 있었어. 곤충의 변태를 분명히 하려고 했던 태도는 상당히 과학적이야. 또 변태의 종류를 셋으로 나눈 것도 현대 과학과 상당히 비슷해. 나방과 나비가 알에서 3번 탈바꿈해서 생긴다는 지식은 지금과 똑같아.
자, 그럼, 유희의 《물명고》 안에 또 어떤 곤충이 있는지 알아볼까? 대략 60종이 나와. 너희들이 알고 있는 곤충과 벌레가 거의 다 들어 있어.

누에, 나비, 벌, 쐐기, 사마귀, 메뚜기, 귀뚜라미, 풍뎅이, 잠자리, 등에, 모기, 파리, 하루살이, 말똥구리, 하늘소, 매미, 쓰르라미, 굼벵이, 개미, 거미, 서충, 가뢰, 부판, 떡풍뎅이, 빈대, 포수벌이, 바구미, 딱정벌레, 현, 물무당(물매미), 독기벌레, 쥐며느리, 지렁이, 두르래, 노래기, 지네, 땅지네, 그리마, 집게벌레, 바퀴, 벼룩, 이, 사면발니, 진드기, 삼시충·회충·촌백충·요충 등 기생충 15종, 혹, 계온, 전갈, 반디, 두꺼비, 올챙이, 거머리, 돌벌레, 누리꽝

나무벌레, 국호

코카코스장수풍뎅이는 없다고? 그러고 보니 사슴벌레, 방아깨비도 없네. 모두 '풍뎅이'로 본 게 아닐까? 어쨌든 국어사전에 올릴 만한 것들이니까, 이런 곤충들이 당시 사람들이 알아야 할 곤충의 대부분이었을 거야. 이중 대부분은 오늘날에도 똑같은 이름을 쓰지만, 어떤 건 그렇지 않아.

우리말이 없어서 한자로 쓴 것들은 이해하기 힘들지? 서충이란 쥐며느리의 일종인 것 같고, 부판이란 짐을 지고 가기를 좋아하는 벌레야. 포수벌이는 행야라고 하는데 밤에 사람이 닿으면 기를 뿜는 곤충이야. 현이란 검정색 벌레인데 붉은 머리를 하고 있어. 혹은 물여우라고 하고 독을 뿜어. 계온도 물속에 사는 독충이야. 국호는 국화에 살고 있는 조그만 벌레야.

"곤충은 이보다 엄청 많은데 60마리 정도밖에 싣지 않은 걸 보니, 조선 시대에는 곤충과 벌레에 대한 관심이 지금처럼 높지 않았던 것 같네요." 그랬어. 아마도 그건 자연 현상을 있는 그대로 관찰하거나 곤충의 행태를 알아보려는 관심이 적었기 때문일 거야. 사람에게 이로운가 아닌가가 가장 중요한 관심이었으니까. 그런 관심 속에서 필요한 만큼만 곤충에 대한 지식을 터득하고 정리했을 거야.

그래도 조선 시대에 곤충을 관찰한 학자들이 있었단다. 이옥

신사임당의 그림으로 알려져 있는 거야. 아래쪽에 '풍뎅이'가 있어.

(1760~1812년), 정학유(1786~1855년), 이규경(1788~1856년)을 만나보자. 우리나라에서 벌레나 곤충만 따로 깊이 연구한 학자는 없어. 그래도 이 세 사람이 가장 관심이 깊었던 인물들이야. 비슷한 시기에 살았어. 이 삼총사의 활약을 같이 보면, 조선 곤충학의 이모저모가 풍부해지지. 물론 여기서 서로 이야기를 나누는 건 지어낸 상황이야. 가장 나이가 많은 이옥 선생님을 먼저 만나보자. 이옥, 이름이 낯설지 않지? 그래, 담배 책《연경》을 쓴 분이지.

조선 곤충학의 삼총사 ─ 첫 번째 이옥

▶ 선생님께서는《연경》이라는 훌륭한 글을 남기셨습니다. 또 다른 책《백운필》에서 곤충에 대해서도 많은 글을 쓰셨더군요. 왜 곤충에 관심을 가지셨습니까?

한국 과학에 대한 지식이 상당하구먼. 헛헛.《연경》은 담배에 대한 전문 책일세. 내가 담배를 좋아해서 통째로 알고 싶어서 지은 걸세. 벌레에 대한 건 그와 조금 다르네. 동식물 각각에 대한 짧은 생각들을 생각나는 대로 적은 걸세. 책 제목도 흰 구름 노니는 곳에서 글을 썼다는 뜻으로 《백운필》이라 했다네. 귀양에서 풀린 후 경기도 남양 집에서 지내다 보니, 심심해서 도저히 견딜 수 없었다네. 그래서 글을 시작했다네.

▶ 다른 글을 쓰실 수도 있었을 텐데요.

다른 선비님들처럼 고상한 책은 짓기가 싫었네. 우리가 살면서 너무나 중요하지만, 하잘 것 없이 여기는 것들에 대해 쓰려고 마음먹었지. 새·물고기·짐승·벌레·꽃·곡식·과일·채소·나무·풀이 딱이었지. 벌레로는 애벌레·모기·각다귀·거미·반디·나비·흑충·송충이·좀벌레·벼룩·이 등이 눈에 들어왔네. 방 안팎에서 보이지 않는가?

▶ 선생님 책을 읽어보니, 단순히 곤충 이야기만 하신 게 아니라 풍자와 해학이 가득 차 있더군요. 어쩌다 요강에 떨어진 벼룩과 이 이야기는 읽다가 배꼽 잡고 웃었습니다.

어쩌다 요강에 빠진 벼룩과 이가 오줌에 떠다니는 밤 껍질에 겨우 올라타 둥둥 떠다니게 되었다. 둘이 시 짓기 놀이를 시작했다. 그 때 주인이 오줌을 누자 이가 먼저 읊었다.

'나르듯 흘러 곧장 삼천 척으로 내리니, 은하수가 하늘에서 떨어져 내리는 듯하네.'

주인이 요강 뚜껑을 쨍 하고 닫자 질세라 벼룩이 이렇게 읊었다.

'성 밖의 한적한 절, 한밤중 종소리가 나그네 배에 이르네.'

난 세상의 많은 글쟁이들이 비슷하다고 생각한다네. 아름다운 산수만 만나면 배를 띄우고 노는 작자들이 미웠네.

▶ 또 빛을 내는 반딧불이와 윙윙 소리 내는 모기의 자랑하기가 재미있었습니다.

반딧불이는 야광을 밤길 촛불 든 예절이라 자랑했고, 모기는 집안 드나들 때 윙윙 기척 예절을 자랑했다. …… 둘의 수작을 지켜본 벌거숭이 꼬마가 한마디했다.
'빛과 소리로 알리는 옛 아름다운 예절이 다 망가진 세상이다. 네놈들이 모두 쓸모없게 된 세상이란 말이다! 반딧불이는 붙잡혀 죽는 화를 면치 못할 것이고, 모기 네놈은 계속 피 빠는 일만 할 거다.'

반딧불이와 모기처럼 거짓과 위선이 판치는 사회를 꼬집은 게 참 통쾌하더군요.

내 책을 열심히 읽었군그래. 벌레 이야기를 통해 인간 세상의 거짓과 불공평함을 일깨우고자 했네. 이와 함께 벌레에 대한 그릇된 통념을 깨고 싶었다네. 나는 다른 생물을 거미줄로 잡아 죽이는 거미를 미워하는 게 옳지 않다고 생각하네. 잡힌 놈들이 불쌍하지만 거미는 그렇게 살아가도록 태어난 거지 잘못이 아니야. 인간들은 어떤가? 수많은 그물을 만들어 새, 고기, 짐승을 마구 잡지 않는가. 오직 인간만이 그런 짓을 한다네. 또 사람만 서로를 속이지 않나.

▶ 곤충들의 생활을 보며 사람의 삶을 되돌아보라는 뜻이었군요.

사실, 내 벌레에 대한 생각은 〈오뉴월의 벌레들〉이라는 글에 가장 잘 나타나 있네. 눈을 돌려 방 안팎을 둘러보게나. 온통 벌레 천지 아닌가? 천지 사이에 생명을 지니고 움직이는 게 다 벌레야. 날개 있는 벌레, 털 있는 벌레, 비늘 있는 벌레, 딱딱한 껍데기가 있는 벌레, 벌거벗은 벌레……. 근데 말일세. 하늘 높은 곳에서 본다면 용과 기린, 봉황과 붕새(大鵬) 다 벌레처럼 작게 보이지 않겠는가. 만물의 영장이라는 사람도 마찬가지지. 그렇다면, 우리가 자연에 대해 겸손해야 하지 않겠나.

조선 곤충학의 삼총사 - 두 번째 정학유

나는 이옥 선배님의 탐구 방식과 다르다네. 이옥 선배님은 생각이 자유로운 분으로 곤충과 벌레를 통해 인간을 이야기하고 싶어 하셨지만, 나는 그렇지 않다네. 곤충은 관찰하는 입장에서 정확하게 이해해야 한다네.

▶ 아, 정학유 선생님. 선생님의 《시명다식》이란 책을 알고 있어요.

'시명다식'은 사서삼경 중 하나인 《시경》에 등장하는 동식물의 이름에 대해 많이 알아야 한다는 뜻이야. 시에 나오는 동식물만 골라 탐구한 매우 독특한 책이지.

▶ 다산 정약용 선생님의 아들이시잖아요. 아버지의 명성 때문에 가려진 측면이 있어서 잘 알려져 있지 않으신 것 같습니다.

흠. 잘 알다시피, 우리 아버지가 천주교 믿었다고 해서 붙잡혀 귀양 떠난 후 집안이 풍비박산났다오. 내 과거 급제의 꿈도 덩달아 날아갔지. 먹고 살 길이 막막해서 의원 노릇하면서 연명했다오. 아무리 집이 망했다 해도 공부를 게을리 하면 안 된다고 아버지가 신신당부했지. 난 공부거리를 찾았어. 선비들이 필수로 읽는 《시경》에는 온갖 동식물이 다 나온다오. 하지만 사람들이 그 뜻을 정확히 모르고 읽는 게 안타까웠지. 이렇게 중요한 경전의 내용을 허술히 알고 넘어가서야 되겠는가? 그래서 내가 오랫동안 공부한 본초학 지식을 바탕으로 그걸 명확하게 밝히려고 했다네.

▶ 《시경》을 어떤 방법으로 연구하셨나요?

👤 그 동안 《시경》의 동식물 연구는 그저 동물과 식물 정도로만 나눴다네. 난 《시경》에 나오는 326개의 생물을 세분해 풀·곡식·나무·채소·새·뭍짐승·벌레·물고기로 나누었다네. 풀이 78종, 곡식이 20종, 나무가 62종, 채소가 10종, 새가 44종, 짐승이 63종, 벌레가 30종, 물고기가 19종일세. 내 자랑 같지만, 《시경》의 동식물 연구로는 내 것을 뛰어넘는 게 없다고 자부한다네. 《시경》의 동식물을 잘 알아야 한다고 썼지만, 내 책은 일반 동식물 책으로도 전혀 손색이 없지.

▶ 시를 지을 때 자연을 잘 알아야 하나요?

👤 그렇게 당연한 걸 묻다니. 뒷걸음하는 것, 옆으로 가는 것, 연이어 가는 것, 구불구불 가는 것을 구별할 줄 알아야 정확한 표현을 하지 않겠는가. 어디 그뿐인가? 목구멍으로 소리를 내서 우는지, 부리로 우는지, 옆구리로 우는지, 날개로 우는지, 넓적다리로 우는지, 가슴으로 우는지 알아야 하네. 또 알로 태어나는지, 어미에게서 태어나는지 이런 것도 몰라선 안 되네. 이런 걸 정확하게 알아야 감동이 더욱 생겨난다는 뜻일세.

▶ 선생님께서 알아내신 사례를 한 가지 알려 주세요.

👤 《시경》에 '마디충이 새끼를 낳자 나나니벌이 업고 다니네.'라는 구절이 있다네. 이걸 두고 옛 사람들은 '나나니벌이 암컷이 없어서 초록색 벌레를 업고 다니며 길러 가르쳐 자기 새끼를 만든다.'고 해석했다네. 하지만 이건 잘못된 걸세. 내가 보니, 나나니벌은 암수도 있고 알도 낳더군. 알에서 난 새끼에게 먹이려고 마디충 새끼를 잡아 업고 온 거였어. 이런 걸 알고 시를 본다면, 옛 시 해석이 달라질 걸세.

▶ 와! 대단합니다. 선생님의 탐구 방식은 가히 과학적이라 할 만합니다. 자연현상에 대한 예리한 포착, 옛 연구의 적절한 인용이라는 점에서도 그렇습니다. 근데, 선생님께서는 오직 《시경》만을 대상으로 삼았기 때문에 다루고 있는 것이 22종밖에 안 되는 한계가 느껴집니다.

🎩 30종 정도 되네. 어디 이름을 들어 보려나? 방아깨비, 베짱이, 메뚜기, 나무굼벵이(하늘소 애벌레), 작은매미, 누에나방, 파리, 귀뚜라미, 하루살이, 누에, 매미, 뽕나무벌레, 쥐며느리, 갈거미, 반딧불이, 살무사, 뱀, 도마뱀, 뽕나무 애벌레, 나나니벌, 물여우, 마디충, 누리, 모래좀, 전갈, 당(몸집이 작은 매미의 일종), 벌 등.

▶ 중복을 빼면 겨우 20여 종밖에 되지 않습니다. 중국의 《본초강목》이나 일본 책 《화한삼재도회》보다 곤충이나 벌레 수가 훨씬 적습니다.

🎩 벌레 수가 턱없이 적은 건 인정한다네. 하지만 잘 알려진 경전인 《시경》을 다뤘기 때문에 사람들이 관심을 많이 가졌다네. 내가 아무리 좋은 동식물 책을 썼다고 해도 《시경》이 토대가 되지 않았다면 사람들이 관심을 가지지 않았을 걸세. 사람들은 《시경》을 잘 이해하려고 내 책을 찾아 읽었다네. 하지만 나는 더 나아가 동식물을 올바르게 알라는 뜻으로 실제 곤충을 관찰하고 연구한 것이지. 일석이조 효과를 노렸던 걸세.

▶ 그럼, 《시경》에 나온 모든 곤충을 다 알아내셨나요?

🎩 내가 이치를 완전히 깨닫지 못한 사례도 있다네. 《시경》의 다음 구절이야.

오월에는 방아깨비가 다리 비벼 울고
유월에는 베짱이가 날개 떨며 우네
칠월에는 들에서 지내다가

메뚜기 그림 정학유는 옛 사람들이 구분하지 않았던 방아깨비, 베짱이, 귀뚜라미를 구분하려고 했어. 자세한 관찰을 했기 때문에 품었던 의문이었지.

팔월에는 처마 밑 문간까지 들어왔다가
시월이 되면 귀뚜라미 내 침상 밑까지 들어와 우네

내가 의문을 품는 부분은 여기 나오는 방아깨비, 베짱이, 귀뚜라미가 같은 놈인지 아닌지 하는 거야. 책을 들춰보니, 주자께서는 '이 셋이 똑같은 종류인데, 계절에 따라 이름만 달리한다.'고 했다네. 근데, 후대의 어떤 학자는 이 셋이 각기 다른 곤충이라고 했지. 자세하게 분별할 수 없어 한스럽게 느껴졌다네. 오직 후세 사람들의 폭넓은 연구를 기다릴 뿐이네.

조선 곤충학의 삼총사 ―세 번째 이규경

정학유 선배, 이 문제는 내가 알아냈소이다.

방아깨비, 베짱이, 귀뚜라미 구별하기

오월에 우는 것은 한자로 사종 또는 종사라고 해. 길이가 2촌 남짓, 푸른색, 머리가 뾰족하고 털이 난 긴 다리를 하고 있지. 튀어나온 두 눈 사이가 매우 좁고 눈 곁에 2개의 뻣뻣한 더듬이가 나 있어. 늙은 건 잿빛 붉은색이고 잘 뛰어. 찌찌 소리를 내어 울어. 우리나라에서 방아깨비라 부른 게 이 곤충이야. 이건 아주 흔해. 아이들이 산과 들에서 잡아 구어 먹는데 맛이 좋다고들 해.

유월에 운다는 것은 한자로 사계라고 하는 녀석이야. 우리나라에서는 베짱이, 달리 여치라고도 불러. 모습을 한번 볼까. 머리가 작고 몸집이 탱탱해. 푸른색, 갈색 두 종류가 있어. 날개를 비벼 울어. 사람들이 바구니에 넣어 기르기도 하는데, 따뜻하게 해 주면 몇 년 동안 죽지 않고 잘 살아. 먹이를 잘 주어 기르면 겨울에도 울지. 암놈이 크고 잘 운다고 해. 중국에서는 돈으로 사고파는 곤충이야.

다음엔 시월에 운다는 것은 한자로는 실솔이라 하는 녀석이야. 우리나라에서는 귀뚜라미라고 하는 게 그거야. 누리(황충)와 비슷하게 생겼지만 작아. 까맣고 옻을 칠한 것처럼 몸에 광택이 나지. 여름에 생겨서 가을에 울고, 서로 싸우기를 좋아해. 잘 우는 놈과 그렇지 않은 놈 두 종자가 있어. 귀뚜라미는 부엌에 많은데, 일부러 집에서 기르기도 해. 민간에서는 부엌에 귀뚜라미가 많으면 부지기 된디고 해서, 이를 온돌(돌암) 근처에 사는 귀한 놈이라는 뜻으로 '귀돌안이'라 부르기도 했어.

이 세 종 이외에 비슷한 곤충이 여럿 있는데, 우리나라에서는 자세히 구별하지 않고 대체로 메뚜기 또는 귀뚜라미라고 했지. 농사에 재앙을 일으키는 황충, 흔히 메뚜기의 일종이라 보는 놈인데 다행히 우리나라에는 없어. 아마도 우리나라에는 물이 많아 논과 밭에 천적인 개구리나 두꺼비가 많이 있었기 때문이라 생각해.

▶ 이규경 선생님께서요?

🖋 방아깨비, 베짱이, 귀뚜라미. 이 셋은 각각 다른 놈들이 맞습니다. 같은 곤충이 계절마다 변하는 게 아닙니다.

▶ 이규경 선생님, 바로 알고 계시군요. 참 해박하십니다. 선생님께서 이런 자세로 연구를 계속하셨다면, 우리나라에서 파브르(1823~1919년)가 탄생하는 것은 시간 문제였겠는데요.

🖋 파브르가 누구요?

▶ 선생님보다 45세 젊은 프랑스의 곤충학자입니다. 말똥구리를 비롯해 수많은 곤충을 연구해 《파브르 곤충기》라는 역작을 남겼습니다. 한마디로 곤충에 관심을 가지는 어린이들의 우상입니다.

🖋 아, 그런가? 근데, 난 필요 없는 곤충은 가능하면 관심을 두지 않았네.

▶ 그럼, 무엇에 관심을 두신 거지요?

🖋 두 가지 분명한 기준이 있었지.

첫째, 이용후생. 말이 어려운가. 널리 써서 백성의 생활에 보탬이 되게 한다는 뜻이라네. 그래서 나는 우리 주변의 모든 곤충들에 관심을 가지는 않았네. 한 열댓 개 굵직한 것에만 관심을 두었네. 벌과 누에, 즉 양봉과 양잠은 농가에 이익을 가져다 주니까 많은 관심을 두었어. 중국 책을 읽어보니까, 꼭 벌이 아니라도 꿀 비슷한 걸 나무의 씨에서 얻는 방법이 있더구먼. 또 누에라 해도 꼭 잠실을 만들고 뽕나무만 먹일 필요 없이 야생에서 다른 나뭇잎을 먹고 키우는 방법도 있더군. 우리나라도 이런 걸 배운다면 농가에 보탬이 될 것 같아 소개했다네.

해충을 방제하는 방법도 말했지. 특히 파리 쫓는 법을 알아낼 때 고생을 했지. 내가 여러 책에 나오는 것을 다 시험해 봤는데 안 되더군. 그러다 한 가지 확실한 방법을 찾았네. 천적인 껑충거미, 다른 이름으로 파리잡이거미를 이용하는 방법이었어. 이놈을 잡아다 잘 길러 방안에 두는 걸세. 그러면 진짜로 파리가 한 마리도 남지 않았지. 파리잡이거미를 먹여 키우는 방법은 중국 책에 잘 나와 있었다네.

둘째, 사람들이 헷갈려하는 곤충 지식을 확실하게 밝히려 했다네. 아까 본 방아깨비·베짱이·귀뚜라미의 구별 같은 것 말일세. 우리나라에는 메뚜기와 멸구 따위의 피해는 있었지만, 황충(메뚜기와 비슷하게 생긴 큰 곤충)의 피해가 없었다는 걸 밝혔지. 또한 나나니벌이 다른 벌레를 왜 업고 다니는지도 밝혔지.

메뚜기 떼 밭을 향해 셀 수 없이 많은 메뚜기들이 날아가고 있구나. 최근 호주에서 발생한 메뚜기 떼의 이동 모습이야.

아, 이건 정학유 선배도 밝힌 것일세. 어디 그뿐인가? 모기가 물에 알을 낳아 장구벌레가 됐다가 다시 모기로 된다는 것도 알아냈지.

다시 일어난 조선의 과학

이제 곤충 이야기를 마무리할 때가 되었군. 이규경의 곤충학에서 돋보이는 점은 세 가지야.

하나는 중국과 일본의 책을 매우 폭넓게 공부했다는 점이야. 이규경은 중국의 《삼재도회》와 일본의 《화한삼재도회》에서 곤충의 정확한 모습을 확인했어. 그래서 정학유보다 훨씬 많은 정보를 가지고 곤충에 대한 궁금증을 풀 수 있었지.

두 번째는 이규경의 안목과 방법이야. 이용후생, 자연의 참된 진실을 찾

신사임당이 그린 것으로 알려진 〈초충도〉야. 초충도는 풀과 풀벌레를 그린 그림이란 뜻이지. 그림 속 곤충들을 한번 찾아보렴.

겠다는 생각에서 모든 문제를 진지하고 예리하게 연구하여 결론을 끌어냈잖아. 비록 오늘날의 자연과학의 방법에는 못 미치지만, 문제를 해결하는 '방법'을 적용하여 문제를 풀었지. 좀 어려운 말로 하자면, 고찰하여 증거를 확인하는 '고증학의 방법'을 쓴 게지. 이규경은 이런 방법을 청나라 학자의 책에서 배웠어.

셋째는 무엇보다도 늘 조선의 상황을 염두에 두었다는 거야. 조선의 하늘, 땅, 만물에서 곤충까지 조선의 자연을 탐구했지. 이규경 혼자만 그랬던 건 아냐. 이옥도 그랬고, 정학유도 그랬어. 앞장에서 만난 물고기를 탐구했던 김려도 그랬고, 정약전도 그랬지.

아쉬운 게 있다면, 서양과 이웃 나라는 이보다 더 빠른 속도로 자연을 폭넓게 알아나가고 있었다는 점이야. 하지만 세종 때 한 번 우리나라의 과학은

높은 경지에 도달했었잖아? 그걸 뛰어넘은 게 18~19세기야. 세종 임금 때는 나라에서 주도했잖아. 또 굵직한 학문을 정리했고. 조선 후기에는 민간의 학자들이 스스로 곤충학같이 밝혀지지 않았던 학문 분야까지도 깊이 연구했어. 그래서 이때 자연 전반에 대한 과학의 이해가 엄청나게 높아졌지.

비밀노트

그림과 시로 배우는 곤충

또 어떤 사람들이 곤충과 벌레에 관심을 가졌는지 알아보러 가자. 많은 사람을 직접 만나 인터뷰를 해 보려고 해. 누구부터 만날까? 옛날의 아이들부터 만나고 싶다고? 알았어. 가자, 타임머신 타고.

근데 말을 높여야 하나 놔야 하나. 조상님이긴 하지만 어린이니까 반말로 묻도록 하자. 그게 자연스러울 테니까.

"네들 곤충하면 뭐가 가장 먼저 떠오르니?"

잠자리 잡기 　　　물고기 잡기

"쉬잇! 아저씨 말하는 통에 고추잠자리 날아갔잖아요. 우린 여름이 좋아요. 매미도 잡고 메뚜기도 잡고 물고기도 잡고……, 신 나잖아요. 하여간 동물들 잡는 건 너무 재미있어요."

곤충 잡고 노는 건 예나 지금이나 똑같군. 인간 유전자에 사냥의 본능이 새겨져 있어서 그런 걸 거야. 얘들아, 너무 많이 잡지 마라. 아무리 미물이라 해도 죽으면 불쌍하지 않니.

이익

〈곤충은 다 먹을 수 있다〉는 글을 쓰신 성호 이익(1681~1763년) 선생님을 찾아왔어.

"선생님께서 이런 글을 쓰신 게 사실인가요?"

"음. 그렇긴 해. 근데, 먹을 수 있는 곤충이 있다고 했지, 다 먹을 수 있다고 하진 않았어. 내가 글을 참 열심히 읽잖아? 중국의 옛 책 《예기》를 읽다가 거기서 '매미와 벌을 반찬으로 만들어 먹는다.'는 글을 본 적이 있어. 《회남자》에서는 '개미 알로 젓갈을 담가먹는다'고 했어. 《주례》란 책은 또 어떤가. 개미 알 젓갈뿐만 아니라 메뚜기 새끼도 반찬으로 만들어 먹는다고 했어. 우리나라에서도 남쪽 지방 사람들은 메뚜기를 잡아 반찬으로 만들어 먹지. 날개와 다리는 떼어 버리고 구워서 반찬을 만들어 먹어. 맛이 참 좋다고 해. 나는 아직 못 먹어 봤는데, 이참에 한번 그 맛을 시험해 봐야겠어. 또 사전에는 메뚜기 말고 풍뎅이도 먹을 수 있다고 했는데, 그건 먹기가 참. 허허허."

양반님이라서 아직 메뚜기를 안 드셨나 봐. 우리 농민들은 굶주릴 때 메뚜기, 여치, 방아깨비 다 잡아먹지. 알고 보면 영양식이야. 나도 어렸을 때 메뚜기 튀김을 도시락 반찬으로 싸간 적이 있는걸. 서양에서는 메뚜기 튀김을 고급 요리로 즐기고 있어. 중국 여행을 가면 길가에서 매미, 잠자리, 전갈을 다 꼬챙이 꽂아 팔고 있지. 매미 꼬치, 잠자리 꼬치, 전갈 꼬치라고나 할까. 맛이 궁금하기는 했지만, 먹어 보지는 않았어. 어렸을 때 가재 꼬치는 해 먹어 봤는데 비슷한 맛 아닐까? 가재 꼬치 맛은 지금도 잊을 수 없어.

허준

다음에는 허준(1539~1615년) 선생님을 만나 보자.

"허준 선생님, 선생님께서 지으신 《동의보감》이 온 나라 전 세계에 유명해진 거 아십니까? 2009년엔 유네스코 세계 기록유산에 올랐다니까요. 감축하옵니다. 선생님께서 쓰신 《동의보감》 탕액 편에서는 약으로 쓰는 곤충을 실어 놓으셨잖아요. 어떤 것들이 있는지 말씀해 주십시오."

"껄껄. 내 《동의보감》이 그토록 유명해질 줄 이미 알고 있었다네. 보배를 뜻하는 보감이란 말을 괜히 붙인 줄 아나. 농담일세. 음, 곤충은 오래전부터 약으로 써 왔어. 《동의보감》의 '약으로 쓰는 벌레' 부분에서는 곤충을 포함한 각종 벌레 40여 종으로부터 얻은 약 95종을 실었다네. 이중 곤충과 비슷한 벌레들은 이런 놈들이지. 벌, 사마귀, 매미, 굼벵이, 누에, 메뚜기, 등에, 거미, 반묘(무당벌레), 쐐기벌레, 말똥구리, 귀뚜라미, 잠자리, 반딧불이, 쥐며느리, 옷좀, 이 등.

곤충 약 중 으뜸은 벌이야. 벌이 만든 꿀은 오장을 편안하게 하고, 기를 도우며, 비위를 보하지. 어디 그뿐인 줄 아나. 아픈 것을 멎게 하고, 목을 풀며, 여러 병을 낫게 하고, 온갖 약을 조화시키기도 한다네. 입이 헌 것을 치료하고, 귀와 눈을 밝게 하는 명약일세. 대소변 잘 통하게 할 땐 벌 새끼가 특효약이야. 볶아서 약으로 쓴다네. 자네, 변비가 있다면 한번 시험해 보게나.

이 밖에 많은 곤충이나 벌레가 다 약이 되네. 피를 빨아먹고 사는 등에와 거머리는 좋은 약이 되네. 몸 안에 뭉친 나쁜 기운을 빨아낼 때 쓰지. 굼벵이는 뭉친 피를 헤치는 데 좋고, 말똥구리는 미쳐 날뛰는 증상에 좋다는 정도만 말하도록 함세."

곤충 대부분이 다 약이 된다는 걸 알겠지. 이도 약이 된다고 했는데, 죽은 사람과 산 사람을 판별할 때 쓴단다. 왜냐면 이는 죽은 사람 곁을 떠나는 속성을 가지고 있거든. 이가 붙어 있으면 사람이 아직 살아 있는 거고, 슬금슬금 떠난다면 죽었다는 뜻이지.

빙허각 이씨

이번에는 집안 살림을 담당하는 안방마님을 찾아가 보도록 하자. 만날 사람은 빙허각 이씨(1759~1824년)라는 분이야. 여성이기 때문에 이름이 전해지지 않고, 성이 이, 호가 빙허각이었어. 빙허각 이씨는 살림살이 종합판인 《규합총서》(1809년)를 지었어.

"《규합총서》를 보니까 각종 벌레 없애는 법을 실었던데, 거기엔 어떤 비법이 담겨 있습니까?"

"여자들도 세상 이치를 다 알아야 한다고 생각한다네. 그래서 내가 술과 음식, 바느질과 길쌈, 집안 살림살이에 필요한 것들, 병 다스리기 등과 관련된 온갖 요긴한 지식을 다 모아 정리했지. 거기에 벌레 쫓는 걸 포함시켰네. 주변을 둘러보게나. 파리, 모기 윙윙거리지 않나. 또 우리 집 바깥어른은 이와 벼룩 때문에 여간 성가셔하지 않네. 아무리 열심히 빨래를 해대도 이놈들은 떨어져나갈 줄 모른다네. 언제 들어왔는지 옷에 들어와 피를 빨지. 우리 영감님 밤새 이 잡는 것 보면 너무 안쓰럽다네. 그래서 내가 쫓는 비법을 찾아 나섰다네. 홍만선(1643~1757년) 어른이 쓴 《산림경제》 같은 책에 자세한 내용이 담겨 있더구먼. 그래서 필요한 걸 뽑아 한글로 번역했다네. 부녀자를 위해서였지. 몇 가지 일러줌세.

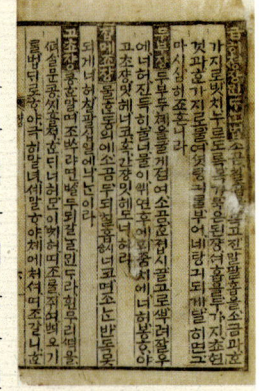

《규합총서》 빙허각 이씨의 어머니는 앞서 말한 유희의 고모였어. 남편은 《임원경제지》를 지은 서유구의 동생인 서유본이었고, 빙허각 이씨는 대단한 학자 집안을 이끌었던 안주인이었어.

모기를 쫓기 위해서는 뱀장어를 말려 태우면 모기가 물처럼 된다.

벼룩을 쫓으려면 창포·개구리밥·파를 말려 가루를 만들어 이부자리 아래 두면 벼룩이 없어진다.

빈대는 개구리밥이나 웅황 냄새를 피우면 사라진다.

옷의 이를 없애려면 백부근이나 강활 같은 약재를 태워 옷에 배게 하면 이가 다 떨어진다.
머리의 이를 없애려면 질려, 백부근 같은 약의 가루를 머리에 바르면 된다.
모기만큼 귀찮은 파리를 쫓으려면 여름에 납설수(동지 후 세 번째 술일인 납일에 내린 눈을 받아 녹인 물)로 그릇을 닦으면 파리가 안 온다.
바퀴벌레를 없애려면 은행잎 즙을 날콩가루에 섞어 벽과 부엌에 바른다.

아마도 파리·모기·이·벼룩은 이런 방법을 썼어도 잘 없어지지는 않았을 거야. 한국 전쟁 직후에 이런 해충이 너무 많아서 농약을 온몸에 뿌려 이와 벼룩을 없앴지. 요즘에는 온갖 공해 때문에 이런 해충들도 예전만큼 많지 않은 것 같아. 겨울철 호롱불 아래서 옷을 벗고 손톱을 콕콕 눌러 이를 잡는 모습은 네들이 상상하기도 힘들 거야. 누구나 다 했던 일인데. 참, 한 가지 더. 모기를 막기 위해서 종이로 모기장을 만들어 치기도 했어. 나무 끝에 말총을 매달아 묶어서 파리채를 만들어 파리를 쫓기도 했지.

이덕무

다음에는 시인 한 사람을 찾아가 볼까? 청장관 이덕무(1741~1793년)야. 〈가을밤에 동자를 시켜 풀벌레가 목으로 우는지 다리로 우는지 겨드랑이로 우는지를 시험하여 보게 함〉이라는 긴 제목의 시를 지었지.

별은 사람의 눈동자처럼 깜박거리고 잠들지 않는데
가을 은하수 한 폭이 깨끗이 하늘에 펴졌네.
벌레 소리 듣고 서늘한 숲 속을 살펴보니
성난 겨드랑 놀란 수염이요 곧게 뛰는 어깨로다.

자, 이 풀벌레가 어디로 울고 있을까? 마지막 연을 다시 읽어봐.
"성난 겨드랑 놀란 수염? 겨드랑이인가요?" 그래, 겨드랑이로 울고 있어.
이덕무는 풀벌레가 어떻게 우는지 옛 경전 《시경》을 읽으면서 내내 그게 궁금했어. 그래서 실제로 어떻게 우는지 관찰했지. 이덕무 눈에 성난 겨드랑, 놀란 수염, 곧게 뛰는 어깨가 생생하게 보였다고 해. 이런 시인의 자연 관찰이 우리의 자연 과학적 관찰과 다를까? 거의 똑같다고 할 수 있지.

남계우

이번에는 화가를 찾아가도록 하자. 나비 박사 석주명이 입에 침이 마를 정도로 칭찬했던 남계우(1811~1888년)라는 나비 화가야.

"왜 나비 그리는 걸 좋아하셨습니까?"

"난 나비를 특히 좋아했다네. 평생 나비를 그렸지. 오죽하면 내 별명이 남나비였겠나. 나비는 무척 예쁘다네. 날아다니는 자태도 아름답고. 그림을 그리면 꽃과 다른

남계우의 나비 그림 무척 정확하게 그렸기 때문에 나비의 종을 다 판별할 수 있을 정도야. 오른쪽에 확대한 사진을 보렴. 요즘의 나비도감과 비교해도 손색이 없을 정도로 정교해.

동물과 잘 어울리기도 하고. 하지만 난 옛 화보를 베끼듯이 나비를 그리고 싶지 않았어. 조선에는 조선의 나비들이 날아다니잖아."

"나비를 그리실 때 원칙이 있나요?"

"나는 벼슬하는 중 여가를 내서 산과 들에 나가 나비를 관찰했어. 어떤 나비들이 있는지, 나비의 모습은 어떻고, 색깔은 어떤지. 날아다니는 모습은 어떻고, 또 꽃에 앉아 있을 때 모습은 어떠한지. 또 더 자세히 알려고 나비를 잡아와서 그릇에 올려놓고 세세하게 관찰했지. 날개 길이, 날개의 무늬, 몸통, 다리, 더듬이 이 모든 걸 하나도 놓치지 않으려 했어. 때로는 죽은 나비를 종이에 올려놓고 대고 그리기까지 했다네. 그뿐인 줄 알아. 나비가 즐겨 앉는 꽃인 모란, 나리, 패랭이, 국화를 같이 관찰했지. 주변에 앉은 고양이까지도 자세히 관찰했어."

"한 작품에 수많은 나비를 그리셨는데, 모두 보고 그리셨군요!"

"내 그림 하나 보여주지. 옆 사진을 보게나. 모두 4폭으로 되어 있는데 그중 2폭이네. 나는 나비 150여 마리를 하나의 화폭에 담았네. 눈 펄펄 날리듯 나비가 나는 모습을 그린 거야. 이건 상상도가 아니야. 이 많은 나비를 어떻게 다 보았냐고? 꿀로 나비를 모으는 방법을 썼다네. 그렇게 가까이서 보고 그렸고, 내가 본 나비를 다 등장시켰다 해도 지나친 말이 아닐세."

사실, 우리나라는 조선 시대까지 변변한 자연 도감이 하나도 없어. 곤충은 물론이거니와 물고기, 동물도 그림으로 엮은 책은 없어. 흔하게 썼던 약용 본초도 중국 책을 베낀 것은 있지만, 우리의 자연을 그림으로 그려 남긴 건 전혀 없어. 중국이나 일본에서는 이런 자연 도감들이 많았거든.

우리 조상은 왜 자연 도감을 안 만들었는지 모르겠어. 남계우 같은 화가의 실력을 보면, 단순히 그림 실력이 없어서 만들지 못한 것은 아니야. 남계우 이전에도 많은 화가들이 풀벌레와 물고기, 또 새와 짐승들을 그렸어. 아마도 그건 자연을 그 자체로 들여다보려는 관심이 부족했기 때문이었을 거야. 주로 시와 회화의 감흥과 연결해서 자연을 본 거지.

▼
■ 글을 쓰려고 옛 곤충 연구를 들여다보니, 전혀 연구되어 있는 게 없더군. 부득이 옛 책을 통째로 읽고 나서 글을 써나갈 수밖에 없었어. 다행히도 최근에 어렵지만 귀한 책 두 권이 번역되어 나왔어. 정학유의 《시명다식》(허경진·김형태 옮김)과 《완역 이옥 전집》(실시학사 고전문학연구회 옮기고 엮음)이 그것이야. 이 두 책의 번역이 없었다면, 도저히 이 글을 쓰지 못했을 거야. 오래전에 민족문화추진회에서 번역한 《산림경제》나 각종 문집 번역에도 감사함을 표해야 할 거야. 또 요즘 인터넷에서 제공하는 원문과 번역본도 참고했어.
■ 이규경의 연구 내용은 《오주연문장전산고》를 번역해서 실었어. 번역이 안 된 《오주연문장전산고》를 읽느라 들인 시간을 생각하니, 번역본이 참 귀한 줄 알겠어.
■ 약으로 쓰는 곤충 부분은 내가 김남일·여인석 선생과 함께 쓴 《한 권으로 읽는 동의보감》을 참고했어. 이 부분에 더 관심이 있는 사람은 이 책을 찾아 읽으면 될 거야.
■ 중국과 일본에는 곤충 분야도 꽤 연구가 많이 되어 있는데, 우리도 많은 학자가 뛰어들어 멋진 연구가 많이 나왔으면 좋겠어.

11 옛날 사람들은 어떤 옷을 입었을까

오늘 아침 무얼 입고 학교에 갔니? 아마 알몸으로 학교에 간 친구는 없을 거야. 팬티만 걸치고 나온 친구도 물론 없겠지.

아프리카 부시맨에게 똑같은 질문을 하면 무슨 답을 할까? 웬 옷? 더워죽 겠는데. 나뭇잎으로 중요한 곳만 가리거나 아니면 완전 알몸이거나. 열대 지방에서 벗고 지내는 것은 전혀 이상한 일이 아니야. 하지만 우리나라는 열대 기후가 아니라서 추위로부터 알몸을 보호하기 위해선 꼭 뭔가를 걸쳐야 해. 동물들은 다 털가죽이 있어서 스스로 추위를 이겨내지만 사람은 살갗만으로는 추위를 견딜 수 없어. 그래서 뭔가를 몸에 둘러야만 하지.

추위를 이기는 필수품, 옷

최초의 인류는 열대 지방에서 살았어. 그러다 차츰 온대, 한대 지방으로 퍼져 나갈 때 꼭 필요한 것이 바로 옷이었어. 처음에는 늑대나 곰, 호랑이를 잡아 만든 가죽을 둘렀겠지. 모두 자연에서 얻은 거야.

　근데 문명이 발달하고 인구가 크게 늘면서 짐승 가죽으로 만든 옷은 부족해졌어. 많은 옷이 필요해진 거지. 동물의 털이 아닌 옷의 재료로는 무엇이 있었을까? 촘촘히 엮어 옷을 만들어줄 실이 될 원료 말이야. 주변을 둘러볼까. 거미줄, 머리카락, 풀이나 나무줄기, 곤충 애벌레를 싼 뭉치 등……. 적지 않은 재료들이 있네.

　옷이 되려면 길게 실로 이어져야 하고, 잘 끊어지지 않아야 하겠지. 이런 조건을 통과한 자연물로 천을 짰어. 누에고치에서 얻는 명주, 대마의 삼베, 모시풀의 모시, 목화에 열린 솜뭉치, 양털, 말의 꼬리털 등이 원료가 되었지. 실의 재료들도 아주 흥미로워. 실의 재료는 잠시 뒤에 보도록 하자.

　그럼, 실을 만들고 나서 천은 어떻게 만들어질까? 실을 가로와 세로로 하나씩 하나씩 서로 교차시켜 천을 짜내지. 실과 실 사이의 틈새가 바둑판처럼 넓으면 무지 시원하겠다, 그치? 그물 만들 때 이렇게 짜겠지. 틈사이가 촘촘할수록 질겨지고 추위도 막아줘. 잠깐, 지금 네가 입고 있는 옷을 들여다보렴. 틈새가 보이지 않을 정도로 오밀조밀 짜여 있지? 근데, 이처럼 촘촘한 천이 나오려면 실들이 가로 세로로 몇 개나 포개져야 할까? 백 번, 천 번, 만 번?

"와, 장난이 아니네요?" 손수 털실로 짠 옷이 아니라면, 지금은 대부분 기계가 천을 짜지. 옛날 사람은 어떻게 옷을 만들었을까? 그 기술을 보도록 하자.

실을 만들어 천을 짜자

실 잣는 기술은 신석기 시대 초부터 시작되었어. 그때는 물레보다 원시적인 형태의 가락바퀴를 썼어. 어려운 말로 방추차라고도 해. 흙, 돌, 도자기를 둥글게 다듬고 한가운데 구멍을 뚫어 바퀴를 만들었어. 바퀴 구멍에 긴 나무를 끼우고 그 끝에 실을 매달아 두고 가락바퀴를 돌리면 막대에 감기면서 실이 뽑혀졌어. 그러던 것이 청동기 시대에는 가락바퀴가 사라지고 대신에 연 날릴 때 쓰는 얼레 형태로 바뀌었어. 그 얼레가 차츰 발달하여 물레가 된 거야. 물레는 인도에서 처음 만들어졌다고 알려져 있어. 우리나라에서는 기원전 1세기 무렵 이 물레를 사용했다고 추측되고 있지.

고구려 벽화의 직녀 그림을 한번 보도록 하자꾸나. 〈천상열차분야지도〉에서 살짝 본 적이 있을 거야. 직녀란 '베를 짜는 여인'이라는 뜻이야. 소치는 목

여러 가지 가락바퀴

가락바퀴 사용법

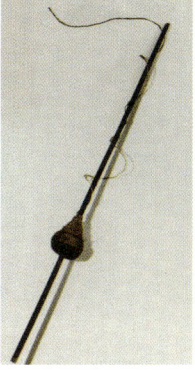

신석기 시대의 천

신석기 시대의 수직 베틀

견우와 직녀(덕흥리 고분)

베를 짜는 직녀(대안리 1호 고분)

동 견우와 사랑을 나눴지. 근데, 이보다 조금 늦은 5세기 중엽에 만들어진 대안리 1호 고분에는 직녀가 베틀에서 실을 짜는 모습이 그려져 있어. 베를 짜는 틀이라고 해서 베틀이야.

"마치 베틀, 실, 북이 다 보이는 것 같네요." 그래. 이때 고구려는 베 생산량이 매우 높아 중국에 대량 수출할 정도였어. 비슷한 때 신라에서는 아예 베

짜기 경기가 있었어. 이 경기 이름이 가배였어. 가배는 '한가위'를 뜻하는 고어로 '가위'를 이두 방식으로 표기한 거야.

천 짜는 기술이 시작된 신석기 때에는 고구려 고분에서 보이는 수평 베틀이 아니라 수직 베틀로 2인이 한 조가 되어 천을 짰어. 수직 베틀이 발전해서 고구려 고분처럼 수평 베틀이 된 거지. 그 모습은 1000년이 훨씬 지난 조선 시대에도 계속 유지된 거야.

조선 시대 생활 모습을 많이 그린 김홍도가 천 짜는 모습을 빼놓았을 리가 없지. 178쪽 〈길쌈〉과 〈물레〉 그림을 보자. 길쌈은 실로 천을 짜는 모든 일을 뜻해. 〈길쌈〉 그림은 아이 엄마가 베틀로 천을 짜는 모습을 보여주고 있어.

베틀을 보면 실이 세로 방향으로 그리고 위와 아래 이중으로 팽팽하게 걸려 있지? 여기서 천을 만들려면 어떻게 해야 할까?

"가로 방향으로 실을 심어야겠네요." 그래. 수직으로 걸려 있는 줄들을 날줄(한자로 경經), 그 사이로 수평으로 움직이는 줄들을 씨줄(한자로 위緯)이라고 해. 지구의 경도, 위도란 말이 이 이름을 딴 거야. 근데, 가로로 씨줄을 어떻게 심지? 아주머니의 손과 발을 잘 봐. 오른손에 잡고 있는 것을 '북'이라고 해. 북은 바닥에 보이는 실타래의 실과 연결되어 있어. 북이 위와 아래로 엇갈려 걸려 있는 날줄의 실로 씨실이 지나갈 수 있도록 통로를 만들어 주는 바디 사이로 총알처럼 왔다 갔다 하는 거야. 이때 오른쪽 발은 위와 아래로 팽팽하게 베틀에 걸려 있는 날줄을 번갈아 바꿔주는 구실을 해. 그러니까 세 동작이 단번에 이뤄지는 거지. 발로 밟고, 북을 오른손으로 던지고 왼손으로 받고, 다시 반복……. 백 번, 천 번, 만 번 계속 반복하다 천이 짜지게 돼. 어때? 동작 자체는 그리 어렵지 않지만, 계속 반복하는 일이라 지루하고 힘들겠지? 그래서 이런 지루함과 고단함을 달래려고 노래를 불렀어.

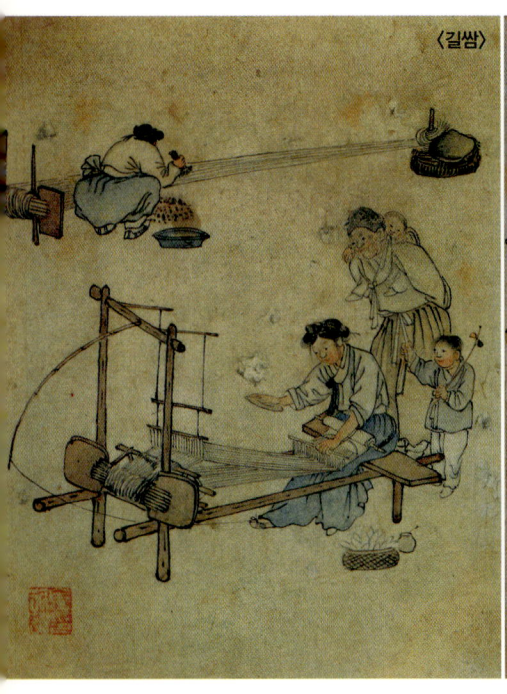
〈길쌈〉

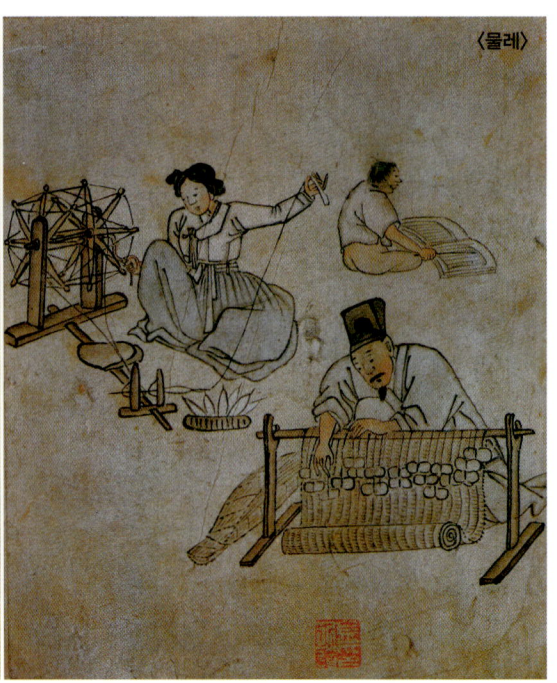
〈물레〉

베틀을 노세 베틀을 노세
옥난간에 베틀을 노세
에헤요 베 짜는 아가씨 사랑 노래
베틀에 수심만 지누나 −〈베틀가〉

이제 다시 그림을 보도록 하자. 〈길쌈〉 그림 위쪽은 날실에 풀을 먹이는 작업을 그려 놓았어. 풀을 먹여 실을 질기게 하는 거야. 이보다 먼저 하는 일을 그린 것이 김홍도의 〈물레〉 그림이야. 왜냐하면 실이 있어야 천을 짤 수 있으니까. 하기야 〈벌거벗은 임금님〉이라는 이야기에서는 사기꾼이 실 없이 베틀로 투명 옷을 만들기도 했지만.

돌림판을 물레라고 불러. 실 뭉치나 털 뭉치로부터 실을 한 올 한 올 뽑아

 고구려
 신라
 고려
 조선 초기
 조선 후기

시대에 따른 여성들의 옷차림 실을 잣고 옷을 만드는 일은 여성들의 몫이었어. 물론 농사일도 남성들과 함께해 왔지.

내는 장치야. 그림을 보면 8각의 둘레에 실이 감겨 있네. 또 여인이 돌림판의 손잡이를 돌려 실을 뭉치로부터 자아내고 있구나.

천 짜는 일처럼 실 잣는 일도 지루하고 힘든 일이야. 그래서 현대의 시인 김안서는 다 음과 같이 읊었어. 작곡가 금수현은 이를 노래로 지었지.

물레나 바퀴는 슬스리시르렁 슬스리시르렁
흥겨이 돌아도 사람의 한세상 시름에 돈다오
사람의 한세상 시름에 돈다오

물레 잣는 여인, 베틀 타는 여인의 땀과 고통 덕분에 수많은 사람들이 옷을 입고 생활할 수 있게 되었어. 실 잣고 옷감 짜고 옷 짓는 것이 여자의 일이었다면, 그 재료를 확보하는 건 남자의 일이었지. 베를 짜는 옷감 재료는 모두 농사와 연관되어 있어.

옷감의 재료

옷감의 재료는 아주 많아. 여전히 동물 가죽으로 옷을 만들기도 하잖아.

모든 걸 다 말할 순 없고 우리는 고대부터 가장 중요했던 네 가지, 삼베·모시·명주·무명에 대해 알아보자꾸나.

삼베의 재료는 삼, 즉 대마야. 대마초란 마약의 원료이기도 해. 목화가 들어오기 전에 우리나라에서 가장 많이 썼던 옷감 재료가 삼이야. 우리나라 기후에서 삼이 잘 자랐기 때문이지. 삼은 줄기가 매우 질기기 때문에 실을 뽑아낼 수 있어. 근데, 풀줄기에서 실이 거저 생기는 게 아니잖아. 우선 푹 삶아서 껍질을 벗겨야 해. 그래서 얻은 껍질 뭉치로부터 실을 만들어내는 거야. 삼은 고조선 때부터 사용했는데, 그때부터 이미 천의 품질이 좋기로 유명했어.

모시의 원료는 모시풀이야. 모시는 습기를 잘 흡수하고 내주기 때문에 여름철 옷으로 안성맞춤이야. 근데, 우리나라에서 특정 지역에서만 이 풀이 자라. 서산 지역의 모시가 가장 유명하지. 또 실 자아내는 데 품이 많이 들어. 푹 삶은 모시풀을 바늘같이 예리한 도구를 사용해서 일일이 갈라줘야 해. 그래야 아주 가는 실을 얻어낼 수 있거든. 삼국 시대부터 모시로 옷을 만들었다고 추정되는데, 아주 가는 실로 정교한 옷을 지었다고 해. 얼마나 얇았냐 하면 모시 한 두름이 스님 밥그릇에 차곡차곡 다 들어갈 정도였다는구나.

풍속화 속 누에치기

명주는 누에고치로부터 얻어내. 누에는 뽕잎을 가장 좋아하지. 우리나라에서는 고조선 시대부터 시작한 거로 추정돼. 또한 남쪽의 진한에서 뽕나무를 기르고 누에를 쳤다는 중국의 기록이 있어. 누에고치로부터 실을 잣는 것은 삼국 시대부터 널리 퍼졌어. 그렇지만 상류층이

옷감의 재료와 옷감

삼

삼베

네들 한복 뭐로 만들었는지 아니? 모르면 엄마나 할머니에게 여쭤봐. 대부분이 명주(비단)라고 하실걸. 어떻게 아냐고? 겨울에 입는 고급 옷으로 명주가 적격이기 때문이지. 여름철 생활 한복이라면 삼베나 모시를 썼을 거야. 장례식장에서 상주가 입고 있는 옷은 삼베야.

모시풀

모시

누에와 누에고치

비단

중국의 고급 명주를 좋아해 수입해서 썼기 때문에 조선 시대가 되도록 만드는 기술은 크게 발달하지 못했어. 조선 왕조에서는 태도를 바꿔 명주 생산을 장려했어. 왕비가 직접 누에를 치기까지 했지. 앞에서 본 〈경직도〉의 절반은 벼농사 짓기고, 다른 절반이 누에치기 곧 잠업이야. 나라 차원에서 얼마나 잠업을 중시했는지 상징적으로 보여주는 사례야. 우리가 흔히 쓰는 비단이란 말은 명주 중에서도 최고급 옷감 이름을 뜻해. 물론 고급 명주는 덥지 않아서 여름철에도 써. 명주가 겨울철에만 입는 옷이라고 오해하지 않도록.

백성들에게 따뜻한 옷을 준 목화

지금까지 삼베, 모시, 명주 세 옷감을 살펴봤어. 이중 명주는 비싸서 상류층이나 사용했고, 일반 백성은 일생에 한 번 혼례 치를 때 입어보는 귀한 옷이었어. 모시는 여름 옷이니까 제쳐 놓는다면 추운 겨울날을 주로 삼베로 났다고

목화 중국에서는 당나라 때부터 목화를 길러 옷감으로 쓰기 시작했어. 원래는 인도가 원산지인데 그게 중국까지 퍼져 온 거야. 당시 고려 때 상류층들은 중국에서 수입한 목화를 쓰고 있었지만 우리나라에 목화 재배 기술은 없었어.

봐야 해. 물론 일부는 털옷을 입기도 했었을 거야. 문익점이 도입한 게 뭐지?

"목화잖아요!" 그렇지. 목화로 짠 무명은 면화라고도 해. 겨울을 삼베로 춥게 지내다가 무명 옷을 입게 된 사람들을 생각해 봐. 문익점이 정말 고맙겠지.

문익점이 붓의 두껍에 목화씨를 몰래 숨겨 들여왔다는 이야기는 이제 학계의 정설이 아니야. '붓의 두껍'도 아니고, '몰래'도 아니야. 후대에 이야기에 재미를 더하기 위해 과장한 거라고 밝혀졌어. 문익점이 목화씨를 들여온 것은 분명한 사실이야. 사신으로 중국 강남에 갔다가 돌아오는 길에 하얗게 열매가 맺힌 목화를 봤어. 문익점은 흰 열매가 옷 만드는 재료라는 걸 떠올렸어. 그리고 그냥 지나치지 않고 가지고 온 거야.

문익점이 목화를 도입한 공은 씨앗 몇 개를 가져온 데 있지 않아. 핵심은 두 가지야. 하나는 씨앗을 심어 목화를 얻어낸 농업 기술이야. 실패를 거듭한 끝에 가져온 씨앗으로부터 목화를 길러냈고, 또 그걸 죽이지 않고 더 많은 씨앗을 얻어 냈어. 목화 재배에 대한 지식이 거의 없는 상태에서 이런 일을 해낸 건 진짜로 대단한 일이야. 둘째는 하얀 솜털 같은 열매로부터 실을 얻어내는 기술을 확보한 거야. 열매 안에 있는 목화씨를 빼내야 솜으로 쓰는데, 그 기술을 알아냈지. 또 목화 솜뭉치에서 실을 뽑는 특별한 기술을 배웠어.

근데, 기록을 보면 이 두 핵심 기술의 성공에는 문익점의 장인인 정천익이 크게 기여했다고 해. 문익점이 심은 목화는 다 죽었지만, 정천

솜을 넣어 누벼서 만든 아기 버선 무명은 봄, 여름, 가을 옷에 주로 썼어. 하지만 목화는 겨울에도 쓸모가 있어. 실을 뽑는 것뿐만 아니라 솜이 나오니까. 겹옷 사이에 솜을 넣은 두툼한 솜옷을 만들어 겨울에 입었어.

한국 과학사 이야기 2 183

목화에서 실을 뽑는 사람들 ❶ 씨아를 돌려 목화씨를 빼고 있어. ❷ 씨를 뺀 목화솜을 잠재우려고 대나무로 만든 솜채로 두드리고 있어. ❸ 잠재워진 솜을 활줄로 팅기고 있어. 잡티를 없애는 거야. ❹ 실을 만들기 위해 솜을 한 줌씩 길다랗게 말고 있어. ❺ 길게 말아낸 솜을 물레에 걸어 실을 뽑아 실톳을 만들어. 이 그림은 조선 후기의 화가 김준근이 그린 거야.

익이 키운 목화가 살아남아 종자를 퍼뜨렸어. 그럼에도 정천익은 문익점 같은 대우를 받지 못했어. 앞으로 우리가 특별히 정천익을 기억한다면 그의 노력이 더욱 빛날 거야.

목화는 전국으로 퍼져 재배되었어. 목화로 짠 무명은 삼베를 밀어냈지. 무명은 옷감의 질이 좋고, 겨울철을 날 솜을 제공했기 때문만이 아니야. 삼베 천 제작 때보다 힘이 다섯 배나 덜 들었거든. 경사난 거지, 경사! 실 잣는 일, 천 짜는 일이 얼마나 고됐는지 아까 봤잖아.

그뿐이 아냐. 이후 조선은 재배 기술이 없는 일본에 무명을 팔아서 무지

막지한 은을 벌어들였어. 목화를 도입한 문익점에게 큰 상이 내려졌어. 고려의 조정은 문익점이 살았을 때, 조선 왕조는 죽은 그와 그의 후손들에게 대단한 영예를 내렸어. 이렇게 엄청난 일에 딱 한 사람의 이름만 새겨진 건 참으로 드문 일이야. 조선 시대에 세 사람 있었어. 화약 개발에 최무선, 목화 도입에 문익점, 구국 충신에 이순신 이 세 사람이지.

옷에 빛깔을 입히는 염색 기술

옷감과 뗄 수 없는 기술이 있어. 바로 염색이야. 인류는 구석기 시대부터 염색을 했을 거라고 추정해. 처음에는 염색은 흙이나 열매, 꽃 따위에서 즙을 내어 물들이는 방법에서 출발했어. 차츰 염색 기술이 발달하면서 식물과 광물의 저온 추출, 고온 추출, 매염제인 양잿물을 이용하는 방법 등 다양한 방법을 쓰게 되었어.

媒染劑
중매 매 / 물들 염 / 약제 제
물들이기를 중매하는 약품이란 뜻이야.

염색을 제대로 하려면 그릇이 있어야 해. 금속으로 만든 그릇이 있어야 불의 열을 이용할 수 있어. 그릇 안에서 염색에 쓸 물감을 추출한 원료들의 물리, 화학 작용이 일어나는 거야. 또 제대로 염색하기 위해서는 동물, 식물, 광물에서 색만 우려내서는 안 돼. 그 색이 천에 딱 붙어서 빨래를 해도 지워지지 않아야 해. 그렇게 하는 걸 어려운 말로 매염이라고 해. 이 두 가지 조건이 다 갖춰져야 진정한 염색이 되는 거야.

요즘 많은 박물관에서 염색 체험을 할 수 있어. 아마 이미 체험해 본 친구들 많을 거야. 주로 쪽으로 염색했을 거야. 쪽빛, 즉 남색 물을 들이는 거지. 준비물은 색깔을 내는 식물인 쪽, 매염제로 쓰이는 굴이나 소라 껍질 또는 잿물이지. 잿물은 콩대나 쪽대 등을 태운 물이었을 거야. 이런 재료로 염색 물감을 만든 후에는 뭐 했니? 흰 헝겊을 잿물에 담가 색깔을 들이는 작업을 하지. 다음에

고구려 안악 3호분 벽화야. 묘주 부인과 시녀들의 옷을 보렴. 옷감들이 다양한 색과 무늬를 띠고 있어(왼쪽). 잔치에 초대된 조선 시대 여인들이 앉아 있어. 갖가지 색으로 염색된 치마와 저고리를 입고 있지(오른쪽).

는 잘 말린 후 식초를 약간 탄 물에 담가두었다가 깨끗하게 빨아. 그러면 참 예쁜 쪽빛 천이 탄생하지. 붉은색 염색까지 했다면 잇꽃 또는 홍화라는 붉은 꽃잎을 사용했을 거야.

우리나라에서는 고조선 때 이미 천에 염색을 했어. 중국의 책에 부여의 염색 기술이 좋다는 기록이 있어. 삼한에서는 파란색, 빨간색, 보라색 물감을 들인 실로 비단을 짰어. 고구려는 왕의 옷에 빨강, 파랑, 노랑, 하양, 검정색을 다 사용했어. 이 밖에도 보라, 녹색 등과 중간색을 많이 사용했어. 고구려 벽화를 보면 왕이나 귀족에서부터 악공, 춤꾼까지 다 염색한 옷을 입고 있어. 백제, 신라, 일본에도 이런 염색법이 알려졌지.

고려와 조선 시대에 오면 염색법이 더 발달해. 조선의 책에서 언급한 색깔을 보면, 무려 173가지 색이나 돼. 그러니 얼마나 많은 염료들이 이용되었겠니? 수십 종의 식물과 광물이 염색에 활용되었지.

우리나라 사람은 흰옷을 좋아했을까?

"우리 민족은 백의민족!"

아마 수없이 들어본 말일 거야. 정말 우리나라 사람은 흰옷을 좋아했을까? 똑 부러진 답을 찾기는 힘들어. 주강현 선생은 《우리 문화의 수수께끼》에서 이 문제를 진지하게 탐구했어. 일단 흰옷은 평민들이 즐겨 입었다는 거야. 그 역사가 매우 오래되어 부여 때 사람도 흰색을 좋아했어. 고려, 조선 시대에도 평민들은 흰옷을 선호했어. 조선에 온 외국인이 '남자나 여자나 옷 빛깔이 모두 희다'며 신기해했을 정도니까. 그런 나라는 온 세계에서 조선밖에 없었어. 이웃 일본과 중국의 경우도 우리처럼 온통 흰색 물결은 아니었지. 화려한 관복에서 보았듯 지배층은 흰옷을 입지 않았어.

주강현 선생은 흰색을 즐겨 입은 것이 염색 기술이 부족해서, 또 염색할 돈이 없어서가 아니라고 해. 음양오행 사상이 정착하면서 고려나 조선에서는 여러 차례 이 흰옷을 바꾸려고 시도했다는 증거를 들었어. 우리가 중국 동쪽에 있기 때문에 국운을 상승시키기 위해서는 동방색인 청색을 써야 한다고 했던 거야. 아예 숙종은 푸른 옷 착용을 국명으로 내렸을 정도니까. 또 실제로 이옥의 《담정총서》에서는 조선 사람들이 거의 모두 푸른 옷을 입는다고 기록했어. 경상도 남쪽 지방에서만 흰옷을 고집했는데, 그게 이상했다고 말하고 있어.

그랬던 것이 19세기 말엽에는 모두 흰옷 입는 거로 바뀌었어. 왜 그런지 이유는 밝혀지지 않았어. 최남선은 우리 민족은 본디

약 100년 전 남대문 밖의 시장이야. 시장에 나온 사람들이 대부분 흰옷을 입고 있어. 이때 조선에 온 외국 사람들이 남긴 기록을 보면 남녀 모두 옷 빛깔이 희다고 했어.

부터 하얀 것을 좋아했고 그것이 널리 퍼져서 흰옷을 좋아하게 된 거라고 보았어. 이에 따르면, 오랫동안 조상들이 입어온 옷이었기 때문에 다시 흰옷을 입는 풍습으로 돌아갔다는 이야기가 되지.

최근 주변에서 흰옷만을 입고 다니는 사람은 그다지 많지 않아. '과연 우리가 백의민족이었던가?' 주강현 선생은 이렇게 씁쓸해하면서 글을 마쳤어. 하지만 월드컵 때 우리나라를 온통 붉은빛으로 물들인 적 있지. 흰옷이든 붉은옷이든 계기만 되면 흔쾌히 하나가 된다는 것, 그게 우리 민족의 본질일지도 모르겠어.

신분에 따라 다른 옷 색

염색이 왜 필요했을까? 사람을 구별하기 위해서였어. 목욕탕에서 알몸만 가지고서는 그 사람이 어떤 일을 하는 사람인지 취향이 어떤지 알기 힘들어. 문화권에 따라 머리를 기른다거나 수염을 기른다거나 하는 식으로 구별이 가능해지지. 게다가 한복인지, 양복인지, 기모노인지 보면 한국인, 서양인, 일본인인지 바로 알게 되지.

갓

머리에 터번을 쓰고 있다면 누굴까? 아랍인. 또 얼굴부터 몸에 사리를 두르고 있는 여성은 누굴까? 인도의 힌두교도. 상투를 틀고 있는 사람은? 조선 사람. 이런 식이지.

조선 남자들이 했던 상투는 공자가 했던 머리 모양으로 조선의 선비들이 반드시 지켰던 헤어스타일이었어. "내 목은 자를 수 있으나 상투는 못 자른다."는 유학자 최익현의 말을 들어봤지? 상투 덕분에 조선 양반들은 갓과 같은 모자(관)가 발달했어.

흑립

이렇게 입은 옷 색깔과 의복으로 신분을 구별했어. 신라 때 법흥왕은 관직에 따라 입는 옷의 색을 정했어. 이후 신라는 또 가장 높은 관직부터 낮은 관직까지 차례대로 보라색, 분홍색, 푸른색, 노란색 옷을 입도록 했어. 또 옷에 물들인 21가지 색깔로 군간의 신분을 정했어. 이런 방식은 조선 시대 말까지 이어진 특징이야. 특히 조선 시대에 유교가 정착되면서 신분에 따라 의복이 특히 철저해졌어. 그중에서도 머리에 쓰는 관이 무척 발달했어. 양반의 경우에는 집에 있을 때도 관을 쓰고 도포를 입어 품위를 지켰어. 또 외출할 때에는 검은 모자를 썼어.

정자관

사방관

탕건

반면에 평민 계급에서는 바지, 저고리가 고작이었어. 나라에서 사치스러운 옷을 못 입게 하여 비단이나 염색한 옷을 입지 못했어. 단 한 번 혼례 치를 때에는 벼슬아치가 입는 화려한 옷과 모자의 착용, 즉 사모관대가 허용됐어. 그들은 멀리 갈 때에는 밀짚모자 비슷한 대나무로 만든 패랭이라는 모자를 썼어. 여자들도 옷이나 모자가 신분에 따라 매우 다양하고 복잡했어. 여성들도 평민들은 치마와 저고리가 고작이었지.

패랭이

망건

선비들의 관

비밀노트

옛날 사람은 자연을 어떻게 분류했을까

이 책의 처음 주제가 무엇이었는지 기억나니? 옛 아이들이 자연 공부를 했냐는 거였잖아. 마지막은 그동안 살펴본 자연 전체에 대해 옛 사람이 어떻게 생각했나를 보자. 분류를 어떻게 했는지 보면 알 수 있어. 분류학을 알면 뭐가 좋으냐고? 자연을 질서정연하게 이해하게 되지.

> **分類學**
> 나눌 분 / 무리 류 / 배울 학
> 과학 분야에서의 분류에 관한 원칙과 분류의 방법 따위를 연구하는 학문이야. 생물학의 기초를 이루지.

자연을 알아내는 키워드, 분류

나하고 스무고개 놀이 해 볼래? 자, 지금 하나 생각했다. 내가 무얼 떠올렸는지 맞춰 봐.
"생물인가요, 무생물인가요?" 생물.
"물에 사는 건가요? 아닌가요?" 땅에 살지.
"집에 사나요, 집 밖에 사나요?" 집에도 있고, 바깥에도 있지.
"작은가요, 큰가요?" 작지.

오늘날의 분류

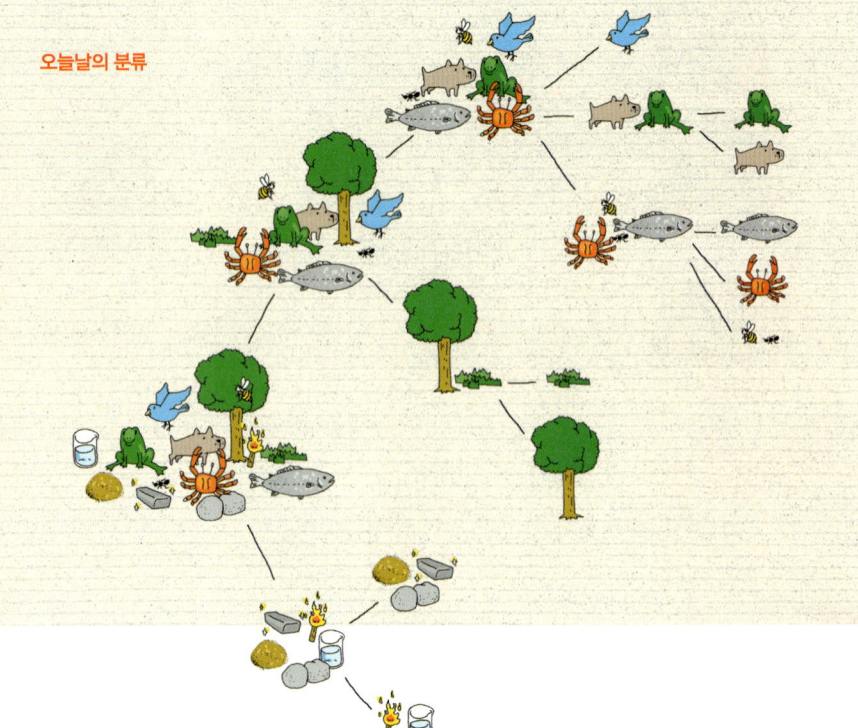

"곤충인가요, 아닌가요?" 곤충 비슷하기는 하지만 곤충은 아니야.
"다리가 많은가요? 적은가요?" 다리가 꽤 많아.

이쯤 되면 질문 여섯 번에 답의 윤곽이 거의 드러나게 돼. 운이 좋으면 내가 생각한 '지네'를 맞추게 되겠지.

네가 던진 질문들을 봐. 답을 찾아내기 위한 질문이 다 어떤 '유형'과 관련되어 있다는 걸 알게 될 거야. 바로 그게 자연을 '분류'하는 시작이라고 할 수 있지. 이렇게 풀과 나무, 채소와 과수, 짐승과 날짐승, 파충류와 양서류, 곤충과 미물을 비롯해 각종 광물, 심지어는 해·달·별 등 우주의 모든 것들의 정체를 파악해 나가게 될 거야. 좀 더 구체적인 분류 사례를 들어보자. '풀'을 생각했다고 하자. 그러면 질문이 '주변에서 볼 수 있냐 없냐', '먹을 수 있는 거냐 아니냐', '약으로 쓰는 거냐 아니냐' 이런 것들이 중요한 기준이 되겠지.

우리가 반구대 바위그림에서 봤듯, 사람은 자신에게 다른 생물이나 무생물이 얼마만큼 쓸모가 있는지 아닌지, 얼마나 위협적인가 아닌가, 이런 관심에 따라 자연을 알아나갔다고 볼 수 있어. 또 수많은 생물과 무생물을 알아나가면서 그걸 담는 틀, 즉 분류의 틀을 더욱 엄밀하게 확립해 나갔지. 이런 과정을 통해 자연 분류학이 발달하게 된 거야.

우리 역사에서도 이런 분류학의 발달 과정이 있었어. 옛 사람의 자연에 대한 지식이 가장 풍부한 곳은 약물학 분야야. 동아시아 지역에서는 2000여 년 전 무렵부터 병을 고치기 위한 약들을 찾아 나섰지. 그게 갈수록 풍부해지면서 웬만한 식물과 동물, 광물이 모두 병 고치는 약이 된다는 사실을 알게 되었지. 약 가운데 풀의 종류가 가장 많아서, 흔히 그걸 '풀뿌리'를 뜻하는 '본초'를 따서 본초학이라고 했어. 자, 그럼 이제부터 우리나라에서 자연의 생명에 대한 인식이 어떻게 풍부해졌는지 살펴보도록 하자.

本草學
근본 본 / 풀 초 / 배울 학
한의학에서 약재를 다루는 학문을 말해. 약재 중에 식물이 가장 많아서 풀 초(草) 자를 써서 본초학이라고 했지.

자연 분류학의 시작

단군 이야기에서부터 마늘이나 쑥 같은 풀이름이 나오니까 우리나라 본초학의 역사는 고조선 건국과 함께 시작한다고 말할 수 있겠지. 하지만 본격적인 약재 이름은 고조선 후기부터 보여. 고대 중국의 본초 책 《신농본초경》에서는 토사자란 풀이 조선에서 나는 약이라고 했어. 중국에서는 수천 년 전 전설의 인물인 신농 황제가 본초에 대한 학문을 처음으로 만들었다고 알려져 있어. 신농은 온갖 약초를 직접 맛을 봐서 약으로 쓸 것, 좋은 약, 나쁜 약, 또 병의 증상에 맞는 약들을 골라냈다고 해.

이후 《신농본초경》을 자세히 설명하거나 새로 약물을 추가한 책들이 나왔어. 그 중 6세기경에 활동한 도홍경이 쓴 《신농본초경집주》와 《명의별록》은 우리나라의 약재를 실었기 때문에 기억해야 할 책이야. 집주란 설명을 모았다는 뜻이고, 명의는 유명한 의사, 별록은 부록으로 덧붙였다는 뜻이야. 고조선의 본초도 《명의별록》에 적혀 있어. 뿐만 아니야. 인삼, 오미자를 비롯한 10여 종의 우리나라에서 나는 약재를 적어 놓았어.

《신농본초경》에 실린 약물의 수는 365종이야. 우리 눈으로 보면, 365종 가운데 식물이 252종, 동물이 67종, 광물이 46종이야. 근데, 이 책은 동물, 식물, 광물 식으로 약을 구분하지 않았어. 상품 약, 중품 약, 하품 약의 구분을 가장 중요하게 생각했어.

반구대 바위그림에서는 무얼 가장 중요하게 여겼지?
"고래와 사슴이요!" 그래, 사냥감의 순서가 기준이었지.

이처럼 관심이 뭐냐에 따라 자연의 생물을 분류한 거야. 상품 약은 수명을 늘여주고 신체를 건강하게 해 주는 약이야. 독성이 거의 없는 약들이지. 중품 약은 몸을 보해주기도 하지만 병을 공격해서 치료하는 약이야. 독성이 있는 것도 있고, 없는 것도 있어. 하품 약은 몸을 보해주는 약이 아니라 질병을 공격하는 약들이야. 독성이 많아서 오랫동안 복용하면 안 되는 약들이야. 이런 분류를 '3품 분류'라고 해. 질병보다는 예방, 예방보다는 건강을 중요하게 여기는 정신이 담겨 있어. 자, 그러면 퀴즈 3개를 풀어보고 넘어가도록 하자.
인삼은 상, 중, 하 가운데 어디에 속할까?
"상." 맞았어. 오로지 몸을 좋게 해 주는 약으로 봤기 때문이야. 다음 퀴즈, 사슴뿔인 녹용은 어디에 속할까?

신농 《신농본초경》은 고대 중국이나 한국에서 가장 중요한 본초학, 곧 자연과목 책이었어. 그건 이후에도 영향력이 줄지 않았고, 심지어는 지금까지도 계속되고 있어. 그렇지만 각종 약을 모은 중국의 책인 《신농본초경》은 기원전 전후 무렵에 써진 거로 추정돼. 또 한 사람이 지은 게 아니라 오랜 기간에 걸쳐 많은 사람의 경험과 지혜를 모은 거라고 해. 책의 위엄을 높이려고 전설의 신농씨 이름을 쓴 거야. 《신농본초경》에 365종의 약물이 실려 있다고 했지? 왜 한 해의 날짜와 같은 365종을 실었을까? 땅에서 나는 약재가 하늘의 운행을 고스란히 본받았다고 생각했기 때문에 그런 거야.

"이것도 상." 아니야. 이건 중이야. 몸을 보해주기도 하지만 병을 공격하는 기능도 있기 때문이야. 마지막 문제야. 그럼, 지네는 어디에 속할까?
"하. 왠지 무시무시하잖아요." 찍었는데 맞았구나.
"근데, 지네도 약으로 썼어요?" 지네는 허리 아픈 병을 낫게 하는 특효약으로 알려져 있어.
《신농본초경》의 상·중·하품 약을 보자.

상: 인삼, 감초, 지황, 사향, 우황, 자라 껍질, 운모, 종유석 등 120종
중: 칡뿌리, 녹용, 물소 뿔, 유황, 수은, 석고 등 120종
하: 부자, 반하 같은 뜨거운 성질이 매우 큰 약, 뱀허물, 거머리, 지네, 납 등 125종

근데 상·중·하 분류가 좀 부족한 것 같지 않니?
"분류가 좀 이상해요. 상, 중, 하마다 동물, 식물, 광물이 마구 섞여 있어요." 그래, 잘 봤어. 또 그 안에서 풀과 나무, 또 벌레와 돌이 구별되지 않아. 그건 이 책을 만든 사람의 기준과 우리의 기준이 다르기 때문에 생긴 거야. 옛 사람은 '쓸모'를 1차적인 기준으로 삼고, 그 아래에 광물, 식물, 동물 들을 분류한 거지.

우리나라 자연 분류의 시작

우리나라 책 가운데, 약초가 모여 있는 책은 13세기가 되어서야 나타나. 꽤 늦은 편이라 할 수 있지. 《향약구급방》이란 책이 그거야.
자, 그럼 《향약구급방》에는 어떤 약들이 있는지 볼까? 이 책에는 180여 종의 국산 약초가 실려 있어. 게다가 우리나라에서 부르던 이름까지 적어놨어. 한글은 거의 200년 후인 세종 때 만들어졌는데, 어떻게 그걸 아냐고? 우리말을 한자로 표기하는 방법, 설총이 만든 이두가 있었잖아? 그 이두로 썼어. 180종의 본초 가운데 식물성이 가장 많아 147개이고, 동물성 26개, 광물성이 7개야.

식물성: 율무, 도꼬마리, 칡뿌리, 붓꽃, 개나리꽃, 말(바다의 수초), 도라지, 잇꽃, 닥, 물푸레나무 껍질, 마늘, 보리, 메밀, 찹쌀, 쇠비름, 박 등

《향약구급방》
향약이란 국산 약이란 뜻이야. 중국 약을 당약(당나라 약)이라 부르면서 우리를 시골 약, 곧 향약(鄕藥)이라 한 거지. 이를 보면, 당나라 때 중국과 삼국의 약재 교류가 활발해지고, 또 국산 약에 대한 연구가 진행되면서 당약, 향약이란 구분이 만들어졌음을 짐작할 수 있어. 구급방이란 구급 상황에 쓰는 처방이란 뜻이야. 이 책은 13세기 초 몽골이 쳐들어와서 최우가 이끄는 고려 조정이 강화도에 피난 갔을 때 펴낸 책이야.

동물성: 굴, 조개, 두꺼비, 거머리, 지네, 거미, 산양의 뿔, 새똥, 가마우지, 닭의 볏 등
광물성: 곱돌(요즘 삼겹살구이 불판으로 많이 쓰는 돌) 등

앞서 본 《신농본초경》에는 365개의 약초가 실려 있었잖아. 그중 대략 절반 정도가 여기에 적혀 있다고 생각하면 돼. 또 《신농본초경》의 분류와 같이 상등 약, 중등 약, 하등 약으로 나눴어.

"고려 때도 많은 풀, 나무, 동물, 광물의 토속 이름이 지금과 똑같았네요." 요즘에도 쓰고 있는 이름들이지. 147개 중 107종의 약재에 토속 이름이 있었어. 이게 뭘 뜻할까? 우리 민간에서도 이런 풀, 나무, 동물, 광물에 대해 고유한 지식이 있었음을 뜻해. 중국의 약 이름이 들어왔어도 그 이름으로 동화되지 않은 것들이야. 그러니까 토속 이름이 없는 건 대체로 삼국 시대 이후에 들어온 외래종인 셈이지. 토속 이름이 있는 건 훨씬 이전부터 우리 땅에서 자라고 우리나라 사람들이 잘 알고 있던 거라 할 수 있어.

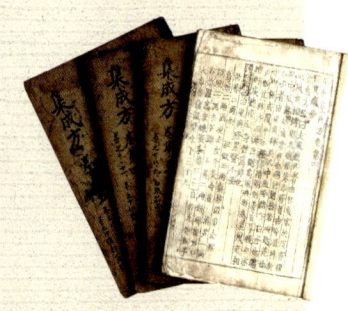

세종 임금 때에 약재를 종합한 책 《향약집성방》

한자 이름이 그대로 쓰인 게 40종 나와. 한자 이름에 우리가 잘 아는 인삼, 국화, 대추, 호두가 있어. 국화는 삼국 시대에 들어왔고, 대추와 호두는 고려 시대에 들어왔을 거라고 추측하고 있어.

이후 국산 약재에 대한 관심이 높아지고 연구가 진행되어 세종 때에 이르러 전국에 걸쳐 국산 약재에 대한 지식을 총망라하게 돼. 1433년 세종 임금 때 나온 《향약집성방》이 그거야. 이 책은 노중례·유효통·박윤덕 이 세 사람이 엮었어. 이 책에는 약물의 수가 무려 517종이나 등장해. 《향약구급방》 때보다 337종이 늘어 거의 세 배가 됐네. 이 517종 모두 토속 이름이 적혀 있어. 근데, 이 토속 이름이 한글로 되어 있었을까, 아닐까?

"세종 임금 때 한글이 창제됐으니까 당연히 한글로 되어 있겠지요." 안타깝지만 틀렸구나. 한글 창제는 1446년인데 《향약집성방》(1433년)은 훈민정음 창제보다 13년 앞서 만들어졌어. 그래서 《향약집성방》에는 이전처럼 이두로 썼지. 약 이름을 한글로 모두 기록한 건 그 유명한 《동의보감》에서였어.

《동의보감》의 분류

《향약집성방》보다 꼭 180년 후인 1613년에 나온 허준의 《동의보감》은 우리나라 자연 분류책의 으뜸이라고 해도 지나치지 않을 정도로 훌륭한 책이야. 《동의보감》에 나오는 약재 수는 1400개에 가까워. 이 가운데 국산 약이 대부분이고, 수입 약이 100개쯤이야. 국산 약만 봐도 《향약집성방》의 500여 개보다 900여 개가 늘어났어. 두 배가 넘는 분량이지. 자연 세계에 대한 지식이 엄청 늘어난 거야. 여기에는 우리나라에서 볼 수 있는 풀이며, 나무, 짐승과 곤충, 물고기, 채소와 돌 등이 모두 포함되어 있어. 또 외국의 귀한 풀뿌리, 나무껍질과 열매, 짐승과 벌레 등이 다 담겨 있어.

이 책에서 중국 약이 100여 개밖에 안 된다는 건 굉장한 거야. 우리나라 풍토에서 나지 않는 동물, 식물, 광물 일부를 제외하고는 모두 국산 약으로 대체했다는 걸 뜻하기 때문이지. 동물성 약재 400여 개 가운데 수입 약은 10개를 넘지 않아. 식물성 약재 700여 개 가운데에서 70개 남짓, 광물성 100여 개 가운데 30개 정도가 수입 약이었어. 또한 국산 약은 한글로 표기되었기 때문에 이두로 읽을 때보다 더욱 정확하게 읽는 게 가능해졌어. 이를테면 "새벽에 처음 기른 우물물", "닭의 알 누른자위", "가장 큰 사슴의 뿔"이라고 썼는데, 의사가 아니라도 누구나 이를 알아볼 수 있잖아.

《동의보감》의 순서를 보면, 우선 물 부분, 흙 부분, 곡식 부분을 앞에 두었어. 허준은 그 이유를 다음과 같이 밝혔어.

"물이 만물의 근본이기 때문에 가장 먼저 두고, 땅이 만물을 기르므로 그다음이 되며, 땅에서 인간을 기르는 곡식이 나오므로 곡식을 그다음으로 두었다."

이런 순서를 보면, 자연이 생겨난 이치를 중시하며 자연을 분류한 허준의 생각을 읽을 수 있어. 물, 흙, 곡식 다음에 허준은 생명이 있는 것 가운데 고등한 것에서 그렇지 않은 것으로 순서를 배치했어. 고등한 것 가운데 동물을 어떤 순서로 두었는지 한번 볼까?

동물: 사람 → 하늘에 사는 날짐승 → 땅에 사는 들짐승 → 물에 사는 물고기 → 벌레.

마지막으로 생명이 없는 것들은 광물의 귀한 정도에 따라 '옥-돌-쇠붙이' 순으로 배열했어.

이런 허준의 자연 분류는 대체로 무생물과 생물을 가르고, 생물을 동물, 곤충, 식물 등으로 분류하는 오늘날의 분류학과 매우 비슷해. 하지만 물, 흙, 곡식을 따로 떼어내어 앞에 둔 건 오늘날의 자연 분류 기준과 크게 다른 부분이야. 하늘과 땅, 물, 곡식, 인간의 긴밀한 연결을 중시한 옛 자연에 대한 태도 때문이지.

국어사전《물명고》의 분류
그럼, 마지막으로 하나만 더 보도록 하자. 조선 후기에 들어서서 이런 분류에 적지 않은 변화가 있었어. 19세기 초반에 활동했던 유희의《물명고》라는 책을 통해 그걸 알 수 있어. 이 책은 사물에 이름을 붙인 일종의 국어사전이야. 이 책은 천지 만물 온 세상을 먼저 크게 감정이 있는 것과 그렇지 않은 것, 움직이지 않는 것과 움직이는 것, 이 넷으로 구분했어. 감정이 있는 것에는 날짐승, 뭍짐승, 물에 사는 짐승, 곤충으로 나눴어. 네들이 관심을 가지는 곤충이란 말이 나와 있어. 여기서의 곤충은 지금과 거의 똑같은 뜻이야.
뭍짐승은 털 짐승과 털 없는 짐승으로 다시 나눴어. 또 물에 사는 것도 비늘 있는 것과 껍데기를 쓰고 있는 것으로 다시 나눴어.
생물이지만 감정이 없는 것에 풀과 나무를 넣은 점은 똑같아. 곡식이나 채소를 따로 구분하지 않았어. 움직이지 않는 것으로는 흙, 돌, 쇠붙이 등 광물 따위가 있었어. 멈춰 있지 않는 것으로는 물과 함께 불이 분류되었어.

《물명고》의 분류 체계

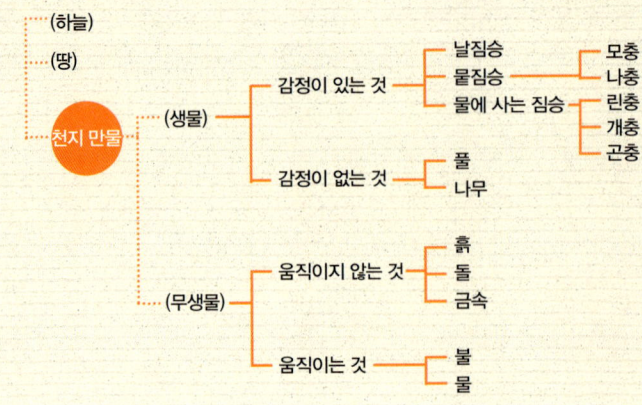

이런 분류에 따라 우주, 자연과 인간에 관한 온갖 말들이 다 분류되었어. 지금까지 읽었던 그 모든 것들이 이런 분류에 들어가는 거야.

오늘날의 분류가 옛 분류보다 더 합리적인 것은 틀림이 없어. 하지만 현대적 분류법이 꼭 절대적인 것만은 아니야. 문화권마다 중요하게 보는 시각으로 자연을 분류했으니까. 또 그것이 자신만의 이상한 분류로 끝나는 건 아니야. 자연은 늘 객관적으로 존재하는 것이니까. 이처럼 객관적 자연과 문화권의 자연 인식에 따라 분류가 결정되었던 거야.

▼
- 옷에 관한 내용은 한국 과학사에서 잘 다루지 않은 주제야. 의식주란 말이 있듯이 매우 중요하기 때문에 이 책에서는 이렇게 옷의 역사를 따로 다뤘어.
- 우리나라 고대에 옷 만드는 기술은《조선 기술 발전사》를 많이 참조했어. 또《브리태니커백과사전》, 정신문화연구원에서 펴낸《한국문화대백과사전》의 여러 항목을 활용했어.
- 한국의 옛 자연 분류 전반을 훑은 건 어른 책을 포함해서도 이 책이 처음이란 생각이 들어.
- 자연 분류의 전반적인 내용은 이덕봉 선생의《한국 생물학사》란 책을 많이 참고했어. 또 이성우 선생의《한국 식품 문화사》,《한국식경대전》이란 책, 나와 여인석·김남일 선생이 함께 정리한《한 권으로 읽는 동의보감》도 참고했어.
- 《물명고》의 분류 체계는《한국어의미학》에 실린 최경봉 선생의 '온톨로지와 어휘론적 의의' 논문을 참고했어.

2부 呂

2000년 우리 의학의 역사

　최근 옛 가야 지방에서 머리에 구멍이 뚫린 사람 뼈가 발견되었어. 우리나라에서는 이전에는 전혀 발견되지 않았다가 이번에 발견된 거야. 이렇게 구멍이 뚫린 해골은 세계 여러 지역에서 발견되고 있어.

　왜 머리뼈에 구멍을 뚫었을까? 아마 이 사람은 두통이 엄청 심한 환자였을 거야. 머리가 쪼개지는 것처럼 아픈 통증을 없애기 위해 머리를 뚫었을 거야. 아니면 정신이 오락가락하는 사람이었을지도 몰라. 머리에 구멍을 뚫는 것은 치료법이었어. 이런 의술을 "뚫을 천穿, 구멍 공孔"이라는 한자를 써서 천공술이라고 해.

　가야에서 발견된 해골로 무얼 알 수 있을까? 세계 다른 지역에서 살았던 사람들과 가야 사람들이 똑같은 병을 앓았고, 똑같은 치료법을 썼다는 것을 알 수 있지. 병이 있고, 병을 고치려는 노력이 있었다는 건 바로 '의술'의 시작을 뜻해.

　집에서 강아지나 고양이 키우거든 유심히 관찰해 봐. 그 녀석들도 아플 때가 있지? 강아지가 뭔가 잘못 먹어 배앓이가 심하면 깨갱거리며 묽은 똥을 싸고 나면 약을 안 먹여도 괜찮아지기도 하지. 몸이 본능에 따라 잘못을 바로잡기 때문이야. 또 고양이는 발에 상처가 나면 혀로 부지런히 상처를 핥지. 이런 것은 원시 형태의 의술이라고 봐도 될 거야.

사람은 동물보다 훨씬 다양하고 복잡한 방법을 쓸 수 있어. 뛰어난 지능, 손이라는 훌륭한 도구, 언어라는 의사소통 수단이 있기 때문이지. 인간이 생물이기 때문에 몸이 아픈 것은 피할 수 없어서 그걸 고치려는 방법을 발달시켰어. '의학'이 그거야.

의학에 들어 있는 '醫(의)' 자는 의학의 기원을 담고 있어. 한자를 들여다보렴. 화살촉[矢], 그것을 담고 있는 상자[口], 창[殳]이 위에 있고, 아래에 술[酉]이 들어가 있어. 이게 무얼 뜻할까? 너희들도 쉽게 짐작할 거야.

"화살촉과 창 같은 것을 가지고 쑤시고, 짜내며, 술 같은 약물을 써서 병을 고친다는 뜻 아닐까요?" 맞아. 학자들도 그렇게 생각하고 있어. '醫'라는 한 글자에 불과한데, 내과와 외과를 모두 포함하고 있어. 한마디로 말하면 의사 선생님 왕진 가방에 들어가는 게 바로 이런 것들이지.

근데, 먼 옛날 글자를 보면, '醫' 자 대신에 요렇게 생긴 '毉(이)' 자를 썼어. 글자 아래에 술[酉] 대신에 무당을 뜻하는 무(巫) 자가 들어 있는 거야. 둘 사이에 어떤 차이가 있을까?

"아하, 알겠다! 의사가 없던 때에는 무당이 의사 대신에 병을 치료했기 때문에 그런 거죠?" 그래, 맞았어. 무당은 주로 굿을 해서 병을 고치려고 했지. 그러던 가운데 약이나 침 따위를 써서 병을 고치려는 방법을 찾게 되었어. 덩달아 인체에 대한 지식도 쌓이게 되고. 그러면서 병과 몸에 대한 학문인 의학이 생겨나게 된 거야. 지금은 한의학이라고 하는 것이지.

동아시아의 의학인 한의학은 1권에서 살펴본 하늘의 과학, 땅의 과학과 함께 가장 중요한 세 가지 과학 중 하나를 차지했어. 우리나라도 2000년이 넘는 의학의 역사를 가지고 있어. 자, 이제부터 우리나라 전통 의학의 역사에 대해 알아보러 떠나자.

1 우리나라에서 의학은 언제 시작했을까

"인생은 짧고 예술은 길다."고 한 사람이 누구지?

"히포크라테스." 정확하지는 않지만 히포크라테스가 말한 거로 알려져 있어. 근데 여기서 예술은 음악, 미술이 아니라 학문, 의학 기술을 뜻해. 사람은 한 번 죽으면 그만이지만, 병을 고치는 기술과 학문은 계속 이어져 오래간다는 뜻이야.

그럼 히포크라테스는 어느 나라 사람일까?

"그리스요." 그래, 잘 아는구나.

고대 의학

서양의 의학 문명을 시작할 때 히포크라테스를 가장 중요하게 여겨. 고대 이집트의 파피루스에는 히포크라테스보다 무려 1500년 앞선 기원전

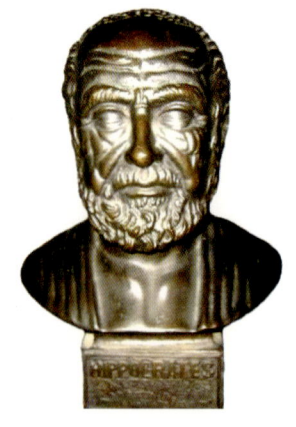

히포크라테스 기원전 460년경에 태어나서 기원전 377년 무렵에 죽었다고 알려져 있어. 그의 이름이 붙은 히포크라테스 의학 전집이 유명하지. 이 책은 히포크라테스가 다 지은 게 아니라 제자들과 그의 학문을 따르는 후대 사람의 책을 집대성한 것이야.

2000년 무렵에 병을 고쳤다는 기록이 실려 있어. 바빌로니아 문명에서도 기원전 20세기부터 기원전 15세기까지 병을 치료한 기록이 남아 있어. 그런데도 서양에서 히포크라테스를 중시하는 건 두 가지 이유 때문이야.

첫째는 병의 원인을 흙, 물, 불, 바람 등 자연적 요인으로 설명했다는 거야. 예전에는 병이 신의 벌이나 귀신 소행 등 초자연적인 원인이 일으켜 생기는 거라고 믿었거든.

둘째는 병이 생겨 몸에 이상이 생기는 현상이나 치료하는 법을 조리 있게 설명했다는 점이야. 이후 그리스 의학은 흙, 물, 불, 바람이라는 4대 자연 현상에 대응하여 몸 안의 피, 점액, 황담즙, 흑담즙이라는 4개의 체액 사이에 불균형이 생겨서 병을 일으킨다고 보았어.

그리스와 비슷한 시기인 기원전 700~기원전 200년 무렵, 인도에서도 의학이 발달했어. 인도 문명을 아유르베다 의학, 즉 '생명의 학문'이라고 했지. 여기에는 초자연적인 것과 자연적인 것이 섞여 있었어. 그리스보다 앞서서 자연의 원소와 몸의 체액이 불균형하게 되면 병이 된다고 보았어. 자연 원소는 그리스 의학에서 말하는 4대 원소 이외에 하늘이라는 요인이 하나 더 들어가 있고, 몸의 체액은 넷 중 하나가 줄어 기, 담즙, 점액 등 셋으로 봤어. 이런 자연적인 것과 함께 악마가 씌운 병 또는 불교에서 말하는 윤회에 따르는 병 등 초자연적인 현상도 병의 원인으로 보았지. 참, 고대 인도 의학에서는 외과 수술이 아주 발달했어. 외과 수술 도구가 무려 101가지나 됐거든. 귀나 코를 성형하는 수술도 꽤 높은 평판을 받았지.

고대 중국에서도 비슷한 시기에 꽤 발달한 의학이 출현했어. 병의 원인과 치료법, 이 두 측면에서 초자연적인 것을 거부하고 자연적인 설명을 내놓았지. 대략 기원전 3세기부터 기원후 2세기쯤까지 그런 의학 체계가 완전한 틀이 잡힌 것으로 추정돼. 그걸 알 수 있는 가장 대표적인 책이 《황제내경》이야. 황

제는 중국 의학의 창시자로 알려진 전설의 인물이지. 책의 권위를 높이려 그 이름을 빌려와서 책 이름에 쓴 거야. 고대 중국 의학에서는 병의 원인과 몸의 작용을 기, 음양, 오행(목·화·토·금·수의 기운)의 개념으로 파악했어. 이후 이에 따라 병을 진단하는 법, 침을 놓는 법, 약을 쓰는 법을 계속 발전시켰지. 이는 오늘날 한의학에도 계속 이어져 오고 있어.

우리나라 의학의 시작

우리나라 고대 의학은 고대 그리스, 인도, 중국에서처럼 독자적인 의학 문명을 만들 정도는 아니었어. 주로 중국 고대 의학과의 관계 속에서 발전해 왔어.

우리 고인돌에 새겨진 별자리 본 적이 있지? 그때 우리는 고조선 시대에 천문학이 어떻게 시작했는지 추측할 수 있었잖아. 근데, 의학의 경우에는 그런 유물이 보이지 않아. 중국에서는 옛 무덤에서 침이나 약 같은 게 발견되었지. 우리나라에서도 침은 많은 곳에서 발견되었어. 함경도 경흥 지역에서도 돌로 만든 침과 뼈로 만든 침이 발견되었지. 하지만 이 침이 바느질할 때만 쓴 것인지, 병 고칠 때도 쓴 것인지는 확실하지 않아. 중국의 옛 책을 보면 침술이 동쪽에서 등장했다고 했는데, 그 동쪽을 넓게 잡으면 옛날 우리 선조들이 살던 곳까지 포함하게 되지. 그렇다고 해서 우리나라에서 침술이 만들어졌다고 바로 단정지어 말하기는 어려워. 다만 우리 옛 선조가 동아시아 한의학의 탄생과 완전히 무관한 존재가 아니었을 거라는 생각의 여지만 남겨두도록 하자.

약초의 경우에도 비슷한 상황을 생각해 볼 수 있어. 중국의 옛 약물학 책인 《신농본초경》에는 조선이 산지인 약초가 나와. 여기서 조선은 고조선을 말해. 고조선과 삼국에서 나는 약재 9종이 실려 있어. 그 가운데 고조선의 약재로는 토사자, 단웅계라는 약이 나와. '토사자는 고조선의 밭과 들에서 난다'고 나와 있어. 또 백제와 고구려에서 나는 약으로는 인삼, 세신, 오미자 등이 실려 있어. 중국의 《명의별록》에서 '요즘 가장 좋은 오미자는 고구려 것이며 살이 많고 시며 달다'고 했지. 이렇게 우리나라에서도 한의학 전반을 아우르는 약물학 지식이 있었음을 추정할 수 있어.

침 놓기 의원이 환자에게 침을 놓고 있어. 조선 시대 후기의 그림이야.

약초를 캐는 신농 중국의 《신농본초경》이 언제 지어졌는지는 모르지만, 2000년 전쯤이라고 추정하고 있어. 중국에서는 황제인 신농이 약을 알아내 인간에게 도움을 주었다고 보았어. 그래서 신농본초경, 즉 신농의 약물 경전이란 제목을 붙인 거야.

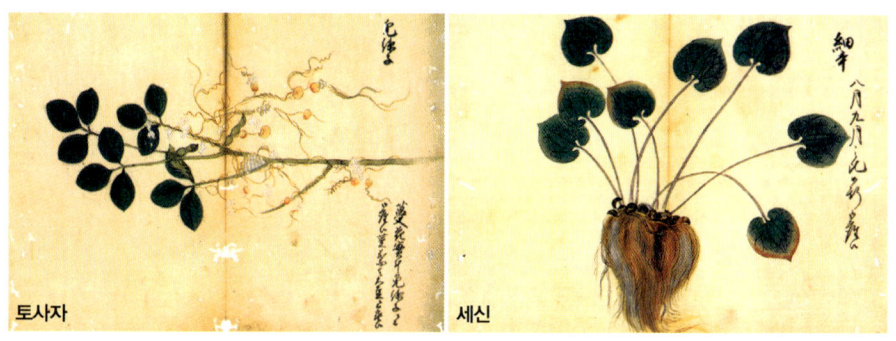
토사자 / 세신

사실 이 시기는 중국을 중심으로 해서 약물에 관한 학문이 무르익고 있었고, 또 이웃 나라들이 약재에 관한 정보를 넓혀가던 때야. 약물학뿐만 아니야. 침술, 병의 진단, 외과 치료를 비롯해서 인체와 병에 대한 이론과 지식이 넓혀졌지.

우리나라에서 의사의 이름이 역사 기록에 처음 나오는 건 414년 때의 일이야. 신라에 '김무'라는 뛰어난 의사가 있어서 일본의 윤공 천황이 앓던 고질병을 고쳤다고 해. 일본에 초빙되어 가서 병을 고쳤다고 하니 실력이 뛰어났음을 짐작하겠지. 또 김무와 비슷한 시대에 신라에 '진명'이라는 의사가 있었는데, 그는 윤공 천황 왕후의 인후병을 고쳤다고 해. 이때의 처방은 일본의 《대동유취방》(808년)이라는 책에 아직까지 남아 있어. 초기 일본 천황의 역사에 대해서는 후대에 각색되었기 때문에 곧바로 받아들이지 않는 경향이 있어. 하지만 여러 기록을 종합해 보았을 때, 이 무렵 신라 의사가 일본에 파견되어 병을 고쳤던 건 분명해.

삼국 가운데 중국 문물 수입이 가장 더뎠던 것이 신라였어. 이러한 신라 의사들의 실력이 뛰어났다면, 고구려나 백제는 더욱 발달해 있었을 것으로 짐작할 수 있겠지? 일본 문헌을 통해서도 알 수 있어. 452년 일본은 백제에 훌륭한 의사를 보내달라고 요청해왔어. 재미있는 건 백제에서는 백제에 와서 활동하고 있던 고구려 의사인 덕래를 보낸 거야. 그 뒤 고구려 의사 덕래는 일본 난바(옛 오사카)에 정착하여 살면서 이름을 떨쳤어. 게다가 자자손손 의사를 배출하여 명성을 드높였지. 일본 사람들은 그들을 난바 약사라 부르며 존경했어. 이런 사실로 무엇을 짐작할 수 있겠니?

"고구려, 백제, 신라, 일본의 의학 교류가 매우 활발했던 것 같아요." 그랬지.

그럼, 천문학이나 다른 과학 기술 분야와 비교할 때 의학 분야의 교류 모습을 어떻게 판단할 수 있을까?

"아무래도 의학은 병을 고치는 것이니까, 급한 상황이 되면 더 직접 요청하고 그것을 들어주었던 것 같아요." 그래, 맞았어. 이런 사실 말고도 일본 의사가 우리나라에 파견되었다는 기록이 없는 걸로 보아서 그때의 의학 교류는

우리나라 최초의 의학 책들

삼국 시대의 의사들은 어떤 의학을 펼쳤을까? 또 그것은 얼마만큼 우리나라만의 특색이 있는 것일까? 이 문제는 한국 고대 의학의 역사를 연구한 모든 학자가 크게 관심을 가진 주제들이야. 학자들은 한국 고대 의학의 수준이 낮지 않았다는 것, 그리고 다른 나라들과 달리 독자적이었다는 것을 보여주고 싶어 하지. 근데 문제는 자료가 너무 적다는 거야. 삼국 시대 사람이 펴낸 의학 책은 현재 하나도 남아 있지 않아. 몇몇 책 이름과 거기에 실린 처방을 일본과 중국의 책에서 찾아냈을 뿐이야.

《고구려노사방》(고구려의 훌륭한 의사가 남긴 처방)의 처방 하나, 《백제신집방》(백제인이 새로 모은 처방집)의 처방 둘, 신라법사의 이름이 붙은 처방 넷, 신라 의사인 진명의 인후병 처방 하나 등 겨우 여덟 처방이 이 시기 의학 수준을 알려줄 기록의 거의 전부야. 하지만 이로써 삼국의 의학이 오로지 중국 것만을 추종하지 않았음을 알 수 있지.

이와 함께 분명하게 지적해야 할 사실이 있어. 우리나라만의 독자적인 의학 책을 편찬한 일은 고대 중국과 일본에 비해 빈약했다는 거야. 이는 단지 남아 있는 기록이 적기 때문만은 아니야. 그 이유는 뚜렷하지 않지만, 한국 고대 사회는 중국이나 일본보다 의학 책을 펴내는 데 높은 관심을 두지 않았던 것 같아.

한국에서 일본으로 흘러가며 이루어졌다고 볼 수 있어. 달리 말하면 가르쳐 주었다고 말해도 지나치지 않을걸. 이는 일본 학자들도 인정하는 부분이야.

우리나라 고대 의학의 발달

삼국에 의학이 어느 정도 궤도에 오른 것은 대략 4세기 전후로 추측할 수 있어. 중국에서 막 의학 체계가 확립한 직후부터 우리나라에서도 그것을 받아들여 본격적인 의학을 시작했던 거야. 그러면서 그 의학을 이웃 일본에 전해주는 구실을 했지. 의술을 펼치는 의원이 있었고, 그 가운데에는 의술로 명성을 날리는 인물도 있었어. 김무, 진명, 덕래 등 일본에 파견되어 이름을 남긴 의사들이 있잖아. 이들보다 뛰어난 의사들이 국내에 남아 있었을 거야. 가장 뛰어난 사람을 외국에 파견하지는 않잖아? 그들은 왕실과 귀족을 진료했을 텐데, 아쉽게도 이름이 전하지 않아.

우리나라는 삼국 시대에 들어 중국의 선진 의학을 배우기 위해 꽤 노력했

양나라에 간 백제 사신 오른쪽에서 두 번째 사람이 백제의 사신이야. 백제 때는 성왕이 양나라에 수준 높은 의사를 보내달라고 요청했어.

어. 이 시기에 중국 의학은 크게 발달하고 있었지.

우선 백제를 먼저 보도록 할까? 541년 백제의 성왕은 중국 양나라에 수준 높은 의사를 보내달라고 요청했고, 양나라 황제는 이 요청을 받아들여 의원을 보내 주었지.

고구려를 보면, 561년 중국 오나라의 지총이란 인물이 《내외전》, 《약서》, 《명당도》라는 의학 책 164권을 가지고 고구려를 거쳐서 일본에 귀화했어. 당시에는 요즘 같은 모양의 책이 아니라 비단 두루마리[권]를 썼으니까, 164개 두루마리를 가지고 온 것이지. 이 내용을 기록한 《일본서기》에서는 한의학 이론, 약물학, 침술을 아우르는 중국의 의학이 고구려를 거쳐서 일본에 정착되었다고 말하고 있어.

중요한 건, 의학 수준은 높은 곳에서 낮은 곳으로 흐른다는 거야. 지금도 선진 과학을 배우기 위해 미국이나 유럽에 유학가거나 훌륭한 학자를 초빙해 오지. 삼국은 일본보다 중국과 교류가 활발했기 때문에 훨씬 일찍, 더욱 광범위하게 중국의 앞선 의학 지식을 익혔다고 볼 수 있어. 만일 그런 가운데 뛰어난 의학자가 나온다면, 우리의 의학이 중국에도 퍼질 수 있는 것이지. 하지만 적어도 삼국 시대까지는 그런 현상은 보이지 않아. 마찬가지로 일본의 의학이 거꾸로 우리나라에 크게 기여하는 일도 보이지 않았어.

비밀노트

우리나라 최초의 의학교 —신라의 의학

의학의 시작에서 가장 중요한 건, 후예를 길러내는 거야. 중국에서 보내온 의사든 국내에서 공부한 의사든 어떤 방법으로든 자신의 후계자를 길러냈지. 아마도 일본에 파견된 의사인 덕래의 후손처럼 자자손손 집안 대대로 이어가며 의술을 잇기도 했을 거야. 그러나 나라의 기틀이 완비되고, 의료를 필요로 하는 사람이 많아지면 더욱 의학 학습을 체계화해야 하지. '제도화' 말이야. 나라의 기관에서 선생님이 제자를 길러내는 것을 제도로 만드는 거지.

553년 백제 성왕 때에는 의학 선생님을 뜻하는 '의박사(醫博士)'라는 관직이 있었어. 이 '박사'는 우리가 지금 쓰고 있는 박사와 똑같은 말이야. '박학한 선비'라는 뜻이지. 이 의박사는 중국 위나라의 제도를 본뜬 거야. 비록 이름은 남아 있지 않지만 고구려와 신라의 경우에도 비슷한 제도가 있었을 거야.

의학교가 만들어졌다면, 공식적인 제도화가 완비되었다고 말할 수 있을 거야. 고구려, 백제 의학교는 알려져 있지 않고, 통일 신라가 알려져 있어. '의학'이 그거야.

신라는 삼국 통일 후 나라의 제도들을 정비했는데, 효소왕 때(692년) 의학교인 의학을 설치했어. 박사가 두 명이 있어 학생들을 가르쳤다고 해. 나중의 제도로 미루어 짐작해 보면, 아마도 박사 한 명은 약물 중심의 내과학을 가르치고 다른 한 명은 침술 중심의 외과학을 가르쳤을 거야. 학생 수는 기록이 남아 있지 않는데, 당시 당나라와 일본의 경우를 참고하면 학생의 나이는 대략 15세쯤

이었고, 학생 수는 20명 정도였을 거라고 추측해.

의학에서 공부한 과목은 《본초경》, 《갑을경》, 《소문경》, 《침경》, 《맥경》, 《명당경》, 《난경》 등이었어.

학생들은 《소문경》, 《침경》을 통해 기초 의학을 공부했지. 우주 자연과 인간의 관

계, 장수하기 위한 심신 건강법, 신체의 구조와 기능, 병이 생기는 까닭과 치료 원칙, 병을 진단하는 방법, 침술의 원리와 시술법 등을 배웠지. 이 두 책에 실린 의학 이론 중 이해하기 어려운 부분은 그것을 해명한 책인 《난경》을 통해 더욱 자세히 깨쳤어.

그리고 더 수준 높은 의술에 대해서는 진맥학은 《맥경》, 침구술은 《갑을경》과 《명당경》, 약물학은 《본초경》에서 배웠지. 이런 과목을 다 깨우치고 나면 의술을 펼칠 기본 실력을 갖추게 되지.

이게 전부였을까? 지금도 의과 대학을 마친 후 임상 교육을 받듯이, 이런 기본 교육을 마친 후에도 실제 환자를 보는 임상 실력을 더 쌓아야 했어. 같은 의학 제도를 채택했던 당나라와 일본의 기록을 보면, '의학'을 졸업한 사람은 내과 의사인 경우에는 7년, 외과 의사나 소아과 의사는 5년을 더 공부하도록 되어 있었어. 예나 지금이나 의사가 되는 건 쉽지 않아. 왜냐하면 생명을 다루는 학문이기 때문이야.

▼
■ 세계의 의학 문명에 대한 것은 아커크네히트의 《세계 의학의 역사》라는 책을 참고했어.
■ 한국 의학의 기원에 대해서는 내 글 "한국 의학은 중국 의학의 아류인가"(《호열자, 조선을 습격하다 - 몸과 의학의 한국사》와 이현숙 선생의 박사 논문인 《신라 의학사 연구》를 주로 참조했어.

2 우리나라 사람의 병엔 마땅히 '향약'을 써야

얘들아, 신토불이란 말 들어봤지.

"우리 것이 좋은 것이여~, 그 말이지요?" 거의 맞기는 한데 100퍼센트 정확한 말은 아니야. 한자말을 풀어보면 '몸 신身', '흙 토土', '아닐 불不', '두 이二'. 그러니까 몸과 토양이 둘이 아니라는 뜻이지.

병이 있는 곳에 약도 있다

신토불이가 뜻하는 걸 더욱 정확히 알려면 옛 책을 뒤져야겠지. 음, 세종 임금 때 나온 《향약집성방》에 이런 말이 있구나.

오직 민간의 나이 많은 노인이 한 가지 약초로서 한 가지 병을 치료하여 신통한 효험을 본다. 이는 토지의 성질에 알맞은 약초와 병이 서로 맞아서 그런 것이 아니겠는가?

이걸 보면, "토지의 성질에 알맞은 약초와 병이 서로 맞는다."는 말이 신토불이의 원래 뜻이라는 걸 알 수 있어. 정확히 말하면 '약초와 병든 신체가 둘이 아닌 셈'이란 뜻으로 '약신불이(藥身不二)'라고 할 수 있지.

약과 병이 둘이 아니라니 이해하기 어렵지? 그걸 알려면 만물을 키우는 '대지의 사상'에 대해 공감해야 해. 대지는 인간만 키우는 게 아니라, 약초도 키워. 우리 몸과 약초가 똑같은 대지의 기운을 받고 자라기 때문에 서로 통한다는 바로 그게 대지의 사상이야.

"대지의 사상! 멋진 말이에요." 그래, 친구들한테도 알려주렴.

옛 사람들은 병 있는 바로 그곳에 약도 있다고 생각했어. 병도 자연의 하나라고 봤던 것이지. 그러니까 '우리 것이 좋은 것이여'란 말은 반쪽만 맞아. 거기선 단지 맹목적인 국산품 애용만 느껴지지 대지의 사상이 느껴지지 않으니

까 말이야. 자, 그러면 우리나라에서 '신토불이' 의학이 어떻게 발전해왔는지 알아보자.

우리나라에서는 아주 오래전부터 중국에서 의학을 수입해 발전시켜 왔어. 근데 의학의 수입은 그저 의학 책이나 기술을 수입하는 일에만 그치지 않아. 처방에 들어가는 약재의 수입까지 덩달아 같이 있어야 하지. 요즘 우리가 병원에 가서 먹는 약의 90퍼센트 이상이 다 수입한 약인 것과 비슷하지. 그렇지만 많은 한약재가 우리나라에서도 자생하고 있었다는 점에서 옛날의 상황이 요즘의 상황과 다르긴 하군.

"우리 땅에도 있는데 옛날에는 왜 주로 수입 약에 의존했나요?" 그래, 아주 좋은 질문이야. 가장 큰 이유는 약의 수요가 많지 않기 때문이야. 중국에서 수입해오는 것만으로 소수의 지배층이 쓰는 약은 충분히 감당할 수 있었거든. 우선 이렇게 짧게 대답하마. 자세한 건 함께 역사를 살펴보면서 이야기하자꾸나.

위급 상황을 구하라

우리나라 최초의 국산 약재를 이용한 처방집인 《향약구급방》이 언제 만들어졌다고 했지? 그래, 고려 시대 몽골이 침입했을 때 나왔어. 중국을 지배한 몽골이 적이 되어 고려를 침략해오자, 1232년 최우 정권은 강화도로 수도를 옮겼어. 중국의 남송이 망한 이후 그동안 중국 남쪽과 바닷길로 무역하던 길이 끊어졌어. 가뜩이나 희귀한 약재들도 전쟁 때문에 더욱 귀해졌어. 심지어 재상을 지낸 이규보가 심한 눈병이 들었는데도 약을 못 구할 정도였으니까. 이규보가 눈병이 심해져서 특효약으로 알려진 용뇌를 구하려고 온갖 방법으로 애썼으나 구하지 못했어. 결국 당시 정권의 책임자인 최우가 약을 하사해서 겨우 손에 넣을 수 있었어.

《향약구급방》은 강화 피난 시절(1232~1251년경) 그곳에 설치된 대장도감에서 찍혀 나왔어. 이때 그 유명한 팔만대장경과 함께 인쇄된 거야. 불경인 팔만대장경이 나라를 구하려는 염원을 담았다면, 《향약구급방》은 진짜 절실한 구급 상황의 병을 국산 약을 써서 고쳐야 한다는 생각을 담은 것이었어. 《향약구급방》에 어떤 내용이 들어있는지 몇 가지 살펴볼까?

● 목을 매어 죽으려는 사람을 발견했을 때 살릴 수 있는 방법이 있을까?
생기를 불어 넣거나 생피를 먹여라.

● 만일 물에 빠져 죽게 된 사람은 어떻게 하면 살릴 수 있을까?
물을 빼기 위해서 환자를 늘어뜨려 놓거나 거꾸로 매달아 놓는다. 또는 소금이나 주엄나무 열매 가루, 석회 가루를 항문에 넣어 물을 빼야 한다. 몸을 따스하게 하기 위해서는 구덩이를 파고 재를 채워 그 위에 환자를 눕힌다. 만일 재가 축축해지면 계속해서 따뜻한 것으로 바꿔준다.

● 창이나 칼같이 예리한 것에 찔렸을 때에는 어떻게 해야 할까?
우선 지혈제를 써서 피를 멈추게 한다. 부들의 꽃가루나 쑥 줄기, 질경이, 연뿌리 들이 좋은 지혈제. 만일 창자가 튀어 나왔을 때에는 사람의 똥을 말려서 가루로 만들어 장에 발라 들어가게 하는 방법을 쓰거나, 창자를 넣고 뽕나무 껍질로 촘촘하게 꿰매고 겉에 닭의 벼슬에서 나온 피를 바른다.

상처를 꿰매는 등 외과 수술도 나오는구나. 매우 흥미롭지? 전쟁 시기였으니 이런 치료법은 무엇보다도 요긴한 것이었어.
이 밖에도 응급 상황은 매우 많지. 독버섯을 먹은 경우는? 점심때 먹은

여러 가지 재난 물에 빠진 사람, 호랑이에 물린 사람, 화재가 난 곳이 보이지? 조선 시대 불교 그림인 감로탱에 그려진 여러 가지 위급한 재난들이야.

음식에 체해서 속이 거북할 때에는? 뱀에게 물렸을 때에는? 벌에게 쏘였을 때에는? 귀에 벌레가 들어갔을 때에는? 아이가 가시를 삼켰을 때에는? 아이가 경기하면서 입에서 거품을 토할 때에는? …… 이런 상황은 모두 매우 위급해. 사소한 듯 보이지만, 곧바로 조치하지 않으면 목숨까지도 잃게 되니까.

《향약구급방》은 이런 것을 포함하여 모두 54개 응급 상황에 대처하는 처방을 실었어. 여기에는 여러 중독, 외상, 내상, 부인과와 소아 잡병 등이 포함되어 있지. 이 책의 가장 큰 특징은 뭐니 뭐니 해도 외국산 약재의 도움 없이 오직 국산 약재로만 병을 고치도록 한 점이야. 앞의 글에서 말했듯, 《향약구급방》은 국산 약재인 향약 180종으로 약을 만들었어. 또 민간에서 부르는 우리 약 이름을 나란히 적었다는 것도 까먹지 않았겠지.

《향약구급방》 누가 지었을까?

"근데, 누가 이 책을 지었나요?" 그렇지, 책 이름 나오면 꼭 물어봐야 하는 질문이야. 안타깝게도 이 책의 지은이는 밝혀져 있지 않아. 강화도의 대장도감에서 찍혀 나온 걸 볼 때, 아마도 당시 최고 실력자인 최우를 따르던 어의가 지었을 거로 추측돼. 당시 고려의 어의로는 고려를 대표하는 의학 책인 《신집어의촬요방》(어의가 새로 모은 의학의 핵심 처방이란 뜻)을 지은 최종준 같은 인물이 있었거든. 그런데 불행히도 최종준은 강화도로 도읍을 옮겼던 그해에 죽었어. 그래서 《향약구급방》이 1232년에 편찬되었다면 최종준이 썼을 가능성이 높지만, 책을 펴낸 시기가 분명치 않기 때문에 확실하게 추정하기가 곤란해.

현재 고려 때 대장도감에서 찍은 《향약구급방》은 남아 있지 않고, 조선 태종 때(1417년)에 다시 찍은 판본만이 전하고 있어. 이 책은 서문에서 "《향약구급방》은 효험이 커서 우리나라 사람에게 크게 도움이 되었다. 수록된 모든 약들은 우리나라 사람이 쉽게 알고 익힐 수 있는 것이고, 약을 쓰는 법 또한 경험한 바의 것들이다."라고 적었어. 이 책이 민간에서 널리 읽혔음을 알려 주는 글이지.

향약 연구의 시대

이제 향약이란 말에 대해 자세히 설명할 때가 되었구나. 향약이란 글자를 풀면 '시골의 약'이란 뜻이야.

"그럼, 서울의 약도 있겠네요?" 제법인걸. 하지만 향약의 반대말은 서울 약이 아니라 중국 약을 뜻하는 '당약(唐藥)'이야. 당나라 약이란 뜻이지. 당나라를 기준으로 보면 우리나라가 시골 같다고 해서 '향'이란 글자를 붙인 거지. 네들이 알고 있는 신라의 향가도 '시골 노래' 곧 신라의 국산 가요란 뜻이야. 향가의 반대말은 당악(唐樂), 즉 수입 음악을 뜻했지.

근데 중국의 당나라(618~907년)는 국제 교류가 매우 활발했어. 신라의 혜초 스님이 중국 유학을 갔다가 인도에 다녀온 일도 당나라 때였어. 이때 국제 무역이 발달했는데, 약재의 경우도 예외가 아니었어. 적지 않은 약재가 뱃길을 통해 수입되고 수출되던 때였지. 아마 이때부터 중국에서 수입되어 온 약을 당약이라 했을 거야. 얼마 전 중국과 일본을 오가다 신안 앞바다에서 좌초되었던 배를 건져 올렸는데, 배 안에 청자와 함께 약재가 여럿 발견되었지.

비록 향약을 위주로 하는 의학책은 13세기 들어서야 출간되었지만, 약을 국산화하려는 일은 오래전부터 계속되어 왔어. 백제에는 약을 캐는 전문인으로 '채약사'라는 제도가 있었어. 또 인삼은 삼국 시대 이전부터 우리나라에서 나는 특효약으로 알려져 왔고, 마찬가지로 우리나라에서 많이 나는 다른 약재에 대한 지식도 켜켜이 쌓아왔지.

신안선에서 발견된 약재와 향신료 전라남도 신안 앞바다에서 침몰된 배가 발견되었는데, 이 배는 14세기에 중국에서 일본으로 가던 교역선이었어. 그 배에서 후추와 계피, 여주씨 같은 약재와 향신료가 나왔지.

때때로 시골 사람들은 자신들이 자주 걸리는 병에 잘 듣는 약물을 잘 알고 있었어. 아까 말한 이규보가 70세 때 몽골 침입으로 강화도에 피난 갔을 때 그곳에서 원인 모를 야릇한 피부병에 걸려서 무려 넉 달 넘게 앓았어. 긁으면 진물이 솟아나고 곧이어 두드러기가 되는 증상으로 마치 두꺼비 등과 같은 모습이 되었지. 내로라하는 의원을 불러다 온갖 약을 다 써도 효과를 보지 못했어. 이규보는 의원들이 실력이 없다고 욕을 해댔지. 때마침 바닷가 사람들이 바닷물을 끓여서 목욕을 하면 낫는다는 이야기를 듣고선 바로 해 보았어. 놀랍게도 피부병이 씻은 듯 없어졌어. 어때? 시골 사람의 경험이 용한 의원의 처방보다 낫지 않니. 이처럼 민간에서는 지역의 풍토병에 대처하는 법을 잘 알고 있었던 거야. 만일 이러한 처방을 잘 모은다면 그 자체로 훌륭한 처방집이 되겠지. 《향약구급방》에 집약된 지식이 바로 그거야. 삼국 시대 이전부터 쭉 알게 된 우리나라 의학 지식을 모두 모은 것이지.

조선 시대에도 널리 참고되었어. 16세기 이황의 문집을 보면 안동에서 이황이 《향약구급방》을 참고해서 약을 쓰는 장면이 나와.

"응급 상황뿐만 아니라 우리 주변에서 나는 향약으로만 병을 다 고칠 수 있었다면, 좋았을 텐데……." 그러게 말이다. 우리나라에 산이 오죽 많니? 그래서 풀이나 동물 등 약재가 풍부하지. 약재가 풍부했지만, 13세기 이전에는 약에 대한 연구가 활발하게 됐다고 보기는 힘들어. 그렇지만 《향약구급방》이후 그런 양상이 확 바뀌었어. 향약 연구에 박차가 가해진 거야.

《향약구급방》(1332~1351년 사이)이 나온 이후부터 조선 세종 때 《향약집성방》(1433년 간행)이 찍혀 나올 때까지 100여 년 동안은 '향약 연구의 시대'라 할 수 있어. 향약에 관한 연구가 불타올랐던 때니까. 이 사이에 최소한 8종의 책이 나온 것으로 알려져 있는데 그중 4대 향약 의학 책만 살펴보도록 하자.

4대 향약 의서	권	특징	저자
《향약구급방》	3권	54개의 응급 상황에 대처하기 위한 책	모름
《향약제생집성방》	30권	• 조선 정종 원년(1399년)에 편찬 • 338개 병증에 2803개 처방을 모음	조선 개국의 주역들인 조준, 권중화, 김희선, 김사형 등
《향약채취월령》	1권	• 1년 달마다 해야 할 향약의 채취와 관리에 관한 내용을 담은 간단한 책 • 전국 각지에서 생산되는 약재의 이름, 산지, 맛, 성질, 약을 말리는 법 등 꼭 필요한 사항을 적었음	문관인 집현전 직제학 유효통, 의관인 전의감의 노중례, 박윤덕
《향약집성방》	85권	• 세종 15년(1433년)에 《향약제생집성방》을 대폭 확장·증보 • 959개 병증에 1만 706개 처방을 실었음 • 이 밖에 침구법 1476조, 향약본초론, 약물 다루는 법 등을 담았음	유효통, 노중례, 박윤덕

세종 임금 때 《향약집성방》이 나옴으로써, '향약 연구의 시대' 100년의 긴 작업이 막을 내렸어. 향약을 적용하는 병의 증상도 크게 늘었고, 처방도 한결 많아졌지. 또 새로 찾아낸 국산 약재를 많이 쓰게 되었어. 우리가 이미 자연 분류학을 배울 때 봤잖아. 《향약구급방》에서는 국산 약이 180종이었는데, 《향약집성방》에서는 517종으로 3배 이상 늘었어. 이 못지않게 중요한 사실은 국산 약재로 고칠 수 있는 병의 증상이 54개에서 959개로 증가한 사실이야. 이 정도면 거의 모든 병을 오로지 국산 약으로 치료할 수 있다고 봐도 돼. 또 처방도 다양해져서 무려 1만 706개씩이나 됐으니까.

우리 병엔 우리 약

왜 《향약집성방》을 편찬했는지는 이 책의 서문에 잘 드러나 있어.

옛날부터 의학이 침체하고 약재를 제때에 캐지 못하며 가까운 지방에서 생산되는 것은 소홀히 여기고 먼 지방의 것만을 구하여 사람이 병들면 반드시 구하기 어려운 중국의 약재를 찾으니, 이 때문에 약재는 구하지도 못하고 병세는 이미 어떻게 치료할 수 없는 지경에 이른다. 지금 《향약제생집성방》이 아직 미비한 게 많도다.

이 글을 읽으면서 무얼 느꼈니?

"가까운 데서 쉽게 찾을 수 있는 약재로 병을 고치는 게 좋다는 거요." 맞았어. 약재를 쉽게 얻어 병을 고치려고 했던 것이지. 이런 경제적인 이유에 덧붙여 앞에서 말한 신토불이 사상까지 생겨난 거야. 단지 쉽게 구하는 데 그치지 않고, 그게 더 효과가 좋다는 믿음까지 생겼다는 뜻이지.

"아, 그렇구나! 이제 신토불이란 생각이 생겨난 이유를 더욱 확실히 알겠어요." 우리 주변에 나는 약초가 제대로 된 건지 아닌지 꼭 연구가 필요했어. 약 처방에 엉뚱한 약이 들어가면 병이 낫기는커녕 오히려 안 쓰는 것만 못하게 되지 않겠어?

약을 잘못 쓰는 일을 막기 위해 세종 임금은 중국에 사신 보낼 때 의관을 딸려 보내 약초를 연구하도록 했어. 조선의 약재를 들고 가서 그것이 중국의 황실 병원인 태의원에서 쓰고 있는 것과 똑같은 것인지 아닌지 확인하게 했지. 어떤 것은 이름은 같은데 전혀 다른 약재도 있었고, 어떤 것은 생김새는 비슷한데 완전히 다른 약초도 있었어. 이런 걸 일일이 바로잡았지. 또 민간에서 부르는 약초 이름을 같이 적어서 쉽게 쓸 수 있도록 했어. 아직 훈민정음을 만들기 전이라서 이름은 이두로 표기되었어.

세종 임금 때 약의 국산화가 거의 완전하게 이뤄졌다는 건 대단한 일이야. 이제 어디에서 살든 《향약집성방》만 있으면 약을 쓸 수 있게 된 거니까. 아무리 좋은 의학 책이 많으면 뭐하겠어. 우리가 구하지 못하는 약재 처방만 가득 들어 있거나, 꼭 필요한 중요한 약이 구하기 힘들어 처방에서 이빨 빠진 것처럼 된다면 말이야. 《향약집성방》에 나오는 1만여 처방은 국산 약만 써서 모든 병을 고칠 수 있는 구실을 하게 된 거야. 그렇다면 《향약집성방》이 나왔으니, 이후 모든 사람들이 향약만 이용했을까?

"당연히 향약을 썼겠지요." 반드시 그렇지는 않았어. 여전히 높은 계급 사이에서는 당약이 중심이 되었고 향약은 보조

중국의 약을 달이는 그림 약재의 국산화는 이루어졌지만, 의학 이론은 조선 중기까지도 국산화가 이루어지지 않았어. 그림은 16세기 중국 의학 책에 실린 그림이야.

하는 데 그쳤어. 우선 우리나라에서 나는 약재가 다양하기는 했어도 한약 처방은 그것만으로 부족할 때가 많았어. '약방의 감초'라는 말이 있을 만큼 흔하게 쓰는 감초도 우리나라에서 나지 않았으니까. 특히 고급 약들은 중국 변경, 동남아시아, 심지어 아라비아 지역에서 나는 것들이 수두룩했지. 또한 의학이 서민에게 널리 보급되어 있지 않았기 때문에 서울의 돈 많은 왕실이나 양반 계급은 당약만으로도 별 불편한 점을 못 느꼈어. 그렇지만 민간에서 의약의 활용은 점점 증가하였고, 향약이 민간에서 핵심 노릇을 한 것은 분명해.

근데, 오해하면 안 될 게 하나 있어. 모두 우리나라에서 나는 약재를 쓰도록 되어 있지만, 이 책에 담긴 처방은 거의 대부분 중국의 의서에서 당약이 포함되지 않은 처방을 가려 뽑아 쓴 거야. 고유의 이론은 거의 없고, 간혹 국내의 치료 경험이 소개되어 있을 뿐이야. 의학 이론은 아직 국산화가 안 되었고, 약의 국산화가 이루어졌다는 말이지.

한의학의 '한' 자는 한(韓)일까, 한(漢)일까?

오늘날은 '대한민국'에 들어 있는 '한(韓)' 자를 써서 한의학이라고 해. 근데, 1986년 이전까지만 해도 중국의 '한나라'에 들어 있는 '한(漢)' 자를 써서 한의학이라 했어. 하기야 절묘하게도 우리나라 발음으로는 둘 다 똑같이 한의학이니 뜻만 달라졌지, 부르는 이름은 똑같이 들리지.
"음~, 그러니까 한(韓)의학이란 우리나라의 의학을 뜻하고, 한(漢)의학이란 중국에서 온 의학을 뜻하는 거군요?" 그렇지.
근데, 명칭은 그저 이름만 달리 부르는 데 그치지 않아. 보통 이름에는 아주 심오한 이치가 스며있을 때가 많지. 아기를 부를 때 '개똥이', '똥강아지'라 하는 일에도 이치가 담겨 있지. 저승 사자가 잘난 놈 먼저 데려간다고 믿었기 때문에 귀한 아이를 일부러 개똥이 같은 천한 이름으로 부른 거야.
한의학(漢醫學)이라 하면, 지금 한의사가 펼치는 의술이 모두 중국 것이라는 뜻을 품게 돼. 우리 조상님들도 2000년 이상 의학을 펼쳐왔는데 그게 모두 중국 것 안에 묻히게 되지. 20세기 전에는 이렇게 구분할 필요가 없었어. 중국 사람이나 우리 조상이나 모두 '의학'이라 했으니까. 개항 이후 들어온 서양 의학의 비중이 높아지면서 의학의 이름에도 큰 변화가 생겼어. 왜 세력이 커지면 앞에 붙은 딱지가 없어지잖아. '서양 의학'이라고 하다가 '서양'이라는 딱지가 없어져. 그건 지금 과학을 서양 과학이라 하지 않고, 과학이라고 하는 이치와 똑같은 거야.

거꾸로 세력이 약한 것에는 앞에 새로운 딱지가 붙게 되지. 우리가 의학이라 했던 게 한의학이 되어 버린 거지. 이전에는 '의학(한의학)'과 '서양 의학'이 있었는데, 이제 새로이 '의학(서양 의학)'과 '한의학'이 된 거야.

서양 의학이란 뜻이 서양에서 유래한 의학이란 뜻이니까, 그것에 상대되는 말이 중국에서 유래했다는 한나라 한(漢)이 들어간 한의학이란 말이 만들어졌어. 이건 일본 사람이 만들어낸 용어야. 우리나라가 일본 식민지를 겪었기 때문에 일본 사람이 만든 말을 같이 쓰게 된 거지. 중국에서는 한의학이란 말을 쓰지 않고, '중국 의학'의 준말인 중의학이란 말을 써.

그러다 1897년 조선은 중국 청제국과 똑같은 형태의 제국인 대한제국을 선포했어. 이전에 형식적이나마 유지해 온 중국의 속국을 완전히 떨쳐 버린 이름이야. 당시 중국이 우리나라 정치에 깊숙이 관여하고 있었기 때문에 우리나라 사람들은 중국에 대한 독립을 크게 염원했어. 독립신문을 제작하기도 했고, 서대문 쪽에 독립문을 짓기도 했어. 마찬가지로 의학 명칭도 의식적으로 우리나라를 뜻하는 한의학(韓醫學)이라는 말을 썼어. 그렇지만 일제 강점기 동안에 이 말은 슬그머니 사라졌다가 1986년이 되어서야 대한민국에서는 한의학(韓醫學)을 공식 명칭으로 쓰도록 법으로 규정했어.

물론 한의학이 중국에서 유래하고 크게 발전한 건 인정해야 할 거야. 그렇지만 우리가 동아시

아라고 하는 중국, 한국, 일본, 베트남 등의 나라가 모두 의학을 발전시켜 왔어. 또 각 나라들은 자기 나라의 특성에 잘 맞는 의학의 형태로 진화시켰지. 이런 점에서 한의학은 동아시아 의학이라 할 수 있어. 각 나라가 나름대로 발전시킨 점에 주목한다면 중국 전통 의학, 한국 전통 의학, 일본 전통 의학, 베트남 전통 의학이라 할 수 있겠지. 그 가운데 한국 전통 의학을 '한의학(韓醫學)'이라 하는 거야.

참, 우리 옛 사람은 '한의'라는 말 대신에 '동의(東醫)'라는 말을 썼다는 사실을 말하지 않을 뻔했군. 유명한 허준은 《동의보감》을 펴내면서 중국의 남쪽, 북쪽의 의학 수준에 견줄 만한 의학 전통이 동쪽에도 있어서 동의라 한다고 했어. 여기서 중국 의학, 조선 의학이 아니라, 북쪽, 남쪽, 동쪽이란 표현을 잘 음미해야 해. 여기서 '동쪽'이란 조선을 뜻하는 데에서 더 나아가 드높은 의학을 세운 의학 문명국이란 뜻이 담겨 있어. 이렇듯 한의학(韓醫學)과 마찬가지로 동의학(東醫學)또한 우리나라 의학을 뜻해.

비밀노트

15세기 세계 최대 의학 백과사전, 《의방유취》

조선의 3대 의서를 꼽는다면? 나는 서슴지 않고 《의방유취》, 《향약집성방》, 《동의보감》 이 세 책을 꼽을 거야. 그중에서 첫째를 꼽으라면? 나는 《의방유취》를 첫째로 꼽고 싶어. 이름의 뜻은 의학 이론과 처방을 병의 증상에 따라 가려 모은 책이야.

"《동의보감》이 아니고요?" 왜냐하면 《의방유취》가 없었다면 《동의보감》도 탄생하지 못했을 테니까. 허준은 《의방유취》를 읽으면서 의학이 다루는 범위와 깊이를 맘껏 깨달을 수 있었거든. 《의방유취》가 얼마나 중요한 책인지 그것을 말해주는 슬픈 역사가 있어.

1876년 조선은 오랜 쇄국 정책을 버리고 외국에 문호를 개방하게 되지. 이를 항구를 연다는 뜻에서 개항(開港)이라고 한다는 건 잘 알고 있겠지. 최초로 조약을 맺은 나라는 운요 호라는 군함으로 강화도 앞바다에서 무력시위를 벌였던 일본이었어. 이때 조일 수호 조약을 맺은 뒤, 일본은 일본판 《의방유취》 두 질을 조선에 보내왔어.

《의방유취》는 조선 세종 때 편찬되어 성종 때 출간되었는데, 이때 조선에서는 자취가 없어졌던 책이야. 근데, 일본에서 보내온 거지. 일본군 장수인 가토오 기요마사가 1598년 퇴각하면서 이 책을 약탈해갔던 거야. 일본으로 약탈된 《의방유취》는 일본에서 1852년 목판본으로 다시 찍혀 나왔어. 그게 조선이 일본과 맺은 조약을 기념하여 다시 우리나라에 오게 되었으니 참으로 얄궂은 운명이라 할 수 있지. 조약 기념으로 선사할 정도의 예물이었으니, 《의방유취》가 얼마만큼 대단한 책일까?

학교에서 혹시 역사 시간에 "《의방유취》는 세종 때 나온 방대한 의학 백과사전"이라고 배우지 않았니? 이런 설명은 외워서 시험 보는 데는 유용하지만 역사의 가치를 제대로 전달해 주지는 않지. 대신 이런 설명은 어떨까?

"모두 266권, 전체 글자 수가 무려 950만

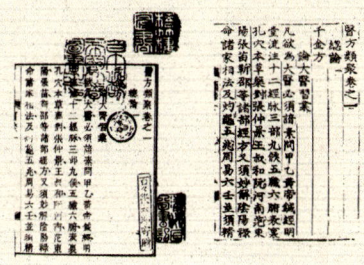

《의방유취》는 일본에서도 출간되었어. 왼쪽이 일본판이고 오른쪽은 세종 임금 때 찍은 원본이야.

자, 5만여 조의 처방을 담은 15세기 세계 최대 규모의 의학 책"

"으악~" 놀라는 소리가 귀에 들리는 것 같구나. 적어도 규모만 놓고 본다면, 《의방유취》는 당시 세계 최대의 의학 책이었어. 그때까지 중국이나 일본, 이슬람 세계와 유럽에서도 이만한 규모의 의학 책은 없었어.

수준으로 놓고 보자면, 그때까지의 중국과 우리나라의 의학 이론과 처방을 매우 충실하게 종합해 낸 의학 책이었어. 오늘날의 의학 총론, 생리학, 병리학, 내과, 외과, 이비인후과, 산부인과, 소아과, 예방의학 등에 해당하는 내용을 95갈래로 나누어 담아냈어. 이 책을 본격적으로 연구한 에도 시대 일본의 한 의학자는 "엄청나게 유용한 거대한 저작"이라는 평가를 내렸지.

> **에도 시대**
> 일본의 1603년부터 1867년까지. 도쿠가와 이에야스가 대장군이 되어 에도에 막부를 연 때부터 도쿠가와 요시노부가 정권을 천황에게 돌려준 때까지야. 막부는 일본을 통치한 쇼군의 정부를 말해. 이때 천황은 상징적인 존재가 되고 쇼군이 실제 통치를 했어.

당연히 이 방대한 《의방유취》가 나오기까지 시간이 많이 걸렸겠지? 얼마나 오래 걸렸냐 하면, 자료 수집이 시작되고 인쇄되어 나올 때까지 무려 33년이 걸렸어. 세종 임금부터 시작해 문종, 단종, 세조, 예종 등 네 왕을 거쳐 성종 임금 때 책이 나왔으니까 무려 여섯 임금을 거치고 나서야 책이 나오게 된 거야. 책의 분량이 많다보니 편집, 교정, 인쇄 등 각 과정에서 시간이 많이 걸렸지. 의학 책이다 보니까 잘못이 없도록 교정보는 게 더욱 까다로웠고.

우리나라 의학의 역사상 가장 많은 학자와 의관 14명이 이 사업에 투입되었어. 집현전의 중견학자 김예몽, 유성원, 민보화 등 세 학자가 그간 모은 천하의 의학 내용을 분류하는 작업을 했어. 다시 김문, 신석조, 이예, 김수온 등 문관 네 명과 전순의, 최윤, 김유지 등 의관 세 명이 내용의 중복을 덜어내는 작업을 했어. 이어서 이용, 김사철, 이사순 등의 문관과 최고 수준의 의관인 노중례가 책 내용을 일일이 검토하면서 365권의 책을 완성시켰어. 1년 날짜인 365권에 맞춘 걸 보면, 의학의 전부를 갖췄음을 과시하려고 했음이 분명해.

아마도 이렇게 3년 만에 편찬된 《의방유취》가 인쇄될 때까지 다시 33년의 세월이 소요되리라고는 그 누구도 예상치 못했을 거야. 이 책이 매우 중요했기 때문에 그걸 꼼꼼히 교정보느라 시간이 그만큼 많이 든 거야. 세조 임금 때에는 교정을 본 젊은 학자 74명이 교정을 잘못 봤다 하여 파직 또는 자격박탈을 할 정도로 엄격했어.

우여곡절을 겪으면서 이 책은 1477년(성종 8년) 세상에 빛을 봤어. 교정 과정에서 권수가 266권으로 줄어들었어. 책 분량이 많았기 때문에 30질만 찍어냈어.

의학 분야에서 그다지 주목할 만한 성취를 내지 못했던 우리나라는 《의방유취》를 출간하면서 단숨에 의학 강대국으로 떠오르게 되었어. 그건 마치 천문학 분야에서 중국의 역법과 아라비아의 역법에 통달해 《칠정산》 내·외편을 편찬한 포부와 비슷한 것이었어. 또 작업이 이루어진 시기도 비슷해. 1444년에 《칠정산》 내외편이 간행되고, 이듬해인 1445년에 《의방유취》 초고 편찬이 완료되었으니까. 천문학과 의학 분야의 이 두 사례의 공통점이 뭔지 한번 생각해 볼래?

"한 분야 전체를 통째로 이해하고, 최고의 수준에 도달함으로써 우리나라만의 과학을 이루었어요!" 바로 그거야.

이러한 사실은 조선의 나라 세우기가 단지 중국 변방에 새로 세운 조그마한 왕조를 꿈꾸는 정도로 왜소하지 않았음을 드러내는 거야. 조선은 적어도 문화적으로 중국과 맞먹는 새로운 제국의 건설을 꿈꾸었던 것은 아닌지 모르겠어. 그래서 그것이 한 나라의 자주성을 확립하는 정도로 그치지 않고, 더 나아가 당시 동아시아 문화의 최고봉에 도달하고자 하는 야심만만한 모습으로 나타난 거였지.

▼
■ 향약에 관한 전반적인 내용은 내가 이전에 쓴 책 《호열자, 조선을 습격하다-몸과 의학의 한국사》와 《조선 사람 허준》을 참고했어.
■ 이규보의 사례는 이규보가 쓴 《동국이상국집》에서 직접 인용했어.
■ 《의방유취》에 관한 내용은 내가 이전에 쓴 책 《호열자, 조선을 습격하다-몸과 의학의 한국사》와 《조선 사람의 생로병사》의 내용을 주로 참고했어. 또 2000년에 나온 안상우 선생의 《의방유취》에 관한 박사 논문은 현재까지 이 주제와 관련한 가장 탄탄한 연구야.

3 시체에 남은 살인의 단서를 찾아라

'CSI'란 말 들어봤니? 2000년 첫 상영 이후 우리나라에서도 큰 인기를 끌고 있는 미국 드라마야. 영어를 곧바로 해석하면 '범죄 현장 조사(Crime Scene Investigation)'란 뜻인데, 우리나라에서는 '과학 수사대'라고 번역되어 널리 알려졌어. 글자 그대로 온갖 살인 사건의 현장을 다룬 드라마지. 시체에 난 단서를 과학적으로 풀어내 살인자를 잡는 묘미를 보여주고 있어. 좀 어려운 말로 이런 과학을 '법의학'이라고 해.

法醫學
법 법 / 의원 의 / 배울 학
범죄를 의학의 방법으로 밝히려는 의학의 한 부분을 말해.

조선의 법의학

우리나라에서도 법의학을 다룬 드라마가 제작되었어. 〈별순검〉이란 게 그거야. 만화로도 제작되었으니 네들도 이름을 들어본 적이 있을 거야. '별순검'이란 조선 시대의 특별 경찰을 뜻한다고 보면 돼.

근데 별순검에서 살인 사건을 풀어내는 의학 지식들은 허무맹랑한 게 아냐. 실제로 조선 시대에 쓰였던 법의학 지식에 바탕을 두고 있어. 그런 지식을 모아놓은 책으로 세종 임금 때 찍은 《신주무원록》('무원록'에 새로 주석을 붙인 책)과 정조 임금 때 거기에 내용을 보태서 만든 《증수무원록》이 있어.

이 책에는 어떤 내용이 담겨 있었을까? 네들도 잘 알고 있는 게 있어. 독약을 먹여 죽였을 때 어떻게 알아냈을까?

"혹시 은수저를 사용하지 않았을까요?" 딩동댕. 은수저나 은비녀를 목구멍에 찔러 넣어 알아냈어. 은수저에 독이 닿으면 까맣게 변하는 성질을 이용한 거야. 요즘 과학 지식으로 말한다면, 독살 때 많이 쓴 비상은 비소와 황이 섞여 이루어져 있는데, 그게 은과 화학 반응을 일으켜 색깔 변화를 일으킨 거지. 물론 이 방법만 적혀 있는 게 아니야. 닭을 이용한 방법도 있었어. 만약 독을 먹고 죽었다면 목구멍에 독약이 남아 있을 거 아니니? 찹쌀밥을 시체의 목구멍에 넣었다가 뺀 후 그 밥을 닭에게 먹이는 거야. 만약 독살당한 거라면 닭이 어떻게 됐을까? 그렇지! 닭이 죽게 되겠지. 은비녀를 이용하는 방법보다 더 분명한 방법이었어. 은과 반응을 일으키는 독물뿐만 아니라 모든 종류의 독살을 판정할 수 있었을 테니까. 또 은비녀가 가짜 은으로 만든 비녀라면 정확하지 않았거든.

한 가지 더 물어볼까? 이건 답이 오늘날의 과학 상식과 일치하지 않는다는 건 미리 알아둬. 서로 오랫동안 떨어져 있던 사람들이 한 가족인지 아닌지를 어떻게 알아냈을까?

"예전에 읽은 책에서 봤는데, 두 사람의 피를 서로 섞는 방법을 썼어요. 피가 뭉치면 같은 피붙이라고 보았대요." 제법인걸.

《신주무원록》에서 다음과 같이 말하고 있어.

친아들이나 친형제가 어렸을 때 헤어져 분간하기 어려우면 각기 피를 뽑아 한 그릇에 떨어뜨린다. 친아들이나 친형제일 경우 피가 하나로 엉기어 뭉치고 친아들이나 친형제가 아니면 엉기지 않는다. 이 검사법은 손자와 할아버지 사이에도 마찬가지이다. 그러나 부부의 사이는 부모가 달라 피를 떨어뜨려도 합해지지 않는다.

이런 생각은 똑같은 기운이 서로 감응한다는 옛 믿음을 반영한 거였어. 하지만 현대 과학은 혈액 응고 현상이 혈연관계를 결정짓는 증거가 아님을 밝혔지.

《증수무원록》에서는 사람 목숨이 끊어지는 방법으로 스무 가지가 실려 있어. 그 가운데 가장 많은 건 사고사 또는 병으로 죽는 병사야. 얼어 죽는 것, 굶주려 죽는 것, 놀라 죽는 것, 번개 맞아 죽는 것, 과음이나 과식하여 죽는 것, 호랑이나 미친 개 또는 뱀과 벌레에게 물려 죽는 것 따위가 이에 속하지. 그다음은 자살 또는 타살이야. 밧줄로 목을 매거나 조르는 것, 물에 빠지는 것, 신체 부위를 구타하는 것, 이빨로 깨무는 것, 칼로 베는 것, 불에 태우는 것, 끓는 물에 넣는 것, 독을 타 먹이는 것 등 여덟 가지는 타살과 자살의 방법들이지. 《신주무원록》이나 《증수무원록》은 모두 단지 죽음을 분류하고 그 원인을 알아내는 데 그치지 않았어. 사망 원인을 밝혀냄으로써 살해의 증거를 확보하고 더 나아가 범죄자를 찾는 실마리로 삼았던 거야.

현대 의학에서 가장 분명하게 쓰고 있는 방법은 유전자(DNA) 검사야. 부모나 조상에게 물려받은 유전자는 후손에게 계속 남아서 전해져. 유전자의 구성이 매우 유사하면 그것으로 바로 혈연관계임을 알 수 있지.

증거로 범죄자를 찾는 과학 수사

이렇게 오늘날 과학 지식과 일치하지 않는 것도 있지만, 대체로 조선 시대 법의학은 인체와 시체에 대해 매우 과학적으로 접근했어. 20세기 초반까지 법정에서 계속 사용할 정도로 과학성을 인정받았단다. 그런 사례들을 하나씩 보도록 할까?

> 살인한 칼이 날짜가 오래되어 분별하기 어려우면 숯불을 이용해 붉게 달구고 초로 씻어내라. 그러면 핏자국이 저절로 나타날 것이다.

《신주무원록》에서는 이렇게 말하고 나서 초동 수사의 이유를 다음과 같이 차분하게 설명하고 있어.

> 범행에 사용한 기물을 찾는 일이 조금이라도 늦어지면, 간악한 죄수는 기물을 감추거나 옮겨 버리고 사건을 미궁으로 빠지도록 하여 죽음을 면하려고 한다. 기물은 사건과 관계가 매우 깊으니, 먼저 서둘러 찾아야 한다.

실제로 살인 사건에서 가장 중요한 것은 최초, 즉 초동 수사야. 요즘에도 수사 요원이 현장에 달려가 가장 먼저 하는 게 현장 보존이지. 《신주무원록》에서는 초동 수사의 중요성을 가장 강조했어.

(수령은) 시체가 어디에 있는지, 그 위치를 먼저 기록하라.

시체가 집안의 땅위에 있는지, 마루 위인지, 집 안팎의 드러난 땅 위인지, 머리가 남쪽이고 다리는 북쪽인지, 머리가 동쪽이고 다리는 서쪽인지, 뒤집혔는지, 옆으로 비스듬히 누워 있는지를 시체의 기록부에 기록하고, 또 동서남북 네 갈래의 문, 창, 담장, 벽 등과의 거리를 기록하며, 산 고개나 개울가, 풀과 나무 등에 놓여 있으면, 방치된 시체 방향의 높고 낮음과 거리는 얼마인가, 또는 시체가 개울가에 있다면 위로 산 밑과 언덕과의 거리는 얼마이며, 누구의 땅이며, 지명이 무엇이고, 시체의 곁에 있는 기물의 형태와 빛깔 등을 자세히 기록하고, 시체가 만일 물 가운데나 비좁고 어두운 곳에 있어 검시하기 어려우면, 가깝고 편한 곳으로 옮길 것을 명하고 옮긴 이유를 기록해야 한다.

다음으로 해야 할 일이 뭐겠니? 시체 검사야. 그것에는 특별한 방법이 필요하지. 그게 뭘까?

시체를 정확히 관찰하려면 시체를 깨끗이 씻어서 상처를 검사해야 한다. 법식대로 술지게미, 식초 등을 사용하여 시체에 뿌리고, 사망자의 옷가지로 완전히 덮는다. 그 위에 따뜻한 초와 술을 붓고, 깔자리로 한 시간 가량 덮어 두면, 초와 술의 기운이 스며들어 시체가 부드러워진다. 이를 기다려, 덮었던 것을 벗기고 술지게미와 식초를 물로 씻어낸 다음 검시를 한다. 만일 술과 초로만 슬쩍 씻으면 상처의 흔적이 나타나지 않는다.

술지게미는 알코올이고 식초는 초산이니까 그것들의 신체에 대한 작용을 이용해 불분명한 상흔을 드러내려 한 것이지. 어쨌든 이런 단계를 거쳐, 살인 사건이 난 고을의 수령은 수사관이 되어 몸에 난 흔적을 더듬어 어떻게 살해되었는가를 밝히게 되지. 자살인가 타살인가? 병으로 죽었는가 독살인가? 왼손잡이한테 칼을 맞았는가 오른손잡이에게 칼을 맞았는가? 물에 빠져 죽었는가 다른 방식으로 죽인 후 물에 빠뜨려 익사를 꾸민 것인가? 이런 것을 알아냈지.

어때, 무척 과학적이지? 조선 시대에 실제로 이렇게 수사가 이루어졌어.

시체 검사 검시를 할 때는 관리가 꼭 참석하여 진행했어. 그림을 보렴. 검시하는 사람이 천으로 시체를 닦고 있고, 오른쪽 관리는 붓과 종이를 들고 기록하고 있어.

원통한 사람이 없어야 한다

우리나라에서 법의학 전통은 고려 시대에서도 찾아볼 수 있어. 신중하게 재판하기 위하여 세 번 재판을 하는 3심 제도를 시작했어. 그러다 본격적인 기록은 조선의 세종 때부터 보여. 세종은 다른 부분의 제도 정비와 함께 형법의 정비에도 힘을 썼고, 그 하나로 살인 사건의 의혹을 없애는 법의학에도 관심을 두게 된 거야.

세종 임금은 1430년에 법관의 시험 과목에 《무원록》을 포함시키도록 했어. 《무원록》은 중국에서 가장 오래된 법의학 책이야. '원통함이 없게 한다'는 뜻을 담고 있어.

無冤錄
없을 무 / 원통할 원 / 기록할 록
원나라 때 왕여가 이전의 법의학을 종합해 만든 책이야. 중국에서 가장 오래된 법의학 책으로 1247년 송나라 송자가 펴낸 《세원록》과 명나라 초기에 나온 《평원록》을 참고해 만든 2권으로 된 책이었어. 《무원록》, 《세원록》, 《평원록》은 이름만 다를 뿐, 모두 원통함이 없게 한다는 뜻을 담고 있어. 우리나라에서는 1438년에 《신주무원록》을 편찬해 전국에 배포했어.

이렇듯 중국 실정을 다룬 것이라서 아리송한 것이 적지 않았어. 그래서 세종 임금은 최치운 등 네 명의 학자에게 명령을 내려 어려운 부분을 꼼꼼하게 풀어서 우리 실정에 쓸 수 있도록 했던 거야. 그러니까 사실 이 책은 주석을 단 것 빼놓고서 우리 학자의 노력이 크게 들어갔던 건 아냐. 중요한 사실은 법 집행에 이 책의 내용을 매우 엄격하게 적용했다는 점이야.

《신주무원록》을 펴낸 이후에는 모든 살인 사건의 의혹이 있는 시체의 검사를 이 책에 따르도록 했어. 또 고을 수령의 주도로 한 검시로 의혹이 풀리지 않았을 때에는 상급 기관이 감독하여 두 번, 세 번, 심지어는 여섯 번까지 검시를 하도록 했어.

이 책은 거의 300년 동안 잘 쓰였어. 그렇지만 쓰면서 보니까 글자가 잘못된 것이 적지 않아서 뜻이 정확하지 않은 곳이 많이 눈에 띄었어. 영조 24년

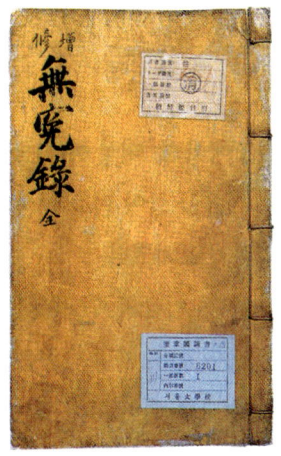

《증수무원록》 구택규의 아들인 구윤명이 아버지의 책을 더욱 연구하고 있다는 말을 듣고, 내용을 고치고 보태며 한글 번역까지 하도록 했어. 법정에서 다투는 일은 매우 어려운 일이야. 중국에서 썼던 용어와 당시 조선에서 썼던 용어에 차이가 많았지. 그래서 그걸 해소하기 위해 아예 한글로 번역했던 거였어. 이게 정조 15년(1791년)의 일이야. 그런데 이후 2차례 간행하려고 했으나 실행되지 않았고, 실제 간행은 5년 후인 1796년에 이루어졌어. 한글 번역한 것은 《증수무원록언해》라 했어. 이 둘을 합쳐 나온 게 오늘날 우리가 《증수무원록》이라고 부르는 것이야.

(1748년) 좌의정 조현명이 고쳐 잡을 것을 왕에게 요청했어. 이 건의에 따라 영조 임금은 형법에 밝은 구택규로 하여금 책을 바로잡는 일을 맡겼어. 이 일이 끝난 후 새로 수정된 《신주무원록》이 전국에 반포되었어.

근데 정조 임금 즉위 후 더욱 본격적인 수정 작업이 있었어. 새로 수정하고 보완했다고 해서 새로이 《증수무원록》이라는 이름이 붙었지. 이 책은 이후 일제 강점기 전까지 주요 참고 교재로 활용되었어.

왜 조선은 법의학을 중시했을까? 이에 대해 조선의 19대 임금인 숙종이 자신의 간절한 마음을 절절히 표현한 게 남아 있어.

> 어려운 일치고 감옥 일을 처리하는 것보다 어려운 일이 없되 옥사를 판결하는 일이 더욱 어렵고, 원통한 일치고 재판에 억울하게 지는 일보다 원통한 일이 없되, 억울하게 죽는 일은 더욱 원통하다. 대체로 옥사는 사람의 목숨이 관계된 것인데, 죽은 자는 다시 살릴 수가 없고 형을 받아 손상된 몸은 원래 상태로 회복될 수가 없으니, 지극히 긴요하고 지극히 중요한 것은 아무래도 제대로 시신을 검사하는 일에 달려 있지 않겠는가. 후세에 옥사를 살피는 관

범인 벌주기

원이 진실로 '삼가고 또 삼가라'고 한 옛말의 본뜻을 반복하여 깊이 체득하여 백성들이 원통한 경우를 당하는 일이 없게 한다면, 그 또한 이 책의 이름인 《무원록》의 뜻과 어긋나지 않을 것이다.

―《임하필기》, 이유원

한의학과는 다른 법의학

이제 이야기를 끝낼 무렵이 됐네. 퀴즈 하나 낼게.
《무원록》의 내용에 따라 죽은 시체를 직접 다룬 사람들이 누구였을까?
① 의원 ② 사또 ③ 백정 ④ 오작인

"《무원록》이 법의학 책이니까, 의원이 답이겠네요." 아니야. 의원이 시체 검사에 가끔 함께하기도 했지만, 시체를 다루는 일은 '오작인'이라는 직책이 담당했어.

"오작인은 누군지 모르겠어요." 오작인은 사체를 검사하는 일을 도맡은 하인을 말해. 시체 다루는 일이 점잖지 않은 일이라 생각했기 때문에 관청에 그 일을 맡을 하인을 따로 두었던 거야. 마치 가축 고기를 천한 신분인 백정이 다뤘던 것과 비슷해. 오작인들이 시체에 식초나 술지게미를 발라 닦아내고 상흔을 드러내도록 했지.

수사 지휘는 요즘처럼 경찰의 수사반장이나 검사가 아니라, 사또가 했어. 사또가 지방의 행정과 사법의 책임자였거든. 사또가 오작인을 거느리고 시체를 검사해서 사인을 밝혀내는 작업을 했어. 그렇기 때문에 지방에 사또로 부임

하려면, 모두 다 부지런히 《무원록》을 읽어 내용을 통달해야 했지. 또 조선 시대에는 고위 문관이나 무관이 되려면 반드시 지방의 사또를 한번쯤은 지냈기 때문에 모든 고위 관료들이 이런 지식을 잘 알았을 거야.

조선 시대 검시하는 모습 오작인이 누구인지 알겠지?

아 참, 네가 고른 답이 왜 틀렸는지 볼까? 의원들이 법의학과 크게 관련되지 않은 건, 한의학과 법의학이 크게 달랐기 때문이지. 한마디로 잘라 말하면, 한의학은 살아 있는 생기를 중심으로 한 의학이야. 몸의 기운을 생각하지 않고서는 한의학 자체가 성립하지 않아. 한의학에서는 오장과 육부, 뼈와 살, 살갗과 근육 등 신체의 모든 부위에 기운이 충만해 있다고 보고, 그런 상태에 이상이 생긴 것을 병으로 간주하지. 하지만 시체는 이미 생기가 떠난 상태야. 기운의 의학이 작동하지 않지. 그래서 《무원록》은 한의학 체계와 크게 다를 수밖에. 엄밀한 의미에서 《무원록》의 법의학과 한의학이 서로 결합할 점을 찾지 못한 것이지. 서로 공유했던 부분은 신체 각 부위의 이름뿐이었어.

오히려 현대 서양 의학이 《무원록》의 의학과 더 비슷한 성격을 띤다고 볼 수 있어. 눈에 보이지 않는 기운이 아니라, 시신에 난 상흔을 보고 예리하게 관찰해서 죽음의 원인을 밝히는 것이지.

그렇다고 해서 《무원록》의 의학이 현대 서양 의학처럼 해부학에 바탕을 둔 의학으로 발전한 건 아니야. 《무원록》의 의학은 단지 몸에 난 상흔만을 대상으로 했을 뿐, 신체 내부에 대해서는 아무런 관심도 두지 않았어. 신체를 해부하여 병으로 죽은 시체 각 부위에 생긴 이상 상태를 검토하면서 병의 원인을 찾아나가는 의학으로 발전하지는 않은 거야.

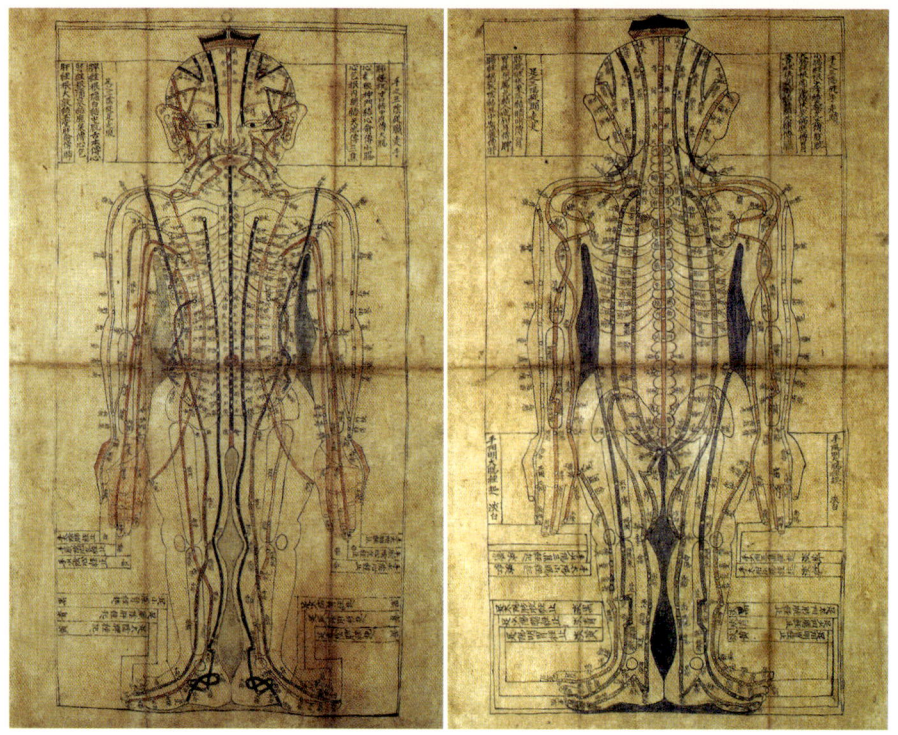

한의학의 동인도 침 자리인 경혈을 선으로 연결한 경락을 표시한 그림이야. 사람의 몸은 살아있는 기운의 흐름이 있다고 보았지.

《무원록》에 나타난 신체 각 부위의 명칭 한의학의 경락도와 다른 점은 혈자리 위주로 그림이 그려져 있지 않다는 거야. 시체에는 기운이 없다고 보았기 때문이지.

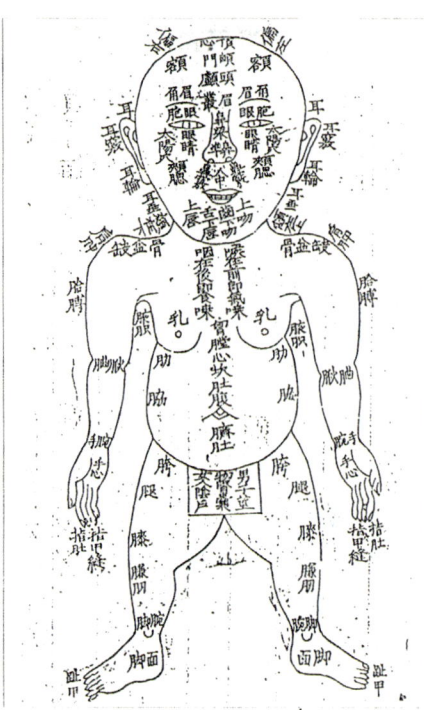
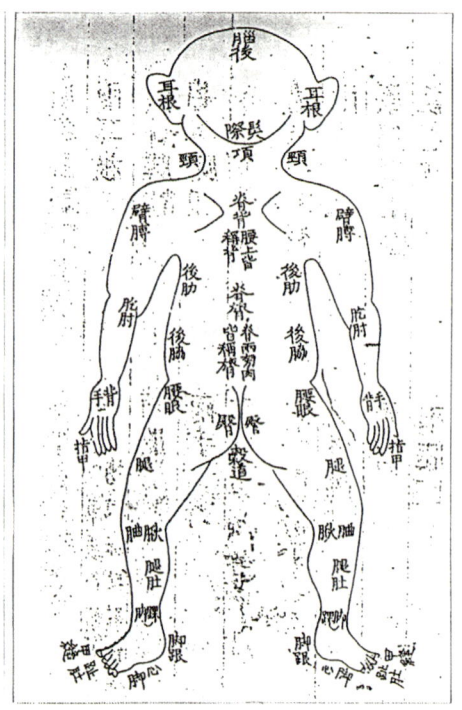

▼
■법의학에 대한 내용은 내가 이전에 쓴 책 《조선 사람의 생로병사》를 주로 참고했어. 조선 시대 법의학 내용을 조금 더 자세히 다룬 책으로는 법의학자로 유명한 문국진 선생의 《고금무원록》이라는 책과 김호 선생의 《원통함을 없게 하라》는 책이 나와 있어.

4 천하의 보배 《동의보감》

옛날부터 오늘날까지 통틀어 우리나라 사람이 지은 책 중 외국에서 가장 널리 인쇄된 책이 뭘까? 《동의보감》이야.

《동의보감》은 중국에서 대박을 쳤어. 보통 대박이 아니라 '슈퍼울트라짱' 대박을 친 거야. 이 기록은 아직도 깨지지 않고 있어. 글쎄, 지금도 계속 찍혀 나오고 있다니까!

천하가 함께 가져야 할 보배, 동의보감

1613년 《동의보감》이 나온 뒤 중국에서 30여 차례 넘게 찍혀 나왔어. 우리나라보다도 3배 이상 많은 거야. 일본에서도 유명했어. 일본에서는 적어도 세 차례 이상 찍혀 나왔지.

중국에서 처음 나온 《동의보감》(1763년)에 《동의보감》을 평가한 글이 실려 있어.

이 책은 조선의 허준이 쓴 것이다. 허준은 중국에서도 이름을 떨친 여류 시인 허난설헌과 같은 집안의 사람이다. 허준이 먼 곳의 외국 사람이지만, 학문의 이치란 땅이 멀다고 해서 전해지지 않는 것은 아니다. 《동의보감》은 이미 황제께 바쳐져 온 나라 최고 수준이라는 것을 인정받았다. 하지만 안타깝게도 그것은 여태까지 황실 도서관에만 간직된 채로 있어 세상 사람이 엿보기 어려웠다. 천하의 보배는 마땅히 천하가 함께 가져야 할 것이다!

"천하의 보배는 마땅히 천하가 함께 가져야 할 것이다!" 이 말처럼 《동의보감》의 가치를 잘 드러내주는 건 없어. 예술이나 과학이나 드높은 경지를 담

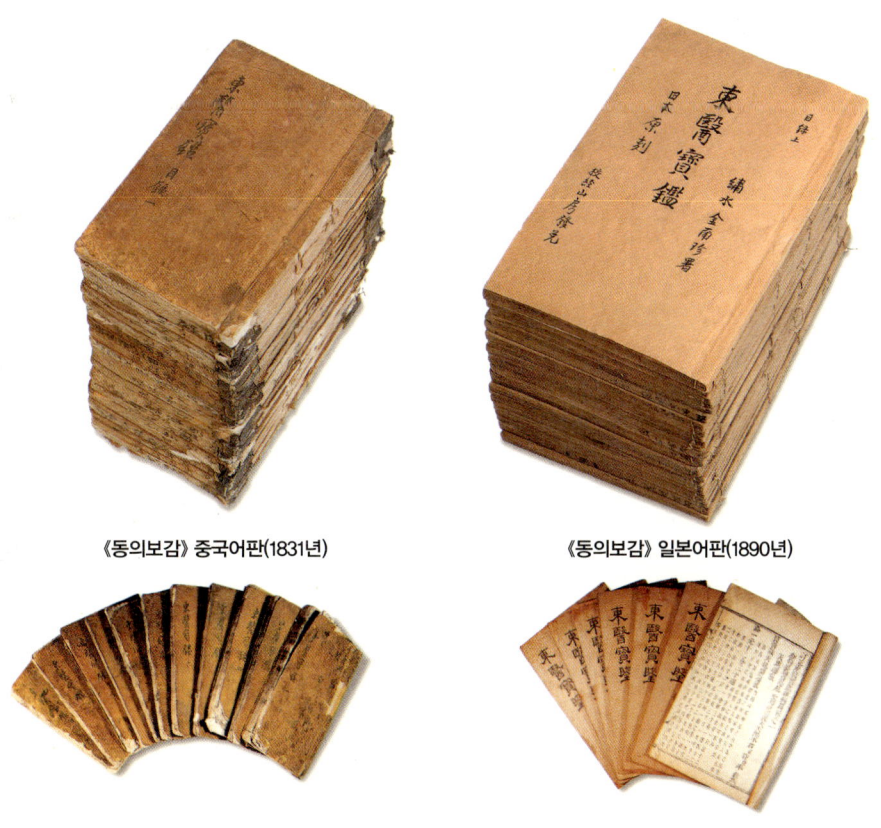

《동의보감》 중국어판(1831년)   《동의보감》 일본어판(1890년)

> **이덕무가 뽑은 최고의 책 세 권**
> "조선의 책 가운데 단 3개만 고른다면, 이율곡의 《성학집요》와 유형원의 《반계수록》과 함께 허준의 《동의보감》을 꼽겠다."
> 이덕무(1741~1793년)는 수천, 수만의 조선 책 중 이 셋을 뽑아 최고로 쳤어. 선정 이유를 직접 들어볼까.
> "이율곡의 《성학집요》는 사람이 어떻게 살아야 할지를 가르쳐 준 역작이다. 유형원의 《반계수록》은 조선 사회가 잘 살기 위한 방법을 제시한 문제작이다. 《동의보감》은 사람을 살리기 위해 꼭 필요한 책이다."
> 이율곡의 《성학집요》는 한국의 유학을 대표하는 책이고, 유형원의 《반계수록》은 조선 후기 실학의 최고봉으로 평가 받는 책이야.

아내면, 그것을 생산한 나라에 국한하지 않고 세계인의 사랑을 받게 되지. 이 글을 쓴 중국의 어능이란 사람은 바로 이 점을 강조했던 거야. 허난설헌과 허준은 가까운 친척이 아니었지만, 허난설헌의 시는 조선에 온 중국 사신이 극찬을 하며 중국에서도 출간되어 이미 잘 알려져 있었어. 시가 슬픔을 띠며 아름답기 때문에 중국 사람의 심금을 울린 것이지. 허준의 《동의보감》은 의학의 이치를 잘 밝히고 가치 높은 처방을 그득 담고 있기 때문에 중국 사람의 인기를 높이 샀지.

'책만 읽는 바보'로 알려진 이덕무는 《동의보감》을 최고의 책으로 손꼽으면서 "사람들은 의학을 업신여기며 시문 짓기만 일삼고 있다. 참 한심한 일이다."라고 했어.

도대체 《동의보감》이 어떠하기에 이런 평가를 받았는지 궁금해지지 않니?

동의보감 요모조모 뜯어보기

여기에 《동의보감》이 있어. 자, 어떤 내용이 있는지 말해 볼래? 또 책을 본 느낌이 어때?

> **東醫寶鑑**
> 동녘 동 / 의원 의 / 보배 보 / 거울 감

"어휴~, 책 제목부터 다 어려운 한자라 잘 모르겠네요." 그래도 한자 자전, 백과사전 찾아보면서 알아낸 만큼만 말해 보렴.

"책을 세어 보니까 총 25권이네요. 책 표지에는

모두 '東醫寶鑑'이라고 되어 있어요. '동의보감'을 한자로 쓴 거지요?" 그렇지. 동의보감이란 '중국의 동쪽 지방의 의학에서 나온 보배 같은 거울'이라는 뜻이야. 거울에 사물을 비추면 모든 게 낱낱이 드러나잖아. 당시에는 지금같이 유리 거울을 쓰지 않았고 청동거울을 쓴 거 잘 알고 있지. 보배스러운 청동거울일수록 환하게 비추겠지. 그런 뜻에서 이 책을 읽으면 온갖 병의 이치와 그에 맞는 처방이 드러난다는 뜻을 담고 있는 거야. 청동거울보다 더 좋은 거울이 하나 있는데 그게 뭘까? 깊은 산속 골짜기의 맑은 샘물 즉 물거울이 그거야. 허준은 자신이 지은 책이 병과 약, 건강을 지키는 데에 물거울이 되리라 자신했어.

"아, 그렇군요! 동의보감이란 말 많이 들어봤지만, 이렇게 완벽하게 뜻을 알기는 이번이 처음이에요." 아마 이 책 이외의 그 어떤 책에서도 이렇게 똑 부러지게 동의보감의 뜻을 풀이한 게 없다고 나는 자신하지. 흠흠…. 자, 또 어떤 걸 읽어냈니?

"목록 2권, 내경편 4권……, 근데, 목차는 왜 두 권씩이나 돼요?" 제법 예리한 질문인데! 요게 동의보감의 주요 특징 중 하나란다. 목차가 매우 자세하지.

《동의보감》 목차는 각 병증에 쓰는 처방 하나하나까지 실었어. 그러니까 누가 앓고 있는 병이 무엇이고, 어떤 처방을 써야 하는지를 목차만 봐도 대충 알 수 있단다. 이건 이전의 책들과 매우 다른 방식이었어. 이렇게 친절하니, 의사가 아니라도 심지어 가정에서도 두고 활용할 수 있을 정도였어.

"목록 2권 다음에, 내경편 4권, 외형편 4

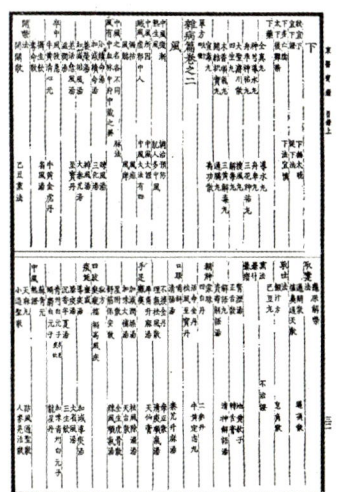

《동의보감》 목록 어떻게 찾는지 예를 하나 들어볼까? 우리 아이가 밤마다 잠결에 오줌을 싸는데 어떻게 해야 하지?《동의보감》의 목차를 찾아봐. 밤에 오줌 싸는 조항이 잡병편 끄트머리에 있는 소아편에 실려 있어. 찾았다면 거기에 어떤 처방이 실렸는지 보면 되지. 모든 병증은 이렇게 목차로 다 찾아볼 수 있지. 그러니까 꼭 전문가가 아니라도 볼 수 있게 되어 있어.

권, 잡병편 11권, 탕액편 3권, 침구편 1권이 있네요."

'내경'이란 말은 좀 어려워. 원래 뜻은 안쪽 영역이란 뜻이야. 거기에는 오장육부처럼 형태가 있는 것도 있고, 피와 가래 따위 몸 안의 액체나 그보다 더 기본적인 원리인 정·기·신도 포함된단다.

나머지 넷은 그다지 어렵지 않아.

■외형 : 글자 그대로 몸 바깥 부위를 말해. 사지, 머리, 얼굴, 이목구비, 몸통의 각 부위가 이에 속하지.

■잡병 : '잡스런 병'이 아니라 '병에 관한 모든 것'을 뜻해. 병이 왜 생기는지, 어떤 병인지 알아내는 방법을 비롯하여 중풍, 파상풍, 더위 먹은 병, 학질, 전염병, 천연두, 외상, 중독 등 온갖 병을 다뤘어. 그러다 보니 두툼해질 수밖에. 무려 11권씩이나 되잖아.

■탕액 : 동식물, 광물성 약재와 그것을 다루는 법, 약 작용의 이치를 담았어.

> **정·기·신**
> 정·기·신 중 기를 뺀 두 글자는 합쳐 정신이 되지. 그게 우리가 요즘 말하는 정신이란 말의 원조란다. 우리 몸은 육체 활동과 정신의 활동을 다 같이 담고 있잖아. 한의학에서는 이 둘 모두 기운을 뜻하는 기의 활동으로 파악하지. 그 기운은 여러 형태를 띠는데 생명 활동을 시작하는 핵심을 특히 '정'이라고 해. 남자의 경우에 생명 잉태의 시작인 정액의 '정'이 가장 대표적인 거야. 기운 중 마음의 활동을 가능하게 해 혼, 의지, 용감함, 판단력, 기억 등의 활동을 가능하게 하는 게 신이야. '신명난다~'는 말 가끔 쓸 거야. 이 신의 활동이 활발해진 상태가 신명난 상태지. 공부가 잘 되어 뻥 뚫린 느낌이 들 때도 신명난다고 하지. 새로운 사실을 알고 나니, 지금 신명나지 않니?

■침구 : 침과 뜸을 뜻해. 단 1권뿐이야. 이렇게 분량이 적은 것은 침뜸 처방 중 많은 내용이 내경·외형·잡병 편에 흩어져 있기 때문이야. 침구편에서는 침뜸의 원리, 침을 놓는 자리인 혈, 침뜸이 작용하는 길인 경락

조선 시대의 침 한의학에서 가장 중요한 의료기로 사용되던 여러 종류의 침이야. 앞서 선사 시대부터 침을 써왔다는 걸 봤지. 이 침들은 금, 백금, 은 또는 철로 만들었어.

등 이론 부분만 실었지.

《동의보감》은 몸 안팎에 생긴 온갖 병들에 관한 이론과 치료법을 종합했어. 2000여 가지의 병 증상에 4000여 가지 처방을 요령 있게 처방할 수 있도록 한 것이지. 조선 4대 문장가 중 한 명인 이정구(1564~1635년)는 《동의보감》의 서문에서 이렇게 말했어.

> 이 책은 옛 것과 지금의 것을 두루 포괄하면서도 그 핵심을 잡아 요점을 잘 제시하고 있다. 상세하지만 산만하지 않고, 요약되어 있으되 포괄하지 않는 것이 없다. 병이 걸린 사람은 그 증상이 천 가지, 만 가지로 이 책에 따르면 그 모든 경우를 알맞게 조치할 수 있다. 환자의 병증을 목록에서 찾고 처방을 찾아 약을 쓰면 된다. 멀리 옛날 의서를 참고할 필요도 없고 가까이 옆집에 가서 처방을 찾을 필요도 없을 것 같다. 오직 이 한 책만 있으면 되겠다. 진실로 놀라운 책이로다.

《동의보감》에 실린 오장의 모습 허준은 신형장부도와 오장도를 모두 실었는데, 중국 의학 책보다 간결하고 산뜻하게 그렸단다. 실제 장기 모습보다는 장기의 상징성에 무게를 두었어. 심장을 자세히 살펴볼까? 심장에 구멍이 뚫려 있고 털이 나 있네. 동의보감에서 심장을 '피어나지 않은 연꽃 같은 모양'이라고 했어.

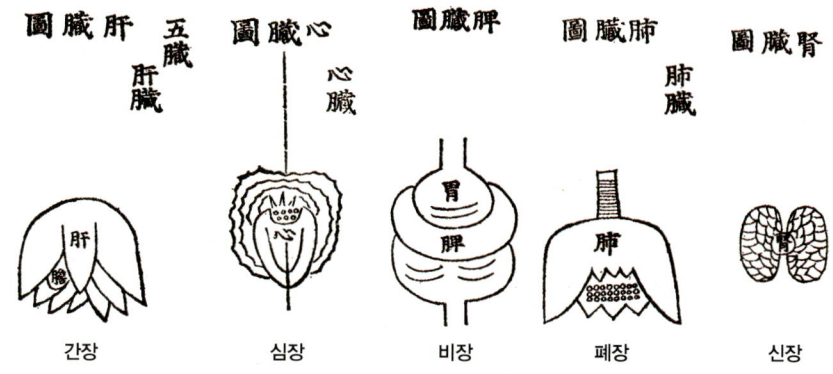

간장　심장　비장　폐장　신장

병을 고치는 일에 그치지 않고, 병을 예방하여 병이 안 생기도록 하는 일에도 엄청난 신경을 썼다는 것이 무척 중요해. 허준은 "병을 고치는 것은 낮은 재주고, 병이 안 생기도록 하는 게 뛰어난 솜씨"라고 했어. 이런 허준의 생각은 오늘날 세계 보건 기구에서 말하는 "질병보다는 예방, 예방보다는 건강"이라는 원칙과 똑같은 거야.

《동의보감》 탄생기

자, 그럼 《동의보감》이 어떻게 해서 탄생하게 되었는지 알아볼 차례가 되었구나. 대작의 탄생에는 산고가 따르는 법! 《동의보감》 또한 우여곡절을 겪었어.

때는 임진왜란 중인 1596년 어느 날, 전쟁이 잠깐 잠잠해졌을 때 일이었어. 1592년부터 일본이 20만 대군을 이끌고 조선을 침공하여 조선 전역을 들쑤시고 다녔지. 이미 전라도를 제외한 조선 대부분의 영토가 전쟁에 휩싸여 농토가 황폐화하고 수많은 사람이 목숨을 잃었어. 살아남은 사람들의 삶 또한 비참한 상태였어. 이런 상황에서 사람의 목숨을 구하는 의학 책의 편찬은 꼭 필요한 정책 중 하나였어. 선조는 허준을 비롯한 학자와 어의를 불러 모아 의학 책의 편찬을 명했어.

"허준, 네가 이 중책을 맡아 일을 진행하라."

당시 허준은 선조 임금의 대단한 총애를 받고 있었어. 일본군에 밀려 선조가 궁을 떠나 의주까지 피난을 갈 때 자신의 가족을 돌보지 않고 임금을 좇아간 몇 안 되는 인물 중 하나였지. 또 피난 시절 곁에서 선조의 건강을 도맡아 보살폈어. 이미 오래전부터 선조 임금은 허준의 학문을 높이 평가하고 있었고 충직하기까지 했으니 선조가 허준을 얼마나 아꼈는지 알 거야.

아울러 선조는 책의 세 가지 편찬 방향을 지시했어.

첫째, 병을 고치기에 앞서 수명을 늘리고 병에 안 걸리도록 하는 방법을 중시하라. 병 고치는 것보다 안 걸리는 것이 더 중요하기 때문이다.

둘째, 무수히 많은 처방들의 요점을 잘 간추려라. 중국에서 수입된 의학 책이 매우 많은데, 이 책은 이렇게 말하고 저 책은 저렇게 말하는 등 앞뒤가 서로 맞지 않는 경우가 많았기 때문이다.

셋째, 국산 약을 널리, 쉽게 쓸 수 있도록 하라. 약초 이름에 조선 사람이 부르는 이름을 한글로 표시하라. 시골에는 약이 부족하기 때문에 주변에서 나는 약을 써야 하는데, 그게 어떤 약인지 잘 모르기 때문이다.

책을 편찬하라고 명령한 것은 왕이지만, 의학 책을 펴내야 한다는 것은 허준을 비롯한 많은 사람들의 의견이었을 거야. 그건 편찬 방향도 마찬가지였겠지.

허준은 양예수, 정작, 김응탁, 이명원, 정예남 등 다섯 인물과 함께 명령을 받들어 일을 시작했어. 세종 때 《의방유취》를 편찬한 이후에 가장 많은 인원이 의학 책을 짓는 작업에 참가한 거였어. 참여한 사람들 모두 쟁쟁했어. 양예수는 허준보다 선배였고 당대 최고의 의술 솜씨를 지닌 어의였어. 정작은 의사는 아니었지만, 의학에 뛰어난 학자였어. 특히 그의 형인 정렴과 함께 기 호흡으로 건강을 챙기는 양생술의 대가였어. 김응탁, 정예남, 이명원 등 세 명은 젊은 어의였는데, 특히 이명원은 침술에 뛰어났어.

이들이 함께 작업을 했기 때문에 어떻게 보면 이 새로운 의서 《동의보감》은 허준이 혼자 쓴 책이 아니라 함께 만든 공동 저작이라고 할 수 있지. 근데, 이들이 모여서 겨우 책의 골격만 잡았을 때 1597년 정유재란이 터져 공동 작업이 더는 이어지지 못했어. 난리가 나니 책 쓰기는 힘들어졌고, 게다가 난리 통

에 이들이 뿔뿔이 흩어져 버렸지. 정유재란이 끝난 뒤 1601년이 되어서야 선조는 왕실에 소장된 500여 권의 의학 책을 다시 허준에게 내 주면서 일을 다시 추진할 것을 명령했어. 이후에는 허준이 모든 것을 홀로 완성했기 때문에 완성된 《동의보감》은 허준이 혼자 써낸 책이라고 할 수 있지. 실제로 《동의보감》 안에 책의 편찬자로는 허준의 이름만 적혀 있어.

동아시아 의학을 종합해 낸 허준

허준이 홀로 새 의학 책을 쓸 때에도 순조롭지 않았어. 1608년이 되도록 책의 절반도 끝내지 못했으니까. 당시 허준은 어의였어. 어의 일이 너무 바빴기 때문이었지. 1601년에 급히《언해태산집요》,《언해구급방》,《언해두창집요》등 세 책을 지어냈지. 모두 전쟁 후에 꼭 필요한 해산과 육아, 구급 치료법, 천연두 치료법 등을 간단하게 담은 것들이야. 모두 보통 백성과 여성도 읽을 수 있도록 한글 번역이 딸려 있어.

어의 임무를 하느라 정신이 없었던 허준에게 의학 책 집필 시간을 갖게 해 준 것은 귀양살이였어. 1608년 선조 임금이 돌아가시자 임금의 건강을 책임진 허준이 죄를 뒤집어썼어. 사실 선조의 건강은 의원의 능력과 무관할 정도로 상태가 몹시 안 좋았기 때문에 어의의 잘못은 아니었어. 하지만 많은 관리들이 허준에게 죄를 씌우며 들고 일어났어. 허준은 서자 출신의 의원이면서도 양반들에게 굽실거리지 않았기 때문에 왕의 총애를 믿어 너무 까불고 건방지다고 생각한 거야. 다음 임금인 광해군은 그런 주장이 마땅하지 않음을 잘 알았기 때문에 허준에게 죄를 물으려 하지 않았어. 또 이전에 허준이 자신의 목숨을 두 차례씩이나 구해준 적도 있었고. 하지만 워낙 관리들의 비난이 드셌기 때문에 광해군은 마지못해 허준을 귀양 보냈어. 서울에서 먼 곳이 아니면서도 허준이 생활에 익숙한 의주 땅으로 보낸 거야. 귀양살이는 허준에게 시간을 주었어. 2년이 채 안 되는 시간 동안 나머지 절반 이상을 다 써서 책을 끝냈단다.

광해군은 그 책에 감격하면서 책 이름으로《동의보감》을 쓰도록 했어. 《동의보감》은 책이 방대했고 정교했기 때문에 책을 인쇄하는 데에는 3년이 걸려 1613년이 되어서야 세상에 모습을 드러냈어. 선조가 밝힌 세 가지 원칙이 생

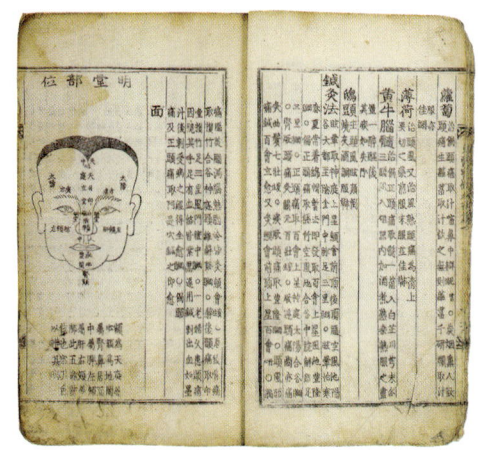

1613년에 처음 펴낸《동의보감》초간본이야.

생하게 살아 있었어. 질병보다 건강과 예방을 앞세웠고, 이 때문에 다른 종합 의서와 완전히 다른 책이 만들어졌어. 여러 이론과 처방을 간결하면서도 요령 있게 정리했어. 이로써 한의학의 계통과 유래가 분명하게 파악되었어. 특히 향약을 철저하게 정리했어. 《향약집성방》 이후의 향약에 관한 지식이 모두 정리되었고, 약 이름이 최초로 한글로 씌어졌어. 덕분에 《동의보감》이 특히 백성들에게 유용한 책이 되었지.

허준이 어떤 일을 해낸 것인지 다시 한 번 정리해 볼까?

허준은 《의방유취》에서 총정리한 의학 지식을 완전히 깨우쳐 자신만의 독자적인 의학의 경지를 이루었어. 《의방유취》 이후에 나온 중국과 조선의 의학을 함께 아울러 동아시아 의학의 핵심을 잡아냈단다. 그 어려운 의학을 철저하게 이해하는 데 그치지 않고 한 걸음 더 나아간 것이지.

어느 중국의 의학자와 견주어도 결코 뒤지지 않는 성취였어. 적어도 동아시아 의학의 종합이라는 측면에서는 으뜸이야. 허준의 《동의보감》이 오늘날에도 중국과 한국에서 계속 찍혀 나오는 까닭이 바로 여기에 있지.

2009년 《동의보감》이 유네스코가 지정한 기록문화유산이 된 건 결코 우연이 아니야.

잊지 말 것이 하나 있어. 허준이 조선만의 독특한 의학이 아니라 동아시아 의학 전체와 씨름했기 때문에 세

19세기에 찍혀 나온 한글판 《동의보감》

계 수준의 책을 써낼 수 있었다는 사실 말이야. 허준이 인용한 대부분의 책은 중국의 학자들이 쓴 의학 책이었어. 허준의 성취는 이전의 중국 의학자와 조선 의학자의 어깨를 짚고서 이룩한 거야.

허준, 제대로 알고 있나요?

워낙 소설과 텔레비전 드라마로 잘 알려져 있기 때문에 많은 사람이 허준에 대해 잘 안다고 생각할 거야. 근데, 대부분 사실이 아니야. 조금 과장해서 말하면 허준이 남자고, 어의 노릇을 했다는 것 두 사실만 빼놓고는 다 '뻥'이야.

★ 허준 상식 바로잡기!

허준의 스승이 유의태라고? 유의태는 허준보다 100년 늦게 태어난 사람이야. 작가가 소설에서 끼워 넣은 인물이지.

허준의 엄마가 종이었다고? 아니야. 허준의 엄마는 훌륭한 양반 가문의 딸이었어. 다만 정실부인이 아니었을 뿐.

허준이 과거에 급제했다고? 아직까지 허준이 과거를 보았다는 기록이 발견되지 않았어.

예진 아씨와 사랑에 빠졌다고? 예진 아씨란 사람은 역사에 없었어.

한 가지 더. 허준이 1546년에 태어났다고 족보에 적혀 있어서 그렇게 널리 알려졌는데, 새로 발굴된 자료에 따르면 허준은 1539년에 태어났어.

허준 1980년 한의사인 최광수 원장이 그린 거야.

★ 서자 허준, 그러나 차별 없이 공부하다

허준은 양반 가문, 그 중에서도 무관 가문의 후손이었어. 할아버지가 정3품을 지냈고, 아버지는 종4품 이상을 지냈어. 이처럼 쟁쟁한 집안의 둘째 도련님이었어. 물론 어머니가 정실부인이 아니었기 때문에 서자이기는 했지만, 그게 허준의 공부에 장애가 되지는 않았어. 역시 서자인 허준의 동생은 서자임에도 불구하고 문과에 급제했거든. 이런 사실은 허준의 집안에서 적서의 차별 없이 공부를 제대로 시켰음을 뜻해. 또한 허준에 대해 "어렸을 때부터 총명하여 경전, 역사에 밝았을 뿐 아니라, 의학에 특별히 밝았다."는 당대의 평가가 있어. 이는 허준의 학문이 폭넓고 깊었음을 말해주는 거야. 《동의보감》 같은 세계적인 의학 책을 쓸 수 있는 허준의 자질이 어렸을 때부터 차츰 갖춰졌음을 뜻해.

★ 중인에서 양반으로

허준의 벼슬길은 늦었지만, 벼슬에 오른 뒤에는 승승장구했어. 33세 때 내의원의 핵심 요직인 내의원 첨정(종4품)에 올랐고, 51세 때 나중에 광해군이 된 세자의 천연두를 고친 공으로 정3품의 벼슬에 올랐어. 의원으로서 넘을 수 없던 벽을 뚫고 당상관에 올라 '대감' 소리를 듣게 된 것이지. 57세 때 또 다시 세자의 병을 고친 공으로 서자 출신이기 때문에 붙여진 중인이라는 딱지를 떼고 양반이 되었어. 65세 때에는 임진왜란 때 임금을 의주까지 모신 공으로 3등 공신에 책봉되는 한편 종1품 벼슬을 얻었어. 서자 출신의 의원으로서 역사상 처음 있는 일이었어. 이보다 앞서 62세 때에는 선조 임금의 병을 고치자 임금이 감격하여 정1품 보국숭록대부를 수여하려고 했는데, 대신들의 반대가 드세어 취소된 적이 있었어. 1615년 허준이 76세로 죽자 광해군은 선조 때 받지 못했던 정1품 벼슬을 내렸지.

★ 책으로 남긴 허준의 의학

책으로는 《동의보감》 같은 불후의 명작을 남겼고, 벼슬로는 정1품 보국숭록대부까지 올랐으니 허준의 삶은 휘황찬란했다고 봐야 하겠지. 게다가 동아시아 최초로 성홍열의 정체를 올바르게 알아내는 쾌거도 이룩했어. 1613년 나온 《벽역신방》(역병을 쫓아내는 새로운 처방)에 그게 실려 있어. 이 밖에도 진맥한 책을 바로 잡은 《찬도방론맥결집성》, 《신찬벽온방》(염병을 쫓는 새로운 처방)과 함께 앞에 말한 세 종류의 언해 책 《언해태산집요》·《언해구급방》·《언해두창집요》까지 썼으니, 허준 혼자 해낸 일이 무척이나 크고 넓구나!

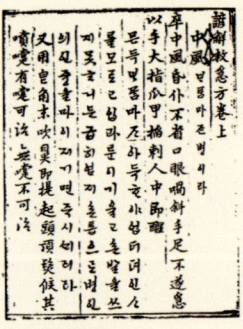

《언해구급방》

비밀노트

허준은 해부를 했을까 -해부로 보는 한의학과 서양 의학의 차이점

"허준아, 나 죽거든 내 시신을 해부하여 연구해 의학을 발전시켜다오."
"제가 어떻게 감히 스승님의 몸에 칼을 댈 수 있겠습니까? 전, 죽어도 못 합니다."
"쯧, 못난 놈 같으니라고. 나는 어차피 죽을 몸, 내 시신을 연구해 수많은 사람의 병을 고치라는 내 뜻을 거역하려고 하는 것이냐."

텔레비전 드라마에서는 스승 유의태가 숨을 거두자, 허준은 눈물을 머금고 유의태의 시체를 해부해 반위, 즉 위암의 원인을 찾아내게 되지. 아마 이 장면을 보면서 시청자들은 벅찬 감동을 느꼈을 거야. 근데 앞서 본 것처럼 유의태가 허준보다 훨씬 후대에 태어난 사람이니까, 이 이야기는 진짜가 아니야. 그리고 해부도 꾸며낸 이야기야.

서양에서 15세기에 해부하는 모습이야. 야외에서 해부를 하고 있어. 선생이 지켜보는 가운데 조수가 해부를 하고 있구나.

한의학은 기본적으로 살아 있는 기운, 즉 생기(生氣)를 중심으로 하는 의학이야. 몸 안의 기운을 어떻게 힘차게 하고, 쇠약해진 기운을 어떻게 되살리는가에 관심을 두었어. 그렇기 때문에 몸 전체의 상태를 파악하는 데 주력해왔지. 그러니까 이른바 내과학이 발달한 거야. 이와 달리 서양 의학은 신체의 각 부위를 나누어서 각 부분에 생긴 이상 상태를 파악하고 거기에 생긴 병의 근원을 없애는 데 주력해왔어. 그러니까 해부학과 외과 수술이 특히 발달했던 것이지. 그러니까 소설과 드라마에서 허준이 스승 유의태를 해부한 것은 한의학 방법이 아니라 서양 의학 방법을 쓴 것이지.

허준은 기운을 잘 활용해서 무병장수하는 이른바 양생의 방법에 대단한 관심을 가졌어. 허준의 이런 생각은 1763년 남두민이란 후배 의사에게서 잘 드러나 있어. 남두민은 일본으로 가는 사절단인 조선통신사를 따라간 의사야. 일본 교토로 가는 길에서 기타야마 와라와츠라는 일본 의사를 만나 의학을 토론하게 되었어. 기타야마는 남두민에게 이렇게 말했어.

"우리 일본에 미와키 토요라는 의사가 있습니다. 그는 실제 해부를 해서 새로운 의

일본에서 사형자의 시체를 해부하는 모습이야.

학을 알아냈다고 주장합니다. 그게 기존의 한의학 지식과 완전히 다른 내용입니다. 몸속에는 5장6부가 있는 게 아니라, 단지 9개 장부만 확인됐다는 거죠. 이게 맞는다면 5장6부에 바탕을 둔 한의학은 모두 거짓 의학이 되지 않겠습니까. 우린 이제 다 망하게 되었습니다. 조선에서는 이런 일을 알고 있습니까?"

일본 의사들이 망하겠다고 하면서, 은근히 조선이 잘못된 의학을 하고 있다고 말하는 내용이야. 남두민의 받아치기가 걸작이었어.

"귀하의 나라에서는 기묘한 걸 좋아하는 사람들이 참 많은 것 같군요. 우리나라 사람은 진득합니다. 우리는 옛날의 의학 성현인 황제와 기백이 가르쳐 준 의학을 존경하고 숭배합니다. 해부를 해서 아는 자는 어리석은 자입니다. 성현은 해부를 하지 않고서도 몸의 상태와 병을 정확히 알아냅니다. 귀하는 그런 말에 현혹되지 마십시오."

어때? 남두민의 생각이 허준과 비슷하지 않니? 이런 태도는 18세기 이후 일본의 경향과 크게 다른 것이었어. 일본은 16세기 말부터 서양 의학을 받아들였어. 네덜란드에서 온 학문이란 뜻의 서양 의학인 '난학'이 발달했어. 그러다 1754년 앞서 말한 미와키 토요란 한의사가 실제 해부에 나섰어. 자기가 쓰고 있는 한의학이 옳은지 그른지 살피기 위해서였지. 나라로부터 죄로 사형된 수십 명의 사람을 해부해도 좋다는 허락을 받아냈어. 해부한 결과를 《장기에 대한 기록》이라는 책으로 펴냈어. 이보다 꼭 20년이 흐른 1774년 일본 학자가 두툼한 서양 해부학 책을 번역해 냈어. 현재 일본이 자랑하는 《해체신서》(몸을 해부한 새로운 책)가 그거야. 네덜란드 말을 전혀 몰랐던 상태에서 시작해서 어려운 의학 용어 전부를 깨우쳐 완역에 성공한 거였어. 이처럼 일본에서는 조선과 달리 서양 해부학 학습을 통해 새로운 의학을 찾아가고 있었어. 같은 의학이라고 해도 일본보다 조선이 훨씬 전통을 고수하는 편이었지.

그럼 마지막으로 질문 하나 낼게. 같은 과학이라고 해도 천문학 분야는 열성적으로 서양 천문학을 받아들였잖아. 의학 분야는 왜 서양 의학을 받아들이지 않았을까?

"너무 어려운 질문이에요." 천문학 분야, 특히 계산하는 분야는 천체 운행의 계산과 관련된 내용이었어. 우리 방법을 쓰든 서양 방법을 쓰든 더 정확한 방법이란 게 바로 드러났어. 더 정확한 게 있으면 바로 받아들였던 거야. 또 제왕의 학문은 오

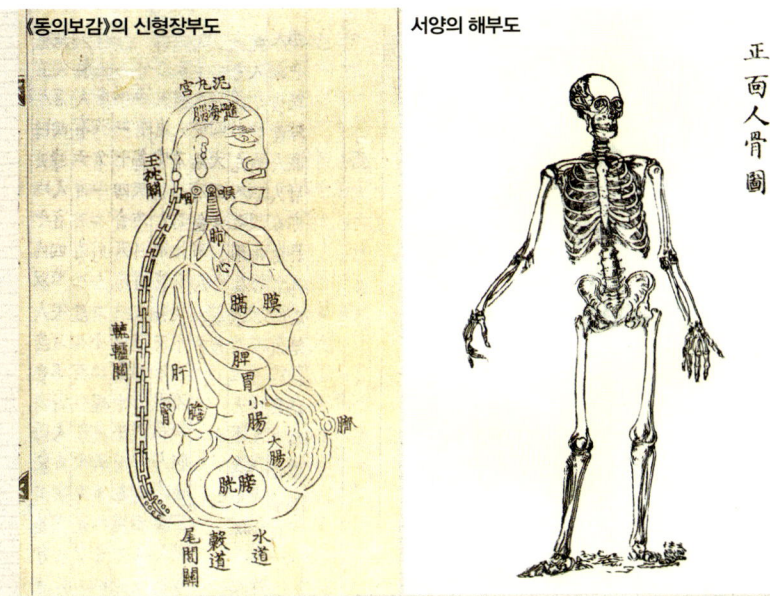

《동의보감》은 서양의 근대 의학에서 보이는 해부도와 성격이 전혀 달라. 신형장부도는 정확한 묘사가 아닌 각 기관의 존재와 위치를 표현하는 것이 주목적이었어.

차를 최대한 줄이는 걸 목표로 했거든. 하지만 의학 분야는 달랐어. 20세기에 이르기까지 서양 의학은 몸에 대한 지식이 상세해 보이기는 했지만, 외과 수술을 제외한 치료술은 형편없어 보였거든. 오히려 대다수 사람들은 한의학이 병 치료에 더 우수하다고 확신했어.

또 천문학 분야와 달리, 인간의 몸과 몸에 생기는 병에 대한 접근이 단 하나의 방법만 있는 게 아냐. 서양 의학이 몸을 낱낱이 뜯어보듯 접근하는 분석적 의학 체계를 열었다면, 한의학은 기(氣)를 중심으로 하여 몸을 하나로 보며 기능을 충실하게 회복시키는 의학 체계를 발전시켜 왔지. 두 의학의 토대가 매우 다르기 때문에 천문학 분야와 같은 일이 벌어지지 않았던 거야. 그건 오늘날까지도 지속되는 특징이기도 해.

▼
■ 허준의 삶과 《동의보감》에 관한 내용은 내가 이전에 쓴 《조선 사람 허준》의 내용을 참고했어.
■ 한의학과 서양 의학이 크게 어떻게 다른지 해부라는 주제를 통해서 알아보려고 했어. 이 부분은 내가 해부와 장부에 대해 쓴 두 편의 글 '《동의보감》의 신형장부도와 오장도', '조선 후기 신체장부에 대한 담론'을 참고했어.

5 사상의학이 뭐야?

일제 강점기에 나온 위인전에서 뛰어난 인물 98명을 선정했어. 《조선명인전》이라는 책인데, 거기에 어떤 인물이 있는지 한번 볼까? 을지문덕, 세종 대왕, 이순신, 장영실, 허준 등이 보이네. 이 쟁쟁한 사람들과 함께 '이제마'라는 이름이 들어가 있어. 아마 낯선 이름일지 몰라. 흔히 이제마에게는 '사상의학의 창시자'라는 말이 따라 다녀. 이제마도, 사상의학도 다 낯설지?

四象醫學
넉 사 / 코끼리, 꼴 상 / 의원 의 / 배울 학

이번에 살필 내용은 허준과 어깨를 나란히 하는 의사 이제마

이제마 1837년 함경도 함흥에서 태어났어. 열세 살 때 아버지와 할아버지를 동시에 여의고, 그 충격으로 집을 뛰쳐나와 전국을 떠돌았어. 우리나라뿐만 아니라 중국과 러시아 인근 지역까지 돌아다니면서 견문을 깨쳤어. 늦깎이로 서른아홉 살 때 고향에서 본 무과 시험에 합격하여 서울에서 무관 생활을 시작했어. 이때 이제마는 호를 '동무', 즉 동쪽 나라를 지키는 무관이라 지었어. 이제마는 관직 생활을 하면서 틈틈이 의술을 펼치며 의학을 연구했어. 1894년 《동의수세보원》 저술을 마쳤고, 1900년 이제마가 죽은 다음 해 제자들이 이 책을 고향 함흥에서 찍어냈어.

와 그가 창안한 사상의학이야.

사상의학의 창시자 이제마

이제마의 의학에 대해 맨 먼저 평가를 내린 사람은 육당 최남선이야. 최남선은 1919년 3·1운동 때 〈기미독립선언문〉을 지은 최고의 문장가야. 1916년 대표 작품인 《시문독본》에서 이제마를 '사상의학 발명자', '뛰어난 무인이자 병략가'로 높이 평가했어. 최남선이 사상의학에 대해서는 뭐라고 말했는지 알아?

> 이제마의 사상의학은 오장육부가 아니라 사장사부에 입각한 의학으로서 이전에 없었던 의학이다. 사장사부는 경험과 사실에 근거한 과학적인 것이다.

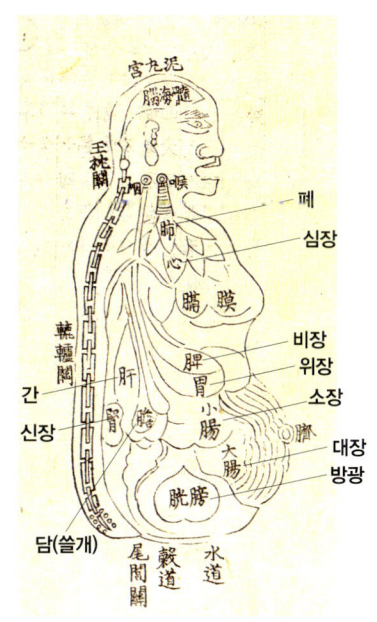

| 오장 간장, 심장, 비장, 폐장, 신장 | ➡ | 사장 간장, 비장, 폐장, 신장 |
| 육부 위, 대장, 소장, 쓸개, 방광, 삼초 | ➡ | 사부 위완, 위, 소장, 대장 |

*위완 : 식도에서 위로 들어가는 부분

이제마가 죽은 뒤 겨우 15년 지나서 이런 평가를 했다는 건 정말 놀랄 만한 일이야. 조선이 기울어가고 식민 지배를 당하는 때에 최남선은 민족의 자긍심을 높이기 위한 대표 사례로서 이제마의 사상의학을 찾아낸 거였어.

조선에 과학이 있었던가? 조선 학문에 혁신이 있었던가? 이런 물음에 답하기 위해 최남선은 "그렇다! 과학이 있었고 혁신이 있었다! 이제마가 전통적인 오장육부 한의학을 거부하고 철저히 수많은 환자의 경험 사례를 모아 얻어낸 과학 사상의학이 있다."고 답했던 거야. 1940년 유명한 한국학 연구자인 최익한은 이제마의 업적에 대해 "옛 사람의 묵은 학풍을 답습하기에 바빴던 학계를 혁신한 것"이라고 칭송했어.

많은 사람들이 이제마를 잘 몰라. 한때 이제마에 관한 드라마도 나온 적이 있었는데 큰 인기를 못 끌었어. 하지만 많은 사람들이 태양인, 소양인, 소음인, 태음인이란 말은 알지. 아마 자신의 유형을 알고 있는 친구들도 적지 않을걸. 아직 모르고 있다면, 귀띔해 줄 테니까 자신의 체질이 어디에 가까운지 한번 보렴.

도덕과 수양을 중시한 사상의학

태양인 목덜미가 뚱뚱하고 머리가 크다. 얼굴은 둥근 편이고, 살이 많이 찌지 않았다. 보통 이마가 넓고 광대뼈가 튀어 나왔다. 눈에는 광채가 있다. 척추와 허리가 약하며, 오래 앉아 있지 못하고 기대어 앉거나 눕기를 좋아한다. 성격은 남들과 잘 어울리고 과단성, 진취성이 강하다. 또한 머리가 명석하고 창의력이 뛰어나 남이 생각하지 못하는 것을 생각해내곤 한다. 반면에 계획성이 적고 대담하지 못하며, 남을 공격하기 좋아하고 후퇴를 모른다. 지나친 영웅심과 자존심이 강하여 일이 안 될 때는 심한 분노를 표현한다.

소양인 몸은 살이 찌지 않은 편인데, 상체가 발달해 있고 하체가 가벼워서 걸음걸이가 빠르다. 머리는 앞뒤가 나오거나 둥근 편이고, 얼굴은 명랑하다. 눈이 맑고 반사적이다. 입은 과히 크지 않고 입술이 얇으며 턱이 뾰족하다. 보기에 경솔하고 무슨 일이나 빨리 시작하고 빨리 끝내기 때문에 실수가 많고 일이 거칠다. 남의 일에는 희생을 아끼지 않고 그 일에 보람을 느끼므로 자기 일을 돌볼 겨를이 없다. 판단력이 매우 빠르나 계획성이 적으며, 일이 안 될 때는 체념을 잘한다. 의분이 생길 때는 물불을 가리지 않고 행동으로 옮겨서 목에 칼이 들어와도 하고야 만다.

태음인 네 유형 중 체격이 가장 큰 편이다. 골격이 굵고 키가 크며 살찐 사람이 많고 특히 손발이 큰 편이다. 얼굴은 윤곽이 뚜렷하여 눈·코·귀·입이 크고 입술이 두텁다. 턱이 길고 두터워 교만하게 보인다. 상체보다 하체가 건장하여 걸을 때는 약간 고개를 떨어뜨리고 앞을 내려다보며 배를 내밀고 발을 땅에 놓아 오리걸음같이 걷는다. 마음이 넓을 때는 바다와 같고, 고집스럽고 편협할 때는 바늘구멍같이 좁다. 잘못된 일인 줄 알면서도 무모하게 밀고 나가려는 우둔성이 있다. 자신의 주장을 말할 때는 남들이 좋아하거나 말거나 끝까지 소신을 피력하는 끈질긴 성격이다.

소음인 키는 작은 편이나 큰 사람도 있고, 용모가 잘 짜여 있어 여자는 오밀조밀하고 예쁘며 애교가 있다. 몸의 균형이 잡혀서 걸을 때는 자연스럽고 얌전하며, 말할 때는 눈웃음을 짓고 조용하고 침착하며 논리정연하다. 성격은 내성적이고 비사교적이다. 겉으로는 유연해도 속은 강하다. 작은 일에도 세심하고 과민하여 늘 불안한 마음을 갖는다. 아전인수 격으로 자기 본위로만 생각하고 실리를 위해서는 수단과 방법을 가리지 않는다. 머리가 총명하여 판단력이 빠르고 매우 조직적이며 사무적이다. 자기가 한 일에 남이 손대는 것을 가장 싫어하고 남이 잘하는 일에는 질투가 심하다.

자기가 어느 유형에 속하는지 대략 알겠지? 마치 관상을 보는 것같이 흥미롭기 때문에 어떤 사람이든지 사상 체질 내용을 들으면 귀가 쫑긋해지지.
이런 내용만 보면, 사상의학이 마치 몸의 체질을 알아내는 의학인 것처럼 생각하기 쉬워. 근데, 이건 이제마의 본뜻과 크게 어긋나. 이제마는 도덕과 수

왜 체질이 넷이어야 하지?

오늘날의 학자들은 그 까닭을 알기 위해 열심히 연구하고 있지만, 쉽게 밝히지 못하고 있어. 이제마가 스스로 그 까닭을 상세하게 말하지 않았기 때문이야.

하지만 이제마가 고대 유교 경전을 치열하게 파고들어 그 결과로 심오한 새로운 의학을 창안해 낸 점은 인정하고 있어. 인간이 어떻게 살 것이며, 인간의 몸이 어떠한 것이며, 수양을 통해 어떻게 완성되어갈 것인가 하는 것들이지. 이제마는 《대학》이나 《중용》 같은 유교 경전을 읽으면서 네 개의 단서를 찾아냈어. 또 다른 한편으로는 수많은 환자를 진료하면서 유심하게 관찰한 신체적 특징과 잘 걸리는 병을 탐구했지. 이 두 가지 공부가 사상의학의 창안으로 이어진 거야. 그 결과물이 1901년에 간행된 《동의수세보원》에 실려 있어. 책 이름은 동쪽 나라 의학에서 오래 살도록 하고 몸의 원기를 찾도록 하는 방법을 담은 책이라는 뜻이지.

《동의수세보원》

양을 중시했어. 사람의 체질이 도덕이나 수양과 관련되어 있다고 보았지.

보통 사람들은 모두 네 체질의 유형에 포괄되는데, 모두 뭔가 모자란 존재라는 거야. 몸을 이루게 하는 기운이 완전하지 않고 특별한 기운이 너무 지나치게 되어 네 유형이 생겨나게 된다는 거지. 모든 기운이 골고루 잘 갖춘 사람도 없지 않는데, 이제마는 이런 사람을 '성인'이라고 했어. 현실 세계에서는 성인은 없고, 단지 한쪽 기운이 치우친 네 종류의 사람만 있다는 거야.

성격을 보면, 태양인은 비루하고, 소양인은 천박스럽고, 태음인은 탐욕스럽고, 소음인은 게으르다고 했어. 각각 자신의 체질을 깨달아 마음의 수양을 통해 본래 타고난 나쁜 성질을 바로잡아야 한다는 게 이제마가 사상의학에서 말한 핵심이야.

체질이 다르면 약도 다르다

중국에서 한의학이 탄생한 뒤 수많은 학설이 나왔지만, 이제마의 사상의학은 그중에서도 매우 독특한 거야. 그게 얼마나 독창적인 걸까. 제대로 평가하려면 한의학이 어떻게 이루어져 있는지 알아야 해. 한의학은 기본적으로 인체와 자연의 '기(氣)'를 중심으로 한 의학 체계야. 기는 음기와 양기, 목·화·토·금·수 등 오행에 따라 움직이지. 달리 말해 한의학은 음양오행의 의학이라 말해도 지나치지 않아.

이제마는 이렇듯 견고한 음양오행의 틀을 깼어. 오행 대신에 태양·소양·태음·소음이라는 네 가지 사상의 개념을 제시했어. 또 5장6부 대신에 네 개의 장부만을 논한 4장4부를 중심으로 한 학설을 내놓았어. 그 내용을 깊이 들어가면 아주 복잡해. 이해하기 힘들어. 아래에 4장4부가 어떻게 사상 체질과 관련되는지만 간단히 소개할게.

> **음양오행의 의학**
> 한의학은 이렇게 음양오행을 바탕으로 하여 몸의 상태를 다루는 생리학, 병을 다루는 병리학, 병을 알아내는 진단학, 병을 고치기 위한 치료학, 약물을 다루는 약리학 등을 발전시켜 왔어. 오랜 역사를 거쳐 발달해 온 한의학의 수많은 학설과 논쟁은 모두 이 음양오행의 틀 안에서 이루어졌던 거야.

네 개의 장기 가운데 폐의 기운이 크고, 간의 기운이 작은 사람이 태양인이다.
비장(쓸개)의 기운이 크고 신장의 기운이 작은 사람이 소양인이다.
간의 기운이 크고 폐의 기운이 작은 사람이 태음인이다.
신장의 기운이 크고 비장의 기운이 작은 사람이 소음인이다.

여기서 크고 작다는 건 크기를 말하는 게 아니야. 작용하는 기운을 말해. 이제마는 무수히 많은 환자를 치료하면서 이런 의학의 뼈대를 세웠어. 자신이 관찰한 결과를 다음과 같이 말했어.

오늘까지 관찰한 결과 한 고을에 사람 수가 1만이라 하고 대략 논한다면 태음인이 5000명이고 소양인이 3000명이고, 소음인이 2000명이며 태양인의 수가 극히 적어서 한 고을에 3~4명 내지 10명에 불과하다.

이런 걸 보면, 사상 체질을 내놓기 위해 이제마가 얼마나 넓은 규모에서 관찰했는지 짐작할 수 있지.

음양오행에 따른 의학을 깬 것보다 더 놀라운 사실이 있어. 환자와 병을 접근해 들어가는 방법이 완전히 다르다는 점이야. 기존 한의학에서는 환자라는 인간은 동일한데 생긴 병만 다르다고 보았어. 오로지 기운이 허해서 병이 생긴 것이냐 나쁜 기운이 넘쳐서 병이 생긴 것이냐를 따지고, 추위 때문에 생긴 것인지 열 때문에 생긴 것인지를 판별했어. 이와 달리 사상의학은 사람은 네 가지 유형에 따라 앓는 병의 종류가 정해져 있다고 본 거야. 그렇기 때문에 비록 증상이 비슷해 보여도 사람의 체질이 다르면, 약을 다르게 써야 한다고 주장했지. 사상의학을 체질의학이라고 하는 까닭은 여기에 있어. 환자마다 다른 특성을 고려한 것은 이전 동서양 의학에서 크게 강조하지 않았던 부분이야.

중국 의학과 무조건 달라야 한다?

우리는 이미 고려 때부터 진행되어 향약 의학이 확립되는 과정을 보았어. 약재를 국산화하려는 노력이었지. 의약을 전국으로 대중화하려면 국산화 노력이 뒤따라야 가능한 일이지. 《동의보감》은 또 어땠어? 중국 의학과 조선의 의학을 용광로에 넣어 하나로 융합해냈지. 가장 모범적인 의학 교재를 만들었다고나 할까. 허준은 자신의 결과물에 역사상 처음으로 동쪽 의학의 전통, 즉 '동의'라는 말을 넣어 기념했어. 근데, 허준이 말한 자주화란 조선만의 독특한 그 어떤 것을 내놓는다는 것이 아니었어. 의학의 근본을 깨우쳐 최고 수준에 도달함을 뜻했어. 이후 《동의보감》은 조선 의학의 자랑스러운 전통이 되었어.

이후 조정준이란 의사는 우리나라의 의학이 중국 의학과 달라야 한다는 주장을 펼쳤어. 왜냐하면 기후와 풍토가 다르기 때문에 의학도 달려져야 한다는 거였어. 잠깐 그의 말을 들어볼까.

> 춘하추동 사시절의 주된 기운은 그 지방에 따라 다르다. 그러므로 사람들의 체질과 병이 발생하는 원인도 또한 기후, 풍토에 따라 다르다. 따라서 병을 고치는 방법도 반드시 각각 그 지방에 특유한 기후, 풍토를 연구하여 잘 알

아야만 치료 효과를 거둘 수 있다. 우리나라 풍토는 중국과 다르다. 우리는 우리의 표준을 세워야 한다. 중국의 치료법을 함부로 도입해 써서는 안 된다.

―《급유방》(1749년)

이제마가 기존 한의학 전반에 도전하는 새로운 의학을 내놓게 된 배경에는 이런 자주적 의학을 추구해 온 전통도 한몫하고 있어. 이제마는 허준에 이어 역사상 두 번째로 책 이름 안에 '동의'라는 말을 집어넣었어. 《동의수세보원》 말이야. 그건 자신의 의학이 조선에서 나온 자주적인 것임을 강조하기 위함이었어. 이제마는 허준을 중국과 조선을 통틀어 3번째로 나온 큰 의학자로 평가했어. 실제로 이제마는 《동의보감》을 통해 의학의 이치를 제대로 깨달았다고 하면서, 허준이 미처 못 본 것을 파고들어 새로운 경지를 열었다고 말했어. 어떻게 보면, 이제마의 사상의학은 자주적인 의학을 창시하기 위한 오랜 역사의 종착역이라 할 수 있어.

사상의학의 자주성을 높이 평가해야 하지만 하나 조심할 사항이 있어. 오직 한국만의 독특한 것을 찾아내 한국 의학이라는 딱지를 붙이는 게 그거야.

"한국 의학이 뭐냐?"

"사상의학이 한국 의학이다."

이렇게 답하면 안 된다는 말씀! 사상의학이 한국을 대표하는 의학은 맞지만 "사상의학이 아닌 나머지 의학은 모두 중국 의학이다"는 결론으로 이어져서는 곤란해. 요즈음 중국 학자들이 사상의학을 조선 고유의 의학이라 추켜세우고 나머지 기, 음양오행, 오장육부 등에 바탕을 둔 의학을 모두 중국만의 것이라고 주장하는 경향이 있어. 그건 '말로 주고 되로 받은' 격이 되지.

하지만 지금까지 죽 살펴왔듯 한의학은 중국의 한족을 포함해 동아시아의 모든 종족이 함께 일군 것이지. 마치 오늘날의 현대 과학을 온 세계 사람들

여러 가지 한약 도구

약초를 캐는 도구 긴 꼬챙이는 깊이 내린 뿌리를 캘 때 썼어.

약망태기 약초를 캐서 담는 배낭이야. 통풍이 잘 되어 약초가 썩지 않게 하고, 쉽게 풀고 조일 수 있게 되어 있지.

약작두 약재를 알맞은 크기로 썰 때 쓰지.

약연 약재를 갈거나 즙을 낼 때 써. 박달나무로 만든 작은 약연이야.

약절구와 공이 약재를 가루로 만들거나 쪼갤 때 쓰지. 공이는 보통 절구 공이보다 긴 편이야.

약저울 한쪽에 약재를 올리고, 다른 쪽 추를 옮기며 수평을 맞추면 무게를 알 수 있지. 저울대는 대나무로 만들었어.

약탕기 약을 달이는 그릇이야. 처방전에 따라 정확하게 잰 약에 물을 넣고 달였지. 토기로 만들었어.

약틀 약탕기에 약을 끓인 뒤 약을 짜낼 때 썼어. 지렛대처럼 눌러서 짰지.

약숟가락 청동으로 만든 약숟가락이야. 고려 후기에서 조선 초기에 만들어진 거야. 숟가락총의 끝에 작은 숟가락이 달려 있어서 약숟가락인 걸 알 수 있지. 끓인 약을 젓거나 할 때 썼어.

이 같이 발전시켜 나가고 있듯이. 한의학이 중국에서 나오고 그것의 발전에 중국 사람이 가장 크게 기여한 것은 인정해야 할 거야. 그렇지만 원산지이거나 최대 공로가 있다고 해서 오늘날 한의학의 성과를 독점할 수는 없어. 학문의 원산지보다 더 중요한 건 실력과 수준이야. 사상의학은 사상의학대로 역사적 가치를 인정해야 하고, 다른 한의학 연구는 또 그것대로 역사적 가치를 인정해야 할 거야.

▼
- 사상의학에 대해서는 오늘날 많은 논쟁이 있어. 그럼에도 이 책에서 사상의학을 별도의 주제로 다룬 것은 '의학의 자주화'라는 문제와 관련해서 중요한 가치를 지니고 있기 때문이야.
- 이 부분의 내용은 내가 쓴 책 《조선 사람의 생로병사》, 그리고 나와 강신익, 여인석, 황상익 선생이 함께 쓴 《의학 오디세이》에 실린 글을 주로 참고했어. 또 《민족문화대백과사전》도 참고했어.
- 네 가지 체질의 특징에 대해서는 《브리태니커백과사전》을 참고했어.
- 이제마의 생애에 대해서는 이경성의 박사 논문(원광대학교, 2009년)도 참고했어.

6 영원히 죽지 않는 방법을 찾아라

동쪽 나라 화개동은
속세 떠난 별천지라
선인이 옥 베개를 권하니
몸과 마음이 어느새 천년일세

조선 초기 지리산의 한 동굴에서 발견된 신라의 문장가 최치원(857~?)이 지은 시야. 최치원은 늙었을 때에 지리산에서 도를 닦다가 신선이 되었다는 전설이 있어. 신발만 남기고 하늘로 올라갔다고 하지. 이런 내용을 알고 다시 한 번 시를 읽어보렴. 꽃들이 만발한 아름다운 지리산에서 신선의 도를 닦는 최치원의 마음가짐이 아롱거리는구나.

죽지 않기를 바라는 마음

'영원불사'의 꿈은 이미 고구려 고분 벽화에 그려진 사신도와 별자리를 말

永遠不死
길 영 / 멀 원 / 아닐 불 / 죽을 사

하면서 엿본 적이 있어. 몸은 죽었지만, 영혼은 영원히 죽지 않았으면 하는 옛 고구려 사람들의 소망 말이야. 근데 옛 사람들은 살아 있으면서도 죽지 않는 존재도 있다고 믿었어. 그들이 누구냐 하면, 바로 신선이야. 신선은 죽지 않을 뿐만 아니라 속세의 고통에서도 훨훨 벗어나 있는 사람들이야. 고구려 벽화를 보면, 옛 우리 조상에게는 이런 신선 사상이 있었음을 알 수 있어.

우리나라 사람으로도 신선이 된 사람이 있어. 통일 신라 말에 살았던 당나라 유학생인 김가기(?~859년)야. 김가기는 최치원처럼 중국에서 과거에 급제하여 벼슬을 지냈어. 10세기 중엽에 나온 중국 책《속선전》(《신선전》의 속편)을 보면 859년 어느 날 김가기가 꽃수레를 타고 신선이 되어 하늘로 날아갔다고 생생하게 기록되어 있어. 김가기는 어떻게 해서 신선이 되었을까? 당연히 특별한 방법을 썼겠지?《속선전》에서는 "김가기가 중국 종남산 광법사란 절에서 내단 수련을 거듭해 신선이 되었다."고 적었어.

근데, 내단과 수련, 이 말이 뭘까? '단'이란 말은 우리도 익숙해. 은단이니 인단이니 속명단이니 하는 약 이름에서 자주 나오잖아. '단'은 원래 붉은색의 둥그런 환약을 가리켜. 제약회사에서 자신이 만든 약이 아주 특별한 효능이 있다는 걸 말하려

고구려 벽화의 천인(天人) 무용총 천장에 그려진 그림이야. 고구려의 신선 사상은 신선 사상이 크게 유행한 이웃 당나라 문화와 교감한 영향도 적지 않았을 거야.

고 단이란 이름을 자주 붙여 쓰지. 내단은 사람의 몸 안에서 호흡으로 기를 움직여서 만든 걸 내단이라고 해.

수련이란 말은 수련회, 수련장이라는 말에 들어 가 있는 것과 똑같아. 화학 실험을 할 때 수은이나 납 같은 물질에 열을 가하면 성질이 변하잖아. 온도를 높이거나 다른 화합물과 섞이면 아주 다른 형태로 바뀌지. 열을 높여 변하도록 하는 게 수련이야.

영원히 죽지 않는 불사의 비법, 그 비법의 핵심은 수련에 달려 있어. 다른 말로 연금술 또는 연단술이라고 하지. 수련해서 금을 만드는 게 연금술이고, 단을 만드는 게 연단술이야. 이렇게 만든 금이나 단은 그저 번쩍이는 물체에 그치는 게 아니야. 옛 조상들은 금빛이 영원히 변하지 않듯, 수련의 결과로 얻은 금 또는 단은 인간에게 주지 않는 영생을 준다고 믿었거든.

煉丹術
달굴 연 / 붉을 단 / 재주 술

연단술의 재료

자 그럼, 이번에는 우리 모두 사람을 죽지 않게 하는 영약을 만드는 일에 도전해 보지 않겠니? 이 과정 중에 자연 과학 중 '화학'이 발달했다는 것도 알게 될 거야. 만들기 전에 시 한 수 더 보자꾸나. 고려 때의 학자 이인로가 쓴 시야. 이 시에 연단술의 핵심이 담겨 있어. 뭔지 찾아내 봐.

자줏빛 연못이 깊고 깊어 붉은 해 목욕하니
만 길 되는 붉은 불꽃이 양지바른 계곡에 떠 있네.
새벽노을에 들이 녹을 듯, 무지개가 바위를 꿰뚫을 듯
수련해서 만든 단사가 몇 말이나 되는지.

……
화로 속에 이미 약 달이는 불 시험하니
솥 안에서 용과 호랑이가 곧바로 단련되네.
총총히 말 몰아 타고 가지 말아야지
산중에서 우연히 만날 사람 있을까 봐. 　　　　　　　　－《파한집》

"너무 어려워요. 도통 모르겠어요. 그렇지만 '화로 속에 이미 약 달이는 불 시험하니 솥 안에서 용과 호랑이가 곧바로 단련되네.' 이 구절 안에 무슨 비밀이 있는 거 같아요." 그래, 모든 것을 비유로 써서 정확한 뜻을 읽어내기는 어려워.

자줏빛 연못이니, 붉은 해니, 새벽노을이니, 무지개니 하는 것들은 모두 평범한 광물질이 불사약인 단으로 바뀌는 순간에 나타나는 현상의 신비로움을 나타내기 위해 사용한 비유들이야.

연단술의 기본은 화로(솥), 약, 불, 이 셋이야. 약 중에 수은은 변화무쌍함, 납은 호랑이의 센 기질을 나타내. 음과 양의 기운으로 말하면, 수은은 양이고 납은 음이 돼. 수은과 납이 핵심 중의 핵심 재료야.

현대 과학으로 말하면 솥은 실험 기구, 수은과 납은 화학 물질, 불은 온도 변화를 뜻해. 실험 시간을 떠올려 봐. 불을

수은을 만들고 있는 모습이야. 중국 명나라 때 지은 《천공개물》에 실린 그림이지.

가열하면 시약들의 색깔이 완전히 바뀌고, 액체가 고체가 되거나 기체가 되기도 하지. 아, 그 과정의 오묘함이란! 뉴턴(1642~1727년)도 연금술사였어. 동양에서도 갈홍(283?~343년) 같은 의학자가 연단술에 몰두했어. 또 우리나라에서는 이인로 같은 수많은 시인들이 연단술 책을 읽으며 짧은 인간의 생애를 한탄하면서 불사에 대한 소망을 시로 지폈지.

불사약 만들기는 화학 실험

이제 불사약을 만들어 보자. 아무렇게나 해서는 만들어지지 않아. 동아시아 연단술의 최고 고수, 갈홍이 쓴 신비한 책 《포박자》의 내용을 따라 해 보자. 포박자는 '순박함을 품었다'는 뜻이야. 이 책은 인기가 높아서 삼국 시대에 우리나라에 수입되었어.

맛있는 요리를 만들기 위해서는 무엇이 필요할까. 주방과 각종 도구는 기본이고, 좋은 재료와 맛깔스러운 양념이 필요하겠지. 물론 훌륭한 요리사가 없다면 아무리 재료와 도구가 좋아도 좋은 요리가 안 나오겠지. 먼저 훌륭한 요리사가 되어야 해. 어떻게 하면 좋은 연금술사가 될 수 있을까? 수많은 연습이 필요해. 훌륭한 선생님의 지도도 없어서는 안 되지. 수십 년 넘도록 이 일에 매달려야 해. '정신일도 하사불성'이란 말 그대로 딴 일에 정신 팔지 않고 한곳에 집중해서 오차가 생기지 않도록 해야 해. 이제 우리 모두가 훌륭한 연금술사가 되었다고 가정하자. 자, 출발!

"근데, 어디로 가나요?" 무엇보다도 좋은 재료를 구해야 해. 《포박자》에서 단을 만드는 재료들로는 이런 게 적혀 있어. 단사, 수은, 웅황, 증청, 납, 유황, 자석, 운모, 각석, 소금 등의 광물질과 함께 식초, 꿀, 술, 옻 등이 필요해. 재료 나는 곳이 여러 곳에 걸쳐 있기 때문에 좋은 약재를 구하는 여행은 꽤 길고도 고달픈 여정이 될 거야.

자, 어렵기는 했지만 재료를 다 구했구나. 그럼 이제 실험실을 만들어야 해. '부정 타는 장소를 피해라', 《포박자》에서는 이렇게 말하고 있구나. 집 근처는 안 돼. 속된 사람들이 들끓고 있어. 평범한 산도 안 돼. 나무와 돌의 정령, 천년을 살아온 오래된 못된 놈들, 피 마시는 귀신 따위가 살고 있기 때문이야. 그렇다면 부정 타지 않는 곳이 어디일까? 깊은 산 그것도 좋은 정기가 서린 명산이어야만 하지. 《포박자》에서는 소림사가 있는 숭산, 태산, 화산, 종남산, 아미산, 태백산 등을 추천했네. 이건 모두 중국 무협 소설에 등장하는 산의 이름이야.

다음에는 어떤 종류의 단을 만들까를 결정해야 해. 단은 한 가지 종류가 아냐. 우리도 실험실에서 수많은 화합물을 만들잖아? 《포박자》에는 무려 48가지 종류의 단이 실려 있어. 제조법과 효과가 다 달라. 한 번 단련한 일전지단은 3년을 먹어야만 신선이 되는 하품의 약이야. 반면에 아홉 번 단련한 구전지단은 삼 일만 먹어도 신선이 된다네. 금액태을이란 약은 1냥만 먹으면 즉시 신선이 되는 급행 약이야. 대체로 들어간 종류가 좋을수록, 정성을 많이 쏟은 것일수록, 특별한 비법에 따른 것일수록 약의 효과가 커.

이제 솥을 걸도록 하자. 솥을 걸기 전에 한 가지 명심해야 할 일이 있어. 주변에 거울과 칼을 매다는 일을 빠뜨려서는 안 돼. 명산이긴 하지만 혹시 있을 수 있는 귀신들을 막아야 해. 거울을 매다는 것은 귀신이 비치면, 잽싸게

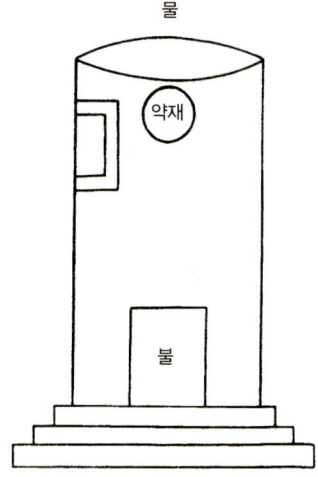

연단을 만드는 솥 아래에서 불을 때고 위에는 물이 있어. 연단에 필요한 약재는 솥 안에 있어. 불을 지피면 솥 안에서 화학 작용이 일어났을 거야.

칼로 잡으려는 거야. 연금술사의 작업실은 오늘날 실험실과 거의 비슷해. 실험실 작업대에 해당하는 단이 있고, 불 때는 기구인 솥이 있어. 이 솥 안에는 약재를 중탕하도록 조그만 솥이 또 들어 있는데, 신묘한 작용이 이루어지는 곳이라 하여 신실이라고 했어. 또 각종 찌는 기구, 승화시키는 장치 등이 있어. 솥 안에 약재를 넣었으면, 말똥이나 겨, 숯으로 서서히 불을 가열하게 되지.

"솥에 약재 다 넣고 실험했니?"

"예. 책에서 말한 대로 했어요. 각수석 2푼을 철 그릇에 넣고 숯불로 끓였어요. 여기에 수은을 적당한 분량 넣고 잘 저어서 섞었어요. 6~7번 정도 끓이니까 하얀색의 물질이 나왔어요. 책에서는 이걸 은이라고 하네요. 여기에 수은 화합물인 단사수 1푼, 구리 화합물인 증청수 1푼, 비소 화합물인 웅황수 2푼을 넣었어요. 그리고 약한 불로 가열했어요. 여러 번 저어서 서로 섞이게 한 다음에는 강한 숯불로 끓였어요. 하얀 은을 다시 넣은 후 6~7번 끓여 땅 위에 부어서 굳게 했더니, 바로 빛나는 금빛 물질이 만들어졌어요. 책에서는 이게 금이라고 하네요. 야호! 이게 바로 불사약이군요."

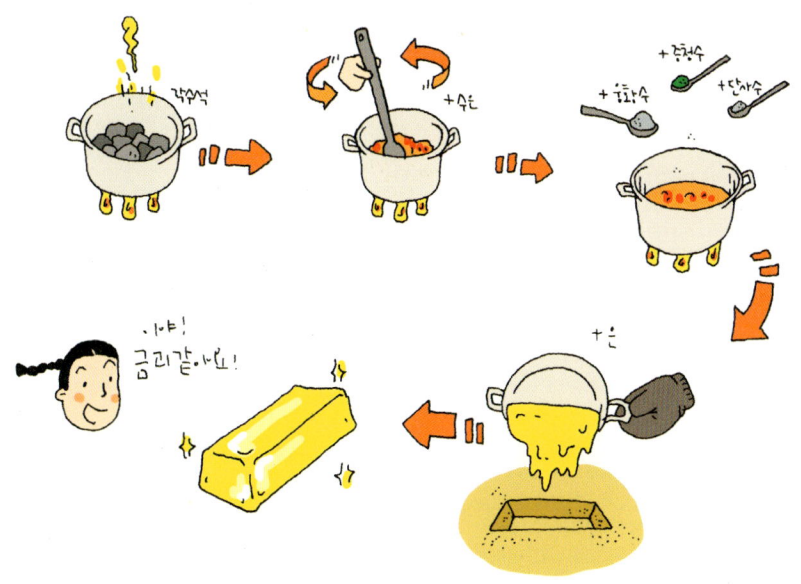

오늘날의 화학 지식으로 말하자면 연단술이란 수은, 납 등 여러 화합물이 산소를 얻는 산화나 산소를 잃는 환원 반응을 통해 색깔이 다르고 성분이 다른 원소 또는 화합물을 얻는 과정에 불과해. 하지만 물질들은 가열, 응고, 증류, 승화 등의 반응을 거치면서 완전히 다른 물질로 변하게 되지. 또한 그게 금 빛깔, 은 빛깔, 붉은 빛깔 등을 띠게 될 때, 실험하는 연금술사는 어떤 느낌을 갖겠니? 연금술사는 동서양을 막론하고 이루 표현하기 힘든 벅찬 감정을 느꼈어. 그런 변화에는 자연의 위대한 진리가 담겨 있다는 생각을 하게 된 거야. 더 나아가 놀라운 변화의 결과로 얻은 물질에 특별한 효능이 있다고 믿었지. 영원, 불사 이런 효능 말이야. 동서양 모두 화학이 이런 신비한 연금술 속에서 발달했다는 게 놀랍지 않니?

그러나 죽음을 가져온 영약

불사에 관심을 가진 사람들이 많이 읽었던 책으로는 《포박자》 말고도 이보다 100년 먼저 중국에서 나온 위백양의 《주역참동계》가 있어. 이 책은 연단술 이론을 담은 책 가운데 으뜸으로 꼽혀. 우리나라에서도 고려나 조선 때 매우 널리 읽혔어.

위백양에 대한 유명한 이야기가 있어. 개까지 신선이 된 이야기야. 위백양에게 두 제자가 있었어. 어느 날 위백양이 신단을 만들어서 두 제자에게 먹으라고 했어. 의심 없

위백양과 개 위백양 앞에 솥이 있어. 연단을 만드는 것을 나타내지. 오른쪽에 보이는 개가 신선이 되었다는 그 개야.

영원히 죽지 않는 세 가지 비법

위백양의 《주역참동계》에서 참동계란 '세 가지가 하나로 부합된다'는 뜻이야. 세 가지란 무엇일까? 첫 번째는 앞에서 말한 연단술이니까 여기서는 생략할게.

두 번째는 우주의 원리야. 《주역》에서 말한 내용이야. 우리나라 태극기에 그려져 있는 바로 그 내용이지. 태극기 안 둥그런 원 중에서 위의 절반인 빨간색이 양을 뜻하고 수은을 뜻해. 아래 절반인 파랑색이 음을 뜻하고 납을 뜻하지. 건(乾)과 곤(坤)은 우주 자체를 뜻하는데, 연단술에서는 변화가 일어나는 공간인 솥이 되지. 감(坎)과 리(離)는 자연 세계에서 음양이 일으키는 변화를 뜻하므로, 솥 안에서 수은이나 납 등의 화학 작용을 뜻해. 쉽게 말해 이렇게 거창한 내용을 연단술과 연관시킨 건 다른 뜻이 아니야. 솥에서 일어나는 화학 작용이 우주의 흐름을 결정하는 해와 달의 운행을 본떠 이루어진다는 거야. 더 이상의 내용은 너무 어려우므로 여기까지만 살펴볼게.

연금술사는 수은과 납으로부터 단이 만들어지는 전 과정을 완벽하게 제어해야 해. 잡생각이 많으면 안 돼. 오로지 이 일에만 집중해야 하지. 이를 텅 빈 마음이라고나 할까. 무념무상의 경지에서 한 치의 오차도 생기지 않아야 해. 만약 딴 생각을 하게 되면 어떤 일이 벌어질까? 폭발 사고가 나든지, 제대로 된 결과물이 안 나오든지 하겠지. 무념무상의 경지는 물질에 대한 집착과 욕심을 안전히 끊었을 때에만 도달할 수 있지. 중국이 성현 노자이 가르칠이야. 물욕을 완전히 떨쳐 버린 텅 빈 마음 상태가 되는 것. 단을 만드는 데 세 번째 비밀이 이거야.

《주역참동계》에서 세 가지가 부합된다고 한 것을 다시 정리해 보면?

"첫째, 연단술. 둘째, 《주역》에서 말하는 우주의 원리. 셋째, 노자가 말한 텅 빈 마음." 맞았어! 옛 사람들은 이처럼 연금술사의 놀라운 연단술 실험을 통해 자연의 원리를 한 물질에 응축해 냈기 때문에 연단이 불사를 가져다 준다고 생각했어.

는 한 제자는 그 단을 스승님, 스승이 기르던 개와 함께 같이 받아먹었지. 하지만 의심 많은 제자는 그걸 믿지 않고 먹지 않았어. 신단을 먹자 스승과 친구, 개 모두 죽어 버렸어. 안 먹기를 잘했다, 하며 의심 많은 제자는 안도의 한숨을 휴 내쉬었어. 그리고는 스승과 친구의 장례를 치러 주었지. 근데, 얼마 되지 않아 깊은 산에서 이미 죽은 줄 알았던 친구를 만났어. 친구가 신단을 먹고 이미 신선이 되어 있던 거였어. 그 곁에 줄줄 따라다니던 개까지도 신선이 되어 있었어. 신단을 안 먹은 의심 많은 제자는 때늦게 땅을 치고 통곡을 했다는 거야.

이 이야기는 연단이 깊은 믿음을 필요로 함을 깨우쳐 주기 위해 꾸며 낸 거야.

실제로 연단술 재료가 수은, 납, 비소, 철 등인 것에서 짐작할 수 있듯이, 단을 먹은 사람들이 많이 죽었어. 근데, 누가 주로 죽었는지 알아? 중국의 황제들이야. 절대 권력을 누리던 황제들, 얼마나 오래 살고 싶었겠니? 영원히 안 죽으면 더 좋겠지. 진시황이 불로초를 찾아 나선 일은 너무나 잘 알려져 있지. 황제들은 연금술사를 시켜서 단을 만들게 했어. 황제만이 복용할 수 있었어. 그러다 중독된 거야.

중독 초기에는 밥맛이 생기고, 신체가 좋아지기 때문에 신선이 되는 걸로 착각했지. 하지만 단을 먹을수록 독한 화학 물질에 점점 중독되어 몸이 부어 죽었어. 중국의 황제 예닐곱을 비롯한 많은 사람들이 단을 먹고 죽게 되자 그제서야 단이 불사는커녕 목숨을 앗는 물질임을 깨닫게 되었어. 단을 직접 먹는 것은 사라지게 되었고 그 흔적이 '단'이 들어간 약 이름으로만 남게 되었지.

마음의 수양이 먼저

그렇다고 불사를 향한 소망이 없어졌을까? 천만의 말씀! 다른 방식을 썼어. 몸 안에서 그런 것을 생성한다는 내단의 방식이 그거야. 단을 만들어 먹었던 것은 외단이라고 하지. 앞에서 말한 최치원이나 김가기가 수련했던 방식은 모두 내단이야. 그렇지만 쓰는 개념과 용어 일체를 외단의 것을 빌려 왔기 때문에 주의해서 살피지 않으면, 그게 외단을 말하는 것인지 내단을 말하는 것인지 알기 힘들어.

우리나라에서는 약을 만들어 먹는 외단은 거의 보이지 않아. 거의 다 내단의 역사야. 내단은 신라 말부터 시작해 고려를 거쳐서, 조선 시대에 크게 유행했고 오늘날까지도 이어지고 있어. 주로 중국으로부터 그 방법을 배웠어. 이

養生法
기를 양 / 날 생 / 법 법
병에 걸리지 않게 몸과 마음을 편안히 하고 오래 살도록 노력하는 것을 말해.

를 양생법이라고 해.

양생법은 선비들이 꼭 해야 할 공부 중 하나였어. 그걸 어떻게 알 수 있냐 하면, 서유구(1767~1845년)가 쓴 《임원경제지》 16편 가운데 〈보양지〉가 들어 있어. 이보다 100여 년 앞선 홍만선(1643~1715년)의 《산림경제》에도 이런 내용이 있지. 선비들이 집에서 꼭 해야 할 일로 양생의 방법을 적어놓은 거야. 《동의보감》에도 매우 많은 양생의 방법이 실려 있어. 지금보다 훨씬 열악한 환경에서 선비들은 건강을 지키기 위해 이런 양생법을 실천했던 거지. 게다가 그런 양생은 마음의 수양에도 무척 도움이 되었거든.

자, 이제 마무리 할 때가 되었군. 우리는 옛 사람들이 불사를 찾는 모습을

김홍도의 〈군선도〉 신선이 어떻게 생겼는지 한번 보도록 할까? 조선의 화가 가운데 신선 그림을 가장 잘 그린 사람은 단원 김홍도야. 신선들이 파도를 타고 바다를 건너는 모습을 그린 거야. 신선들 곁에 사슴, 거북, 불로초 등이 있지? 모두 오래 살거나 살게 하는 명물들이야. 신선이 되면 죽지 않을 뿐만 아니라 물위로 걸어도 빠지지 않아. 칼로도 벨 수 없고 맹수도 감히 덤비지 못하지. 무엇보다도 김홍도 그림에서는 여러 신선들의 자유로운 기운이 느껴지는구나.

봤어. 그 가운데서 자연 과학 중 화학이 발달했음을 알 수 있었어. 이는 동서양의 과학사 모두에서 공통으로 나타나는 현상이야. 그렇지만 '금'의 획득을 추구한 서양의 연금술과 달리, 동아시아의 연금술은 '불사와 장수'를 추구했어. 또한 불사와 장수는 욕심과 세상사에 대한 초탈함이 깔려 있었어. 학자들이 흔히 마음의 수양이라고 하는 그거야. 그건 외단, 내단, 그리고 양생 전반에 걸쳐 깔려 있던 공통된 특징이었어. 퇴계 이황의 〈양생시〉를 소개하면서 끝을 맺으마.

너무 골똘한 생각은 정과 신을 해치고
정신은 오직 텅 빈 마음으로만 기를 수 있다네.

◯ 비밀노트

내단 수련을 한 사람들

정렴 우리나라에서 가장 유명한 내단 수련자 한 사람을 꼽으라면, 많은 사람들이 정렴(1505~1549년)을 꼽아. 당쟁 때문에 현실 세계를 떠나 신선이 되는 방법에 몰두한 인물이야. 정렴은 《동의보감》 집필의 저자로 참여한 적이 있는 정작의 형이야. 정렴의 생각은 정작과 허준을 통해 《동의보감》에도 상당히 녹아 있어.

정렴의 내단 사상은 《용호비결》이란 책에 담겨 있어. 여기서 용이란 수은, 곧 양의 기운을 뜻하고, 호란 납, 곧 음의 기운을 뜻해. 정렴의 말을 들어보도록 하자.

"단을 이루는 도는 간략하고 쉬운 것이다. 그런데 요즘은 이 도에 관한 책이 너무나도 많아 책장을 가득 채울 정도이니 말이 껄끄럽고 어려워서 쉽게 이해할 수가 없다. 그래서 학자들이 장생을 얻으려다 도리어 요절하는 자가 많았다. 몸 안에 단을 만드는 핵심은 대자연의 기운을 호흡법을 통해 배꼽이 있는 단전 부위에 쌓고, 그 기운을 척추를 통해 상단전인 뇌까지 잘 돌리는 것이다. 수없는 반복으로 이루어진다."

쉽게 말해 특별한 명상법과 호흡법을 통해 내단을 만드는 거야. 정렴의 방법 이외에도 내단 수련법은 다양한 형태를 띠어. 많은 사람들이 내단 수련을 통해 신선이 된다고 믿지는 않았지만, 건강을 유지하는 데에는 매우 좋은 방법이라고 생각했어. 특히 불운했던 사대부들이 속세를 떠나 마음을 비우기 위해 내단을 수련했어.

외단이든 내단이든 수련법은 전문적인 성격을 띠었어. 스승이 옆에서 지도해주지 않으면 깨우침을 얻기 힘든 방식이야. 오히려 많은 사대부들은 건강과 마음의 평정을 유지하기 위해 연단술보다는 덜 전문적인 방법을 실천했어. 생명을 기르는 방법이란 뜻의 양생술이 그거야. 우리는 《동의보감》이란 책에서 이 양생술을 크게 강조했다는 걸 이미 배웠어. 보약을 먹거나, 음식을 조절하거나, 기체조를 하거나 하는 것들이 모두 이에 속하지. 일반 사대부들은 어려운 내단법보다 이렇게 생활 속에서 실천하는 방식을

더욱 좋아했어. 모든 사대부가 이런 양생을 실천했다고 해도 지나친 말이 아니야.

퇴계 이황 이황은 날마다 도인 체조를 했어. 이황(1501~1570년)은 어려서부터 건강이 좋지 않았어. 평생 위장병, 다리병 등 온갖 병을 달고 살았어. 그래서 일찍부터 양생법에 깊은 관심을 가졌어. 양생법 덕분일까. 퇴계는 일흔 살까지 살았지. 퇴계의 양생법은 직접 그린 체조 그림으로부터 헤아릴 수 있어. 《동의보감》에도 나오는 이 방법은 우리도 쉽게 따라 할 수 있어. 한번 해 볼까?

퇴계 이황이 직접 그린 거야. 이황이 그린 유일한 그림으로 전해오고 있어.

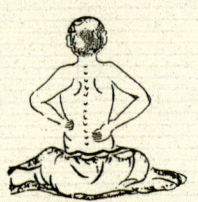

먼저 이빨을 부딪치며 정신을 모으기를 서른여섯 차례 반복하며 두 손으로 뇌를 안고 뒤통수 부분을 스물네 번 두드린다.

좌우 손을 잡고 목을 스물네 번 젓는다.

허를 좌우로 움직여 위턱을 서른여섯 번 문질러 침을 낸 후 세 모금으로 나누어 딱딱한 것을 삼키듯 삼킨다.

양손으로 허리 뒤 신장이 위치한 곳을 서른여섯 번씩 비빈다. 많이 문지를수록 좋다.

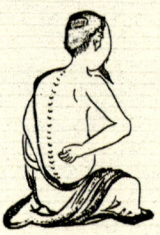
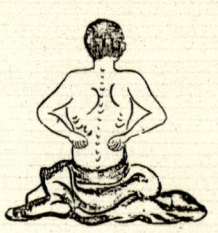

좌저우의 단관(단전에서 한 치 거리)을 각각 서른여섯 번씩 두드린다.

쌍관(단전에서 두 치 거리)을 서른여섯 번 두드린다.

양손을 깍지 끼고서 심호흡을 다섯 차례 한 후 손을 하늘로 밀어 올렸다가 정수리를 만지기를 아홉 번씩 한다.

양손을 갈고리처럼 구부리고 몸 앞으로 밀어서 발바닥까지 이르게 하기를 열두 차례 한 후 발을 거두어 단정하게 앉는다.

이러한 체조를 계속해서 얻는 효과가 무엇일까? 퇴계는 다음과 같이 말했어. "잡생각이 나지 않고, 꿈속에서도 어둡지 않게 되고, 더위나 추위가 함부로 침범하지 못하고, 질병을 떨쳐낼 수 있다."
우리도 퇴계 이황이 권하는 대로 날마다 운동해 볼까? 몸 건강이 크게 좋아질 것은 분명한 일이야.

홍의장군 곽재우 의병장 곽재우를 모르는 사람은 거의 없을 거야. 하지만 그가 늘그막에 세상의 인연을 끊고 신선술에 푹 빠졌다는 사실을 아는 사람은 그다지 많지 않지. 곽재우(1552~1617년)는 오늘날의 솔잎 섭취를 위주로 하는 단식법인 벽곡법의 대가였어. 곽재우는 황해도 관찰사의 아들로 태어났지만 과거 공부를 하지 않았어. 당쟁의 어지러움을 탄식하면서 당쟁과 같은 탁류 속에 자신이 빠져드는 것을 바라지 않았기 때문이야. 대신 마흔이 넘도록 낚시질로 세월을 보냈지. 그러다 임진왜란이 터지자 홀연히 일어나 의병을 모아 왜군을 무찔러 나라를 지켰던 거야. 전쟁이 끝나고 다시 평범한 자연인으로 돌아갔어. 나라에서 주는 한성좌윤과 함경감사라는 벼슬자리를 단호히 거절했어. 곽재우는 신선술에 흠뻑 빠져 《양심요결》이라는 양생법 책을 남겼어. 곽재우는 자신의 생활을 이렇게 읊었어.

辟穀法
물리칠 벽 / 곡식 곡 / 법 법
오곡이나 고기를 먹지 않는 식이요법을 말해.

벗들은 내가 곡기 끊음을 안타까이 여겨
낙동강 가 초가집을 함께 지었네
배고프지 않게 다만 솔잎만 먹고
맑은 샘물 마시니 목마르지 않네
고요를 지키어 거문고 타니 마음 담담하고
문 닫고 호흡법을 실천하니 뜻만 깊어라
한 백 년 지나서 도통한 후라면
날 보고 웃던 이들이 날 신선이라 이르리

곽재우가 실제로 구름을 타고 날아 다녔는지는 알 수 없지만 속세의 어지러움을 떠나 살았어. 담담하고 고요한 마음을 잃지 않는 정신을 가진 사람이 자유로운 신선이라고 한다면, 곽재우는 적어도 신선의 문턱까지 간 게 아닐까.

▼
■ 내가 쓴 책 《조선 사람의 생로병사》에 실린 여러 글을 참고해서 썼어.
■ 외단의 구체적인 내용은 이명진의 석사논문 〈'포박자·내편' 연단술의 금단에 관한 연구〉를 참고했어.

7 여성의 병은 의녀의 몫

오나라 오나라 아주 오나
가나라 가나라 아주 가나

이 노래와 '장금'이 누군지 다 알지? 의녀 대장금 말이야. 의녀 대장금은 텔레비전 드라마로 만들어졌고 세계에도 수출되어 인기를 끌었으니, 이제는 우리뿐만 아니라 세계 사람들에게도 친숙한 인물이야.

의녀 '장금'을 찾아라

드라마 〈허준〉에 나오는 의녀 출신의 예진 아씨는 작가가 꾸며낸 허구의 인물이지만, 장금은 실제로 있었던 인물이야. 《조선왕조실록》에도 이름이 적지 않게 등장해. 의녀 중에는 가장 자주 이름이 나오지. 실록에 이름을 남기기는 쉽지 않아.

우리들이 '장금'을 직접 찾아볼 수 있어. 《조선왕조실록》을 검색해 보면 돼. 장금이 조선 11대 임금인 중종 때 인물이니까 그때의 기록만 추려보면, '장금'이라는 검색어로 모두 10개가 뜨는구나. 그중 4개가 대장금이라 하고 있네. 내용을 보면 장금과 대장금은 동일 인물로 보여. 이게 우리가 잘 알고 있는 소설과 드라마의 기본 소재가 되는 거지. 이 기록을 시대 순서로 죽 살펴볼 거야. 다 읽고 나서 의녀 장금에게 어떤 변화가 있었는지 추측해 봐.

중종 10년(1515년) 3월 21일 의녀인 장금은 왕후의 해산에 큰 공이 있으니 당연히 큰 상을 받아야 할 것인데, 의관이 약을 잘못 쓰는 바람에 왕후가 돌아가셔서 아직 드러나게 상을 받지 못하였다.

중종 17년(1522년) 9월 5일 대비의 병세가 나아지자 내의원 책임자와 의원, 의녀, 내시들에게 상을 내렸다. 의녀 신비와 장금에게는 각각 쌀과 콩을 10석씩 주었다.

중종 19년(1524년) 12월 15일 의녀가 급료를 받을 때에는 온전한 봉급을 받는 자와 반만 받는 자가 있다. 의녀 대장금의 의술이 의녀 가운데 조금 나아서 대궐에 출입하며 간병하니 대장금에게 온 봉급을 지급토록 하라.

중종 28년(1533년) 2월 11일 내가 여러 달 병을 앓다가 이제야 거의 회복이 되었다. 약방제조(임금에게 올리는 약을 감독하던 벼슬아치)와 의원들에게 상을 주지 않을 수 없다. 이들에게 큰 상을 내려라. 또 의녀 대장금과 계금에게도 쌀과 콩을 각각 15석씩 주고, 무명과 삼베를 각각 10필씩 내려라.

중종 39년(1544년) 1월 29일 내가 감기가 들어 기침병을 얻어 오래 일하지 못했다. 조금 나아 공부를 했더니 그날 마침 추워서 증세가 다시 일어났다. 의원 박세거, 홍침과 내의녀 대장금과 은비 등에게 약을 의논하라고 했다.

중종 39년(1544년) 2월 9일 내의원 제조와 의원들에게 상을 내려주고, 의녀 대장금에게도 쌀과 콩을 5석, 은비에게도 쌀과 콩을 3석씩 내려주어라.

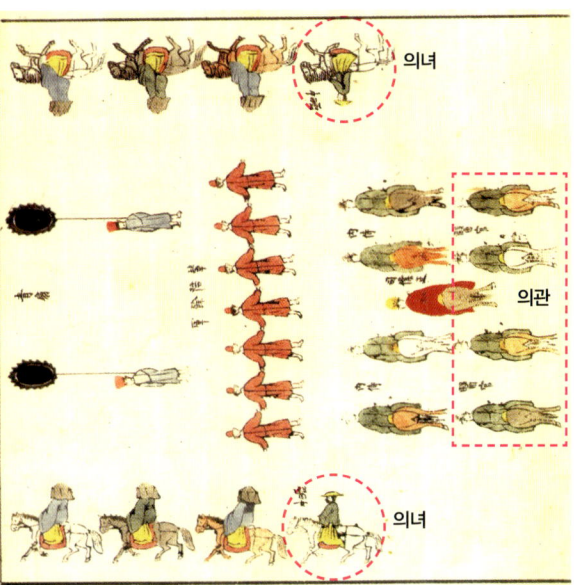

의궤에서 찾은 의녀 왼쪽의 가마에는 왕비가 타고 있어. 왕비 가마 뒤쪽 좌우에 의녀가 한 명씩 있어. 노란 쓰개를 썼어. 그 뒤쪽 중앙에 의관도 네 명이 따르고 있지. 왕비와 가까운 곳에 의관과 의녀가 있었다는 걸 알 수 있어. 이 그림은 영조와 정순 왕후의 결혼식을 기록한 의궤의 일부야.

중종 39년(1544년) 10월 29일 고관대작이 문안했다. 아침에 의녀 장금이 내전으로부터 나와서 말하기를, "전하의 배 아래 기운이 비로소 통하여 매우 기분이 좋다고 하셨습니다." 하였다. 얼마 후 임금이 말씀하시기를 의녀만 빼놓고 내의원 제조와 어의들은 숙직할 필요가 없으니 돌아가라고 하였다.

《조선왕조실록》을 통해 알게 되는 의녀 장금

먼저 대장금이 의녀로 일한 게 최소한 몇 년일까? 여기에 나오는 기록만으로도 1515년부터 1544년까지 무려 30년이나 궁에서 의녀로 지냈음을 알 수 있지? 그럼 의녀 공부를 시작하는 나이가 15세 무렵이고, 내의원의 의녀로 선발되어 들어가는 게 20세 전후였다고 본다면 장금이는 50세 중반까지 내의원에서 근무했음을 알 수 있지. 장금이 섬겼던 중종 임금(1488~1544년)이 1506년부터 1544년까지 재위했으니까, 장금은 중종과 함께한 인생이었다고 해도 지나친 말이 아닐 거야. 중종의 총애를 받았으니까 중종이 돌아가신 후 내의원 의녀에서 은퇴했을 가능성이 커.

장금이 실록에 이름을 보이게 된 것은 1515년 왕후의 해산에 공을 세웠기 때문이었어. 그렇지만 왕후가 바로 돌아가시게 되면서 그 공이 다소 가려졌지. 1522년에는 왕의 어머니인 대비의 병을 고치는 데 공을 세웠어. 왕후나 대비의 병에 의녀인 장금이 참여한 것은 쉽게 이해되는 일이지? 의녀가 주로 부인의 병을 돌봤으니까. 이때에는 의녀 신비와 장금이 함께 공을 세워 쌀 10석, 콩 10석씩을 받았지. 이렇게 병을 고치는 공을 세우면 거기에 참여한 문관, 의관, 의녀 등이 상을 받았어. 근데, 신비 이름이 먼저 등장하는 걸 보아 신비가 장금보다 선배임을 알 수 있어.《조선왕조실록》의 기록은 반드시 관직 높은 순으로 이름을 썼거든. 2년 후인 1524년 기록을 보면, 장금의 의술이 궁 안에서 높은 평가를 받았음을 알 수 있어. 정식으로 온 봉급을 받는 의녀의 지위를 획득한 거야.

이보다 10년 정도 더 흐른 1533년에는 장금이 궁 안 의녀 가운데 으뜸이 되어 있었어. 그걸 어떻게 알 수 있을까?

"의녀 중 장금의 이름이 맨 앞에 있어요."

맞았어. 근데, 이 기록에서는 중요한 사실이 한 가지가 있어. 그게 뭐냐 하면 의녀가 임금을 간병했다는 사실이야. 이전에는 궁궐의 여성을 진료했잖아? 이 기록을 보면 의녀가 여의사 노릇뿐만 아니라 오늘날 간호사 구실도 같이 했음을 짐작할 수 있어. 이후의 모든 기록은 남자인 중종을 진료한 기록이야. 1544년에는 의녀가 어의와 함께 약 쓰는 걸 논의하고 있지. 장금이 어의에게 노련한 실력을 인정받지 않았다면 결코 있을 수 없는 일이었지.

또 이 해에 장금이 중종 바로 곁에서 병 수발을 들고 있음도 발견할 수 있

지? 웬만하면 중종 임금은 내의원 제조나 어의를 물리치고 의녀 장금으로 하여금 간병하도록 했어. 임금마다 달랐는데, 중종은 격식을 차리는 것보다 간단한 간병을 더 좋아했어. 내의원 병원장이 병을 보러 갈 때에는 정승을 비롯한 고관대작이 다 움직여야 했는데, 그러한 번잡스러움을 싫어했던 거야. 그런 임금이었기에 어의를 물리치고 장금이 간호를 했던 것이었지.

의녀들의 생활

《조선왕조실록》에는 대장금의 진료 활동만 나와 있을 뿐이야. 그래서 언제 태어나 어떻게 자랐는지 알 수 없단다. 만약 네들이 소설가라면 이런 부분을 상상해 채워 넣어야 할 거야. 하지만 상상만으로 만들면 틀릴 수가 있어.

"의녀들의 신분과 교육에 대한 걸 공부하면 될 것 같아요." 그렇지. 과학의 역사를 공부하는 학생답구나. 실제로 대장금이 어떠했는지는 몰라도 신분의 굴레를 벗어날 수 없었을 거야. 또한 처음에 의녀가 되기까지는 일반적인 의녀가 의학을 배우는 방식에 따라서 공부를 했겠지.

누가 의녀가 되었을까? 의녀는 주로 지방의 각 도에서 관아에 딸린 어린 여종 가운데서 뽑았어. 왜 여종을 뽑았을까? 조선은 유교를 따랐기 때문에 "남녀칠세부동석", 즉 남자와 여자는 일곱 살만 되어도 같이 자리를 하지 말라고 가르쳤어. 이는《예기》라는 경전에 나오는 말이야. 심지어 병을 진찰할 때에도 마찬가지였어. 근데, 의사는 모두 남자만 있었잖아. 그러다 보니 양반집 여성을 진료하기 위해 의녀를 두게 된 거야. 이쯤에서 한번 생각해 봐. 양반집에서 자기 딸에게 굳이 의녀를 하라고 했겠어? 그러다 보니 여종이 선택된 거였어. 천한 신분층에게는 남녀의 내외가 엄격하게 적용되지 않기도 했고 말이야.

의녀로 키울 어린 여종들은 총명했을 거야. 의학을 알려면 어려운 한자로 된 책을 배워야 했으니까. 혜민서 의녀 정원은 1750년 이전까지는 62명, 이후에는 반이 줄어 31명이었어. 의녀 장금이 있었을 때는 혜민서에 의녀가 될 62명의 여종, 즉 의녀 생도들이 있었을 거야. 각 지역에서 뽑힌 의녀 생도는 십대 초·중반에 혜민서에 입학하게 되고 그때부터는 피 말리는 경쟁이 시작되지. 거기서 1등을 해야만 내의원으로 올라갔거든. 내의원의 의녀는 정원이 22명이었어. 혜민서에 결원이 생기면 다

왕후의 편지에서 찾은 '의녀' 인목 왕후가 1603년에 병문안 편지를 쓴 거야. 한자로 쓴 '의녀'라는 글자가 보이지?

시 새로운 인원이 들어왔단다.

혜민서에 갓 들어온 의녀 생도는 의학을 공부하기 전에 문자와 기초 경전을 학습했어. 그런 다음에 진맥학과 침술을 공부했지. 여기서 성적이 좋아 대략 3분의 1안에 들면 '장래 의녀'가 되었어. 장래 의녀는 말 그대로 장래에 의녀가 된다는 뜻이니까 의녀에 한걸음 더 성큼 다가간 학생들을 말해. 혜민서의 의녀 생도는 임상 실습도 했어. 두 팀으로 나누어 서울의 두 지역 중 한 지역을 맡아 부녀자들의 진찰과 침술을 맡았어. 또 내의원이나 다른 상급 기관에서 약 짓는 걸 도왔지.

혜민서에서 성적이 뛰어난 자는 내의원 의녀에 빈자리가 생겼을 때 내의원 의녀 후보생으로 등록했어. 여기도 경쟁이 심하기는 마찬가지였어. 내의원 의녀 22명 가운데서도 10명만이 더 높은 내의원 의녀가 되었단다. 이런 내의원 의녀를 언제든지 준비되어 있다는 뜻에서 '차비대령 의녀'라고 했어. 10명의 차비대령 의녀 중 특별히 뛰어난 자만이 왕후나 대비를 진료하는 '어의녀'가 되었어. 이 어의녀가 바로 장금처럼《조선왕조실록》에 이름을 남긴 특별한 인물들이지. 그럼 이를 토대로 장금의 행적을 다시 더듬어 볼까?

장금은 관에 딸린 여종 출신으로 혜민서에 들어왔고, 거기서 장래 의녀에 뽑혔으며, 장래 의녀 가운데 성적이 좋아 내의원의 의녀

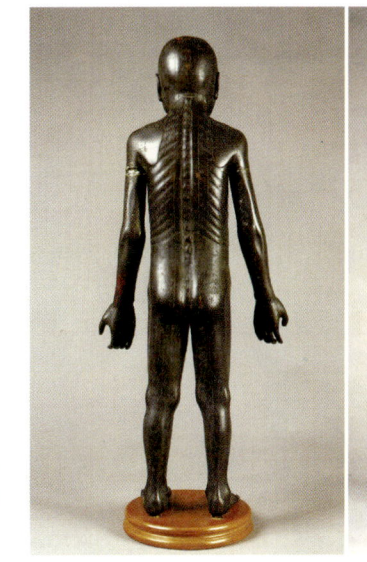 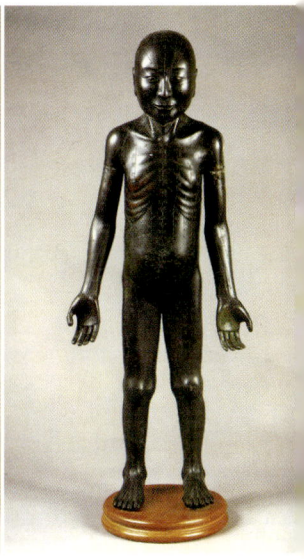

궁중 내의원에서 사용한 경혈상 구리로 만든 모형에 경락과 경혈 자리를 새겨 놓았어. 우리나라에 하나밖에 없는 거야. 내의원에서 소장했던 유물로 주로 의녀들이 공부할 때 사용했을 것으로 추측해.

가 되었으며, 거기서도 성적이 좋아 차비대령 의녀가 되었고, 그 가운데에서도 특출한 재능을 발휘해 왕의 진료까지 볼 수 있었던 거야. 장금이는 의녀 가운데서도 의술이 뛰어났고 대단한 행운까지 잡았던 거지. 어때, 의녀의 생활을 알고나서 보니 장금이 임금을 돌보기까지의 과정이 결코 쉽지 않았음을 알 수 있지? 장금의 재능이 뒷받침하지 않았다면 불가능한 일이었지. 이런 과정을 멋지게 그려낸다면 흥미로운 소설이나 드라마가 탄생할 거야.

남녀유별이 만들어낸 의녀 제도

의녀 제도는 조선만의 독특한 제도야. 고려를 무너뜨리고 새로 건국한 조선 왕조는 유교 이념을 철저하게 따랐어. 앞에서 말했듯이 유교 이념 가운데 남녀유별이 포함되어 있었지. 이 때문에 의녀가 생겼어. 무슨 말이냐고? 의녀는 조선 초 태종 때(1406년) 제생원(이후 혜민서가 됨) 병원장인 허도라는 인물의 건의로 설치되었는데 건의 내용을 여기에 소개할게.

부인이 병이 있어 남자 의원으로 하여금 진료하게 하니 어떤 사람은 수치스럽게 여겨 자신의 질병을 잘 보이려 하지 않아 사망에 이르기까지 합니다. 의녀를 두어 이런 상황을 극복해야 합니다.

남녀유별 때문에 치료를 못 하는 여성들이 있었던 거야. 허도의 건의가 받아들여져 의녀 제도가 생겼고, 그 후 조선 시대 내내 의녀 제도가 유지되었지. 남녀유별의 풍습이 조선 시대 내내 시퍼렇게 살아 있었기 때문이야. 지금부터 100년 전인 조선 시대 말에 태어난 양반댁 할머니는 그때 의사와 환자가 내외하는 모습을 이렇게 생생하게 전하고 있어.

아이 낳은 여인 엄격한 유교 질서 속에서 의녀는 고관대작 집안의 임신과 해산도 돌봤어.

"의원은 윗방에서 여자 환자는 아랫방에서, 사이에 휘장을 치고 손목만 내밀고서 진맥을 보았지. 휘장에는 구멍이 뚫려 있어서 맥 짚을 자리만 내놓고 흰 명주로 싼 손목을 내놓지. 밖에는 사방침(네모난 베개)이 놓여 있어 받치게 되어 있었고 곁에는 몸종이 손을 받들어 주었지."

의녀가 있었다면, 칸막이 휘장이 필요 없었을 거야. 남녀유별의 풍습이 엄격했기 때문에 심지어 서양 의술을 펼쳤던 제중원에서도 의녀를 두었어.

유교는 결코 여성이 전문적인 일을 하도록 권장하는 사상은 아니었어. 하지만 유교의 남녀칠세부동석과 같은 강한 남녀유별 의식이 중국이나 일본에는 없는 여성 전문 의료인인 의녀를 탄생시켰지. 참으로 흥미로운 역사 아니니?

의녀의 다른 이름들 —다모와 약방 기생

장금, 소비, 백이, 귀금, 장덕, 분이, 영로, 사랑, 개금, 강금, 신비, 은비, 계금, 열이, 의정, 선덕, 애종, 송월, 수련……. 이 이름들은 모두 《조선왕조실록》에서 찾은 의녀의 이름이야. 의녀가 되지 않았으면, 이름 모를 관비로 역사에 뒤안길로 사라졌을지도 몰라. 이 가운데 장덕은 세종의 충치를 고쳐 이름을 날렸어. 선조 때 애종은 의술이 특별히 뛰어난 의녀로 평가받았고, 영조 때 송월은 침술로 이름을 떨쳤지. 누가 이들의 의술을 가볍게 여기겠어. 대장금은 남자 어의 못지않게 자주 《조선왕조실록》에 이름을 남겼으며, 오늘날 드라마의 주인공으로 되살아나 의녀의 삶을 일깨워 주었으니 장금의 넋이 있다면 무척 감격스러워할 거야.

드라마 〈대장금〉을 보면, 의녀와 상궁의 음식 대결이 흥미롭게 펼쳐지는데, 《조선왕조실록》에 의녀가 음식을 했다는 기록은 찾을 수 없어. 약으로 쓰는 음식을 다뤘으리라고 추측할 수는 있지만, 장금이의 음식 솜씨는 꾸며낸 이야기일 거야.

의녀는 궁중과 양반집 여성의 의료를 주로 담당했지. 하지만 의녀는 의료만 하지는 않았어. 국가에서는 관비 출신인 이들에게 여성이 필요한 다른 업무도 하도록 한 거야. 각종 사건에서 여성 피의자를 살피고 수색하는 일 따위가 그것이지. 차 끓이는 여자란 뜻의 '다모'가 그들이야. 여성 형사의 구실을 한 거야.

혜민서의 젊은 의녀는 때때로 여러 잔치에 불려가 취흥을 돋우는 일도 했어. 그래서 이들을 약방의 기생이란 뜻으로 '약방 기생'이라고도 했어.

하지만 의녀는 전문직, 특히 사람의 목숨을 다루는 직업이었기 때문에 다른 관비보다 유리한 점이 있었어. 치료 성적이 좋으면 다른 관비들이 세운 공로보다도 더 나은 대우를 받을 수 있었기 때문이지. 상으로 곡식과 옷감을 받았어. 더 크게는 천한 신분을 벗어나는 기회를 얻기도 했지.

나이 많은 관리들의 잔치에 의녀가 관기와 함께 나와 있어. 왼쪽에 모여 있는 남색 옷에 검은 가리마를 한 사람들이 의녀야.

 비밀노트

의원이 되는 길

조선 시대 의원은 중인

조선의 의사가 지금의 의사와 가장 다른 점이 무엇일까? 그건 바로 신분의 차이야. 조선 시대 의원은 비록 평민보다는 신분이 높았지만, 양반보다 아래인 중인 신분이었지. 아주 특별한 경우가 아니면 이런 신분에서 벗어날 수도 없었어. 홍길동 알고 있지? 허균이 지은 것으로 알려진 소설의 주인공 말이야. 그 홍길동이 바로 중인이었어. 아버지는 양반이지만 어머니는 천한 신분이었기 때문에 홍길동은 양반이 되지 못하고 중인의 신분이었던 것이지.

조선 중엽 이후부터는 이런 중인들이 이른바 잡직을 맡았어. 잡직이란 문관과 무관이 아닌 주로 과학 기술과 외국어 관련 직책을 뜻해. 의사와 과학자, 외국어고와 과학고, 요즘에 가장 각광 받는 분야가 그때에는 홀대받았지.

조선 초까지만 해도 잡직에 대한 차별이 없었어. 고려 때의 귀족이나 조선 초 양반 신분층이 기꺼이 이런 일을 했어. 의학 과거에 합격한 뒤에 문관, 무관으로 관직을 옮기는 게 가능했어. 또 문과에 합격했어도 의학 지식이 높은 경우 의관이 되기도 했어. 또한 양반 가문의 서자 출신이라 해서 높은 관직에 올라가는 게 불가능하지 않았어. 서자라고 해서 꼭 의학이나 천문학, 외국어 따위의 잡직에만 종사했던 것도 아니었지. 우리는 세종 임금 때 천문학, 의학 등에서 빛나는 성취를 이룩했던 여러 인물들을 봤었지? 천문학의 이순지나 이천, 의학 책 편찬을 주도한 김종서나 유효통 등의 인물들이 모두 양반 출신이었잖아.

근데, 조선 건국 후 양반이 부쩍 늘게 되면서 의학을 비롯한 잡학 분야에 큰 변화가 생겼어. 허준이 태어나기 50여 년 전에 완성된 조선의 최고 법전 《경국대전》(1484년)에서는 서자들이 문과·무과 시험을 못 보게 금지시켰어. 아주 특별한 경우를 제외하고는 그들은 단지 기술 잡직에만 응시할 수 있도록 한 거야. 중인이 고위직에 오를 길을 완전히 막아 버린 거지. 우리가 잘 알고 있는 허준도 어머니가 정실부인이 아니었기 때문에 중인에 속했어.

이렇게 잡직에만 머물 때에는 최고로 올라가도 정3품에 그치도록 되어 있었어. 왕이나 왕자가 죽게 된 병을 고친다든지 하는 매우 특별한 공로가 없이는 이 벽을 뛰어 넘지 못하게 된 거야. 게다가 서자는 출신에 따라 승진에 제한이 있었어. 올라갈 최고 관직의 등급은 아버지의 계급과 어머니의 신분에 따라 달랐어. 아버지가 2품

이상의 벼슬을 지냈고, 어머니가 첫째 부인이 아니라도 양반 가문 출신이라면 서자라도 정3품까지 허용되었어. 하지만 아버지가 아무런 관직도 없고, 어머니가 종 출신이라면 그 서자는 벼슬길에 올라도 겨우 정8품까지만 오를 수 있었어.

조선 시대의 의학생들

보통 집안에서 세습으로 익혀 의원이 되는 경우가 많았어. 특히 "3대가 의원"인 경우 아주 높은 평판을 받았어. 경험이 의술에 중요하다고 봤기 때문이야. 또 독학으로 공부하기도 했어. 의학 교재가 유학 공부의 연장에 있었기 때문에 학문의 기초가 튼튼하면 별 어려움 없이 의학을 공부했지. 의원이 되는 가장 일반적인 방법은 의학교에 들어가 배우는 거야. 우리는 이미 통일 신라 때 의학교가 처음 생겼다는 걸 배웠지. 그 후 고려 때도 의학교가 있었고, 조선 시대에도 그 전통이 계속 이어져 왔어.

조선에서는 의학교가 두 곳 있었어. 전의감 의학당과 혜민서 의학당. 짧지만 어떤 시대에는 둘이 합쳐져 하나만 있었을 때도 있었어.

전의감 의학당을 혜민서 의학당보다 높게 쳤어. 의관 지망생은 전의감과 혜민서 의학당에 들어가 공부하는 게 가장 유리했어. 좋은 선생님이 있는 나라의 전문 기관이었기 때문이야. 전의감 의학당에는 학생이 50명, 혜민서 의학당에는 30명이었지. 보통 10대 중반의 소년을 입학생으로 받았어.

근데 지금의 학교와 달리 학년별로 뽑아 졸업시키는 게 아니라 정원이 정해져 있고, 결원이 생기면 보충하는 방식이었어. 결원은 언제 생겼을까? 성적이 뛰어난 자가 의관으로 취직해 나갔을 때, 성적 불량자가 퇴학당했을 때였지. 의학생은 그곳에서 수년 간 의학 이론, 진맥학, 약물학, 침구학 등 10여 과목을 공부했어. 의학교수와 의학 훈도가 학생들을 가르쳤어. 교과서로는 과거에서 문제가 나오는 의학 책들을 썼어. 학생들은 1년을 두 학기로 나

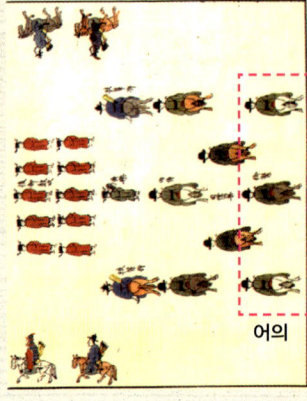
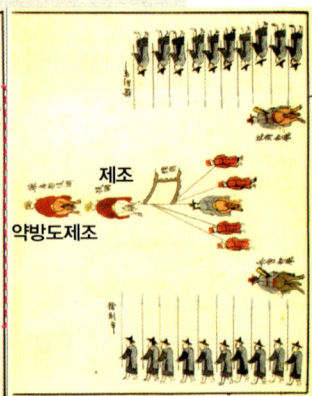

어의, 약방도제조 임금의 가마에서 얼마 떨어지지 않은 곳에 어의 3명이 뒤따르고 있어. 이어서 조금 뒤에 내의원 총책임자인 약방도제조와 제조도 뒤따르고 있네. 의궤에서 찾은 거야.

어의

제조
약방도제조

누어 다달이 시험을 치렀어. 그중 우등생은 관직을 뽑는 특별 시험에 응시할 자격을 얻었어.

전의감과 혜민서 의학당의 우등생은 특별 승진 시험으로 9품 벼슬길을 시작할 수 있었어. 450일씩 근무 일수를 채우고 성적이 우수하면 승진을 했지. 그렇게 승진을 해도 종7품 직장까지밖에 못 올라가. 종6품에 올라가기 위해서는 특별한 자격이 필요했어. 그럼, 더 높은 벼슬에 올라가려면 무엇이 필요했을까?

과거 급제라는 자격증이 필요했어. 이건 문과도 무과도 마찬가지였어. 왜 조선의 선비들이 과거에 목을 맸냐면, 그게 단지 벼슬길을 열어주었기 때문만이 아니야. 6품 이상의 고위 관직이 될 자격을 따기 위해서였어. 과거를 통과해야 고위 관직이 되니까 생도는 물론이고, 하급 관리들도 기를 쓰고 과거 공부를 했던 거야.

과거는 보통 3년에 한 번씩 열렸어. 한 번 떨어지면 또 다시 3년을 기다려야 했지. 그러다가 세자 탄생 같은 경사가 있으면 특별 시험이 열렸어. 3년을 기다리던 입시 준비생들이 세자 탄생 같은 경사를 무척 반가워했겠지. 과거는 1차, 2차 시험으로 나뉘어 치러졌어. 초시, 즉 1차 합격자 18명이 복시, 즉 2차 시험 자격을 얻었어. 그중 9명이 최종 합격자야.

잡학 기술직의 으뜸, 의원

지금까지 의원이 되는 길을 살펴봤는데, 그건 다른 과학 기술 분야의 경우도 비슷했어. 천문학, 지리학, 산학 등의 학문 분야도 중인들의 몫이 되었어. 관에서는 잡학 기술자들을 양성하는 기관이 있었고 과거를 치렀지. 근데, 이런 잡학 기술직에서도 의원이 가장 높은 대우를 받았어. 왜 그랬을까? 그래, 의학이 생명을 다루는 학문이었기 때문이었어.

마지막으로 질문 하나.

"중인들이 과학 기술을 도맡게 된 게 조선의 과학 기술 발달에 도움이 되었을까? 아니면 장애가 되었을까?"

조선 시대 관직 제도

이전의 고려와 마찬가지로 관직을 아홉 개의 품계로 나누었어. 9품이 가장 낮은 벼슬이고, 1품이 가장 높은 벼슬이지. 또 각 품계 사이에도 높은 벼슬인 '정'과 낮은 벼슬인 '종'을 구별했으니, 조선의 관직은 말단인 종9품에서부터 최고 관직인 정1품까지 모두 18개 계급이 있었어. 그중에서 정3품은 또 다시 최고위직을 뜻하는 당상관과 그렇지 않은 당하관으로 나뉘었어. 그럼 내의원에 어떤 벼슬이 있었는지 잠깐 보도록 할까.

정3품 당상관 이상인 문관이 오늘날로 말하면 병원장과 부원장을 맡았어. 의사들 중 주치의라 할 수 있는 어의는 정3품 별정직의 벼슬을 빌렸고 이중 실력이 가장 으뜸인 어의를 수의라고 했어. 실무 행정과 진료를 담당하는 의관은 모두 정3품 당하관 아래의 직책에 있었어.

의료 기관과 관련된 직책
도제조—정1품 문관
제조—2품 이상 문관
부제조—정3품 당상관 문관
어의—정3품 이상 의관(별정직)
정—정3품 당하관 의관
첨정—종4품 의관
판관—종6품 의관
직장—종7품 의관
봉사—종8품 의관
부봉사—종9품 의관
참봉—종9품 의관

"전문가가 될 사람이 정해져 있으니까 좋은 점도 있을 것 같아요." 글쎄, 학자들은 대체로 부정적이었다고 말해. 양반들은 과학 기술 관련 학문을 높이 보지 않았던 데다가, 중인들은 대체로 깊은 연구 대신에 단순한 업무에만 종사했다는 거야. 과학이란 단지 계산이나 기능만으로 발전하지 않아. 이론과 방법을 같이 고민하는 가운데 발전이 있게 되는데, 실기를 위주로 하는 중인의 과학에서는 힘들게 된 거야.

세종 때 과학 기술의 발전을 다시 생각해 봐. 최고 통치자인 임금부터 이순지 같은 문관, 이천 같은 무관, 장영실 같은 기술자까지 모두 힘을 모아 놀라운 성취를 이뤄 냈잖아. 이후에는 그런 모습을 거의 보기 힘들어. 과학 기술이 중인이나 하는 하찮은 것이 된 거지.

학문의 발달을 위해서는 전문화는 꼭 필요하지만 그게 사회의 중심에서 멀어져 고립되는 건 좋지 않은 것 같아. 조선 시대의 전통 과학의 성취가 결코 적지는 않았지만, 더 이상 뻗어나지 못한 까닭이 거기에 있다고 볼 수도 있어. 중인 제도는 이웃인 중국이나 일본에는 없었던 조선만의 독특한 신분 제도였지.

▼
■ 의녀는 대장금으로 유명해졌기 때문에 실제 자료를 제시하면서 이 글을 썼어. 의녀에 관한 전반적인 내용은 박선미 선생의 박사논문 〈조선 시대 의녀 교육 연구〉에 잘 정리되어 있어.
■ 내가 이전에 쓴 《호열자, 조선을 습격하다—몸과 의학의 한국사》의 "의녀 이야기"를 주로 참조했어.
■ 직접 '장금'을 찾는 방법을 일러줄게. 한국고전번역원(www.minchu.or.kr)이라는 사이트에서 '조선왕조실록'을 검색하면 돼. 이 사이트에 접속하고 '한국고전종합DB'를 클릭해 봐. 검색창에 '장금'이라는 검색어를 입력하면 장금에 대한 글이 모두 뜰 거야. 의녀 전반을 알고 싶다면 의녀를 검색하면 되겠지. 경우에 따라서는 '여의'라는 검색어도 필요하겠구나.

이렇게 '장금'을 검색해서 장금이 활동한 중종 임금 때를 보면 돼. 근데, 이때 장금도 보이고, 대장금도 보여. 그래서 이 둘은 동일 인물이다. 아니다 작은 논쟁이 있어. 장금이는 작은 장금, 대장금은 큰 장금이를 이렇게 불렀다는 설도 있고, 대장금은 직책이 더 높아서 그렇다는 설도 있지. 하필이면 다른 시대도 아니고 한 시대에 의녀 직책으로 장금이, 대장금이 같이 보이는 걸로 봐서 장금이나 대장금은 모두 같은 인물이 아닐까? 이건 내 생각이야. 장금이가 워낙 유명해지니까 이렇게 사소한 것 같은 일도 논쟁거리가 되는 거지.

■ '의원이 되는 길'은 조선의 독특한 신분인 중인의 과학을 설명하려고 했어. 내가 쓴 글 《조선 사람 허준》과 《호열자, 조선을 습격하다—몸과 의학의 한국사》를 주로 참고했어.

8 옛날 사람들은 돌림병이 돌면 어떻게 했을까

"염병할 놈, 급살 맞아 뒈져라!"

요즘 이런 욕을 하는 사람은 없겠지. 이건 조선 시대의 가장 못된 욕이었어. 왜 험한 욕으로 시작하냐고? 이 말 속에 '전염병'이 들어있거든. '염병'이 전염병의 줄임말이야. 염병하는 건 끔찍한 전염병을 앓는 걸 뜻해. 옛날에 콜레라 같은 염병에 걸리면 설사 죽죽 하고, 근육이 다 빳빳하게 굳고, 고열에, 신음에 더할 나위 없는 고통을 느끼다 죽었어. 예방 주사도 없고, 치료할 약도 거의 없었으니까. 게다가 급살(急煞) 맞으라고 했으니 '빨리 죽으라'는 저주가 되지.

인간이 모여 살기 시작한 뒤에 생긴 전염병

근데 이 말 뜻을 제대로 알고 있는 사람은 많지 않아. 왜냐하면 세상이 많이 바뀌어 무서운 병들이 사라졌기 때문이야. 옛 어린이들에게 가장 무서운 재난이 무엇이었을까? 호환, 마마, 전쟁이었대.

'호환'은 호랑이가 사람을 찢어 먹는 거야. 큰 짐승한테 먹힌다고 생각해

천연두를 일으키는 신 별상애기씨 천연두를 일으키는 신이야. 병을 일으키는 원인이 신이라고 보았기 때문에, 굿을 하고 잘 먹이고 잘 공경하여 내보내야 한다고 생각했어.

천연두를 물리치기 위한 마마 배송굿 풍악에 맞춰 노래하며 단정하게 차린 맛있는 음식을 먹고 마마(천연두를 일으키는 신)가 물러가길 기원하는 거야.

봐. 몸서리치는 일이지. 호환에 이어지는 '마마' 또한 무서운 놈이라 짐작이 갈 거야. 마마는 천연두야. 옛날에 전염병 중 가장 무시무시한 게 바로 천연두였어. 이제는 지구상에서 영영 없어져 천연두 예방 주사도 맞지 않지만, 옛 아이들은 피해갈 수 없는 질병이었지. 누구나 한 번은 겪었는데, 한 번 걸리면 10명 중 2~3명은 반드시 저승길에 올랐어. 2009년 '신종 플루'로 온 나라가 난리 법석이었던 걸 생각해 보면, 이 병이 얼마나 끔찍했는지 짐작이 갈 거야.

"근데, 왜 마마라 불렀어요?" 좋은 질문이야. 천연두를 귀신이 일으킨다고 믿어서 귀신에게 아부를 떨어서라도 물리치고 싶은 마음에 마마라며 아주 높여서 부른 거야.

'염병' 얘기하다가 여기까지 왔구나. 염병에 대해 집중 탐구해 보자.

염병은 보통 전염병을 말하지만, 때로는 좁혀서 장티푸스나 발진티푸스 같은 특정한 병을 가리키기도 해. 전염병과 가장 비슷한 말은 '역병'이야. 이 한자말에 대응하는 우리말로 '돌림병'이 있지.

사실 돌림병은 인류가 문명을 가꾸면서부터 시작되었어. 병이 어떻게 문명과 함께하

疫病
전염병 역 / 병 병
집단적으로 생기며 몸이 몹시 괴롭고 수고롭다는 뜻이야. 여기에 사납다는 뜻의 '여(癘)'란 말을 덧붙여 '역려' 또는 '여역'이라고도 했어.

냐고? 사람이나 가축이 모여 살게 되었기 때문에 여럿이 같은 병에 걸리는 돌림병이 생기는 거지. 아마도 인간이 사회를 이루어 집단생활을 하지 않았다면, 끔찍한 역병에 희생되지 않았을 거야. 어쩌면 아예 역병이 생기지 않았을지도 몰라. 인간이 가축을 기르고 농경 생활에 접어들어 사회를 이룬 순간부터 돌림병이 생겼거든.

우리 역사에서도 마찬가지야. 돌림병은 한민족의 역사와 같이 해 왔어. 우리나라에서 돌림병 기록은 기원전 15년(백제 온조왕 4년) 때 처음 보여.

돌림병은 인구의 증가, 도시의 발달, 교통과 상업의 발달, 외국을 상대로 한 교역의 증가 등과 관련이 있어. 이것은 오늘날도 마찬가지야. 나라 인구 수백만, 도시 인구 수십만 정도가 되면 돌림병이 생기기 좋은 조건이 되지. 정확한 통계를 내기 힘들지만, 우리나라 인구는 삼국 시대에 300만~400만, 조선 초에 500만~600만, 조선 말에는 800만~900만 정도로 추정돼. 융성했던 신라 서라벌의 인구는 20만~30만 명에 달했고, 조선 시대 서울의 인구도 이와 비슷했어. 그때 다른

태어난 지 일 년을 기념하는 돌잔치 조선 사람의 평균 수명은 24세 정도였어. 태어나자마자 죽는 아이가 많아서 그래. 다섯 형제 중 두 명 정도가 다섯 살을 넘기지 못했어. 그 중 상당수는 태어난 지 1년 안에 죽었어. 생후 1년을 넘기는 것이 쉽지 않았기 때문에 무사히 첫 생일을 맞이한 것을 기념하고 장차 잘 자라기를 바라는 돌잔치를 연 거야. 전염병이 돌면 평균 수명은 더 줄었을 거야.

나라와 비교해 보아도, 인구수가 결코 적지 않았어. 달리 말해 돌림병이 크게 유행할 조건이 갖춰진 거야. 돌림병의 규모와 돌림병이 창궐한 횟수는 한민족의 성장과 비례했다고 보면 돼.

고려 때까지는 기록이 많이 남아 있지 않기 때문에 어떤 돌림병이 얼마만큼 유행했는지 명확히 알 수는 없어. 하지만 조선에는《조선왕조실록》등 많은 기록이 남아 있기 때문에 제법 상세하게 알 수 있단다.

돌림병의 시대

《조선왕조실록》에 나타난 전염병 관련 기록을 보면 조선 시대 내내 전염병이 대단한 규모로 번졌어. 한마디로 조선을 '돌림병의 시대'라고 해도 될 정도야. 돌림병은 몇 해에 한 번씩 있을 정도로 잦았어. 피해도 심해서 적을 때는 몇 백 몇 천 명이 죽었고, 많을 때는 한 번 유행에 수십만 명이 목숨을 빼앗겼어.

어떤 돌림병이 많았을까? 앞서 말한 마마(천연두), 염병(티푸스 계통 질환), 이질, 당독역(성홍열), 마진(홍역), 독감, 호열자(콜레라) 같은 급성 전염병이 사납게 위세를 떨었지. 특히 1821년 우리 땅에 처음 찾아온 콜레라는 수십만 명의 사망자를 낸 무서운 병이었어. 이 밖에도 학질(말라리아), 문둥병(한센씨병), 성병인 매독도 조선 사람들을 괴롭혔어.

이중에 학질은 추웠다 열났다 벌벌 떨게 하는 지긋지긋한 병이었어. 지금 쓰는 말에도 흔적이 남아 있지. "학을 뗐다."는 말이 있잖아. 여기서 '학'이 학질이야. 지긋지긋하게 안 낫는 병이었기 때문에 이런 말이 생긴 거지.

한센씨병은 피부가 문드러져 뚝뚝 떨어져 나가는 고약한 병이었어. 오죽하면 "어린아이 간을 빼먹으면 낫는다."는 미신이 생겨났을까.《조선왕조실록》을 보면 실제로 아이를 유괴해 죽여서 간을 빼먹은 사람들도 있었어. 아기를 잡아먹었다고 병이 나았을까? 그럴 리가 없지. 큰 죄악인 살인만 저지른 거지.

병은 낫지 않고 밀려드는 죄책감은 어땠겠니?
　병은 단지 병일 뿐인데, 사람들은 한센씨병을 엄청 싫어하고, 걸린 사람을 피했지. 어린애들은 문둥이 온다고 놀리며 돌을 던져댔고. 그래서 한센씨병 환자는 자기 살이 떨어져나가는 몸의 고통과 함께 참기 어려운 마음의 고통도 겪었어. 그러니 그런 병에서 벗어나려고 살인까지 벌인 거지. 한센씨병 같은 만성 전염병 환자는 오랫동안 몸의 고통을 겪으면서 비참한 삶을 살았어.
　일제 강점기 때, 시인 서정주는 〈문둥이〉라는 시에서 다음과 같이 말했어.

말뚝이 놀이에 등장하는 문둥이 탈 눈썹은 빠져 짧고 가늘며 코는 비틀어지고 입도 이글어진 모양이야.

해와 하늘빛이
문둥이는 서러워
보리밭에 달 뜨면 애기 하나 먹고
꽃처럼 붉은 울음을 밤새 울었다

돌림병을 피해 피난도 가고 제사도 지내고
퀴즈 하나 낼게. 알아맞혀 봐.
"우리 조상님들, 돌림병 돌면 어떤 대책을 주로 썼을까?"
①약물 치료　②병 못 퍼지게 하는 검역 활동　③귀신에게 제사　④피난

"3번, 귀신에게 제사요." 귀신에게 제사도 지냈지만, 뭐니 뭐니 해도 병에 안 걸리는 게 가장 중요하잖아. 그래서 피난을 택했지. 옆 동네에 돌림병이 도

는 낌새가 보이면, 살림살이를 챙겨서 산속으로 피하거나 산 너머 먼 친척 집에 갔다가 병이 사라지면 돌아왔어. 특히 이전에 그 병을 앓지 않았던 사람들은 더욱 급히 피난을 서둘렀지. 어릴 때 전염병을 앓지 않은 사람들이 나이 들어 그 병에 걸리면 죽기 십상이었거든.

그때에는 피난이 살아남기 위한 최선의 방법이기는 했지만, 얼마나 힘들었겠니. 자신이 살던 터전을 떠나서 버티는 건 쉽지 않았어. 그래도 그게 돌림병의 공포보다는 낫다고 생각해서 짐을 꾸렸던 것이지. 1895년 평양에서 콜레라가 유행했을 때에는 주민의 90퍼센트 이상이 다 성 밖으로 탈출했다고 해. 그야말로 도성이 텅텅 비었어. 불과 100여 년 전의 일이야.

이런 방법은 비슷한 시기에 서양에서 쓰던 검역의 방식과 크게 달랐어. 검역이란 돌림병이 도는 곳에 사람과 교통을 완전히 차단하는 방식이지. 돌림병이 도는 지역에서 오는 사람과 물건은 모두 일일이 조사해서 40일 동안 격리시킨 후에 별 문제가 없으면 출입을 시켰어. 피난이나 검역 모두 돌림병을 막기 위한 좋은 방법임에는 틀림없어. 하지만 피난은 나만 살겠다는 소극적 방법이야.

1920년, 강원도에 콜레라가 생겨서 마을 사람들이 산속으로 피난한 모습이야. 할아버지부터 어린아이까지 임시로 지은 움막에서 지내고 있어. 조선 시대에 전염병이 크게 유행했을 때도 이런 모습이었을 거야.

검역은 지역 공동체 모두가 눈을 부릅뜨고 지켜야 할 일이었지. 또 검역을 하면서 돌림병에 대한 지식도 얻게 되고 또 그걸 바탕으로 해서 더 나은 대책을 마련할 수 있었지.

전염병 귀신, 즉 역신(疫神)에게 제사 지내는 건 나라에서 가장 널리 행한 방식이야. 옛 사람들은 돌림병이 조그마한 미생물이 일으키는 것이라 생각하지 않고 귀신의 소행이라 믿었어. 갑자기 나타나서 많은 사람에게 병을 일으키기는 하는데, 그 정체는 알 수 없으니 바로 귀신 같았던 거지. 옛 사람은 바람이 불듯이 귀신이 작용을 한다고 생각을 했어. 그 바람이 사악한 기운이야. 이 샷된 기운이 왜 생기는 걸까? 옛 사람들은 억울하게 죽은 넋들이 뭉쳐 생긴 것으로 파악했어. 처녀 귀신, 총각 귀신, 전쟁 때 죽은 귀신 등 제사 지내줄 사람이 없는 이런 귀신들이 억울한 귀신에 속하지. 원래 사람이 죽으면 영혼이 빠져 나가 차츰 소멸된다고 생각한 거야. 하지만 너무나 원통하고 억울하게 죽은 혼은 소멸되지 않고 끝끝내 이 세상에 붙어 있다가 돌림병을 일으킨다는 거야.

제사를 지내 이 넋들의 억울함을 풀어주면 병이 나을 거라고 생각했지.

여단 터 여단은 여제를 지내던 곳이야. 역병이 돌면 나라에서는 이곳에서 수시로 제사를 올렸지. 제단의 크기가 종로에 있는 사직단과 거의 비슷했다고 해. 여제는 20세기 초부터는 지내지 않았어. 사진의 표지석은 현재 서울 북악터널 근처에 있는데, 설명이 잘못되어 있어 '자손 없이 죽은 사람의 원혼을 달래기 위해' 세운 곳이라고 써 있단다.

역신에게 좋은 음식을 갖추어 올리고, 향불을 태워 넋들을 달랬어. 고려 때도 이런 제사가 있었는데, 조선 시대 들어 더 열심히 제사를 올렸어. 이를 '여제'라고 해. 서울에는 제단이 동·서·남·북·중앙 다섯 곳이 있었고, 각 군현마다 이런 제단을 설치했어. 돌림병이 돌면 시골에서는 사또가, 서울에서는 고위대신이 제사를 지냈어. 유행이 심하면 왕이 직접 나서서 제사를 드렸어. 조선 11대 임금인 중종의 제문에는 이런 내용이 담겨 있단다.

厲祭
갈 여 / 제사 제
역려(전염병) 귀신에게 제사를 올린다는 뜻이야.

"내, 네들의 억울함을 잘 안다. 이렇게 좋은 음식과 술, 향을 바치나니 이제 억울한 마음 풀고 나쁜 기운을 거두어다오."

"약은 안 썼나요?" 왜 안 썼겠니? 여제를 지내는 것보다 적었지만, 나라에서는 돌림병이 도는 지역에 의원과 약을 보내어 주었어. 또 돌림병 때 쓰는 처방을 담은 책을 찍어 유행한 곳에 배포했어. 이 책들은 모두 몇 십 쪽 정도로 얇게 만들어 빠른 시간에 많이 찍어 보급할 수 있었어. '역병을 쫓는다'는 뜻의 《벽온방》이란 책이 그것이야.

이제 무서운 전염병에 대해 잘 알았지? 요즘 아이들은 비디오테이프 처음에 나오는 "호환·마마보다도 더 무서운"이라는 글귀를 잘 이해하지 못해. 돌림병 같은 재난 때문에 조선 사람의 평균 수명은 대략 20세 초반에 불과했어. 어

> **벽온방**
> 여러 벽온방 중에 허준이 지은 《신찬벽온방》과 《벽역신방》이 특히 유명해. 돌림병이 도는 곳의 사람들은 이 책의 내용을 참고하여 조치했어. 약을 써서 병을 고치는 내용도 담겨 있지만, 벽온방의 많은 내용은 주술적인 것들이었어. 오늘날 우리가 지키는 세시풍속이 이와 관련이 있어. "동짓날 팥죽을 먹으면 역병을 피할 수 있다." 또 "단옷날 창포로 담근 술을 마시면 좋다."는 내용도 있고, 폭죽을 터뜨리면 돌림병에 걸리지 않는다는 내용도 담겨 있어. 돌림병 같은 위험이 늘 도사리고 있었기 때문에 그런 일을 겪지 않도록 소망하는 여러 세시풍속들이 생겨난 거야.

린아이들이 젖도 못 뗀 상태에서 많이 죽어나갔지. 형제 서넛 중 하나만 살아남던 시대였으니까. 하지만 마마, 호열자, 염병 등 많은 돌림병 이름이 이제 옛것이 되었어. 의학을 발달시킨 수많은 선각자의 노력 덕택이지. 오늘날 우리가 건강을 지키며 얼마나 행복하게 살고 있는지 늘 감사하는 마음으로 살아야 할 거야.

비밀노트

돌림병을 물리친 조선

조선 사람들이 돌림병에 늘 당하기만 한 것은 아니야. 이겨내려고 적극 노력한 경우도 있어. 세 가지 대표적인 사례를 말해줄게.

허준이 천연두를 치료한 이야기 때는 1590년 어느 날, 서울에 천연두(두창)가 크게 돌았어. 이때 세자도 덜컥 이 병에 걸려 버린 거야. 나중에 광해군에 오른 바로 그 세자였어. 세자의 아버지인 선조 임금은 속이 타서 미칠 지경이었어. 왜냐하면 몇 년 전에 다른 왕자와 공주가 천연두에 걸려서 죽은 기억이 채 아물지도 않았는데, 또 아들이 이 병에 걸렸으니까. 그런데 궁 안의 쟁쟁한 어의들이 아무도 병을 고치려고 나서지 않았어. "마마 귀신은 성질이 못돼먹어서 약을 쓰면 환자를 바로 죽인다."고 믿고 있었기 때문이야.

선조 임금은 나라의 왕으로서 미신에 얽매여 약도 못 쓴 채 아들을 잃지 않겠다고 다짐했어. 그리곤 허준을 찾았어. 이때까지만 해도 허준이 비록 내의원의 의관이기는 했지만, 아직 명성을 크게 떨치지 못한 때였지.

"제가 비록 재주가 없으나 옛 처방을 두루 찾고, 깊게 궁리하여 한번 치료를 해 보겠나이다."

잘못해서 세자가 죽기라도 한다면 책임을 뒤집어쓰게 될지도 모르는 상황에서 허준은 천하무적의 질병 천연두 치료에 도전했어. 연구하고 또 연구해서 세자의 두창을 고칠 명약을 찾아냈어. 저미고, 용뇌자환이라는 약이 그거야. 저미고는 돼지 꼬리에 맺힌 피가 섞인 약이었고, 용뇌자환은 외국에서 나는 용뇌라는 향을 사용한 약이었어. 허준은 이 약을 써서 사납게 뻗치는 병의 기운을 누그러뜨렸어. 허준의 치료는 대성공이었어. 세자가 살아난 거야. 선조는 아주 기뻐서 허준에게 큰 상을 내렸어. 정3품 당상관의 벼슬을 내린 거야. 원래 서자 출신 허준이 올라갈 수 있는 최고 관직이 정3품 당하관인데, 선조는 그걸 깨고 상을 내린 거였어.

허준이 세자의 병을 고쳤다는 소문이 퍼져나가자, 환자들이 너도나도 허준을 찾았어. 허준과 비슷한 시대에 살았던 이수광은 《지봉유설》이라는 책에서 허준이 고친 환자의 수가 셀 수 없을 정도로 많았다고 썼어. 그리고 세상 사람들은 "신이 내린 의사가 나타났다"면서 허준을 칭송했어. 허준은 나이 52세 때 비로소 왕과 세간의 인정을 동시에 움켜쥐게 되었어.

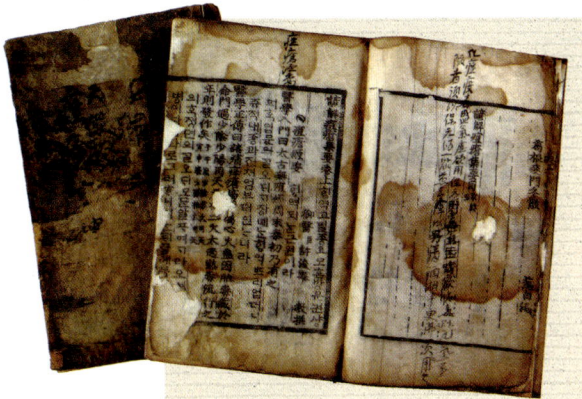

《언해두창집요》

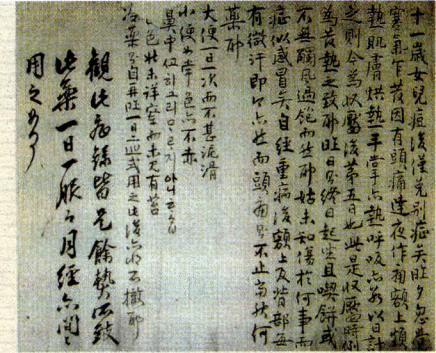

천연두 처방전 이 처방전은 열한 살 여자아이의 천연두 치료를 적은 처방전이야. 조선 후기의 기록이란다.

여기서 그친 게 아냐. 허준은 자신의 경험과 처방을 《언해두창집요》란 책으로 엮었어. 선조는 천연두에 걸릴 때 약을 쓰지 않는 풍습을 깨기 위해 허준에게 이 책을 짓도록 했지. 또 한글로 번역해서 부녀자와 보통 사람이 그 내용을 읽을 수 있도록 했어. 허준이 수많은 천연두 환자를 고쳐냈다는 사실 못지않게 마마 때 약을 쓰지 않는다는 오래된 금기를 깨려고 했던 허준의 자세를 높이 사야 할 거야.

홍역을 앓았던 정약용 이야기 어린이 돌림병인 홍역도 무시무시한 병이었어. 홍역은 붉은 반점의 돌림병이란 뜻이지. 온몸에 좁쌀 같은 붉은 발진이 돋거든.

홍역은 보통 의원들이 포기한 질병이었어. 왜냐하면 10년 넘게 유행하지 않다가 갑자기 찾아오는 병이었어. 게다가 병이 돌기 시작하면 불똥 튀듯 빨리 번져서 의원들이 미처 손 쓸 틈을 주지 않았어. 병을 진료한 경험도 부족한 데다 의원들은 이 병을 치료해도 별로 돈이 되지 않는다 하여 슬슬 피했어.

어렸을 때 홍역에 걸렸다가 구사일생으로 살아난 다산 정약용(1762~1836년)은 의원들이 돈벌이 되는 것만 찾는다고 분개했어.

"홍역은 대개 수십 년 만에 한 번 발생하니, 업으로 삼으면 기대할 만한 이익이 없다고 하여 의원이 없으며, 환자를 만나서는 치료하지 못한다. 더구나 잘못된 약을 써서 사람을 죽게 하다니! 아, 잔인한 일이다."

정약용은 슬퍼하고 화내는 데 그치지 않고 홍역 연구에 뛰어들었어. 1789년 고위 관직을 두루 거치다 잠깐 쉬러 곡산부사로 간 정약용은 그동안 관심은 두었으나 추진하지 못했던 홍역에 관한 책을 쓰기 시작했어. 물론 이 작업의 또 다른 배경에는 몽수 이헌길이라는 생명의 은인이 자리 잡고 있어. 이헌길은 다른 의원과 달리 홍역 치료에 적극 나서 많은 사람의 생명을 구했어. 홍역에 걸린 아이 정약용도 구했지. 의술이 뛰어났지만, 이헌길의 의술은 번듯한 책으로 엮이지 못했지. 정약용은 안타까워하면서 이헌길의 의술을 세상에 널리 알리기로 결심했어. 정약용은 정성을 다해 새로 편집한 이헌길의 책 《마진방》을 그의 영전에 바쳤어.

이 책과 함께 정약용은 자신의 대작 《마과회통》을 편찬했어. 이헌길의 방법을 실마리로 해서 중국 책 수십 종에 실린 정보를 분석해 홍역의 증상, 원인, 처방, 약물을 차례대로 정리한 거야. 정약용은 갑작스럽게 죽음으로 이끄는 홍역을 증상별로 빨리 알아내 적절한 처방을 고르도록 하는 데 힘썼어. 이 책은 오늘날 홍역에 관한 한 동아시아에서 가장 상세한 저술로 평가받고 있어.

麻疹方
삼 마 / 마마(천연두) 진 / 본뜰 방

'마진'은 홍역과 같은 이름이야. 홍역 증상이 조 알갱이보다 더 작은 삼[麻] 씨 크기만 한 피부병[疹]이 생긴다고 해서 홍역이라고 부르기 전에 썼던 이름이야.

천연두를 예방하는 종두법 천연두에 대해서는 또 다른 감동적인 이야기가 있어. 1800년 무렵 어느 날, 학자 초정 박제가와 다산 정약용은 토론을 벌이다가 서로가 깜짝 놀랐어.

"아니, 자네도 종두법에 대해서 공부하고 있었나? 나는 청나라 의학 책 《의종금감》이라는 책에 소개된 종두법에 흥미를 느꼈다네. 이 예방 방법이 맞다면, 우리나라 사람은 이제부터 천연두의 공포에서 해방될 수 있다고 생각했다네."

"저는 우연히 《정씨종두방》이란 청나라 책을 구했는데, 그 책에 종두법이 상세하게 나와 있더군요."

천연두의 진행

    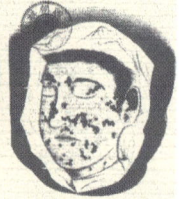

사흘 동안 열이 심하게 나다가 온몸에 콩알 같은 반진이 돋기 시작해.

또 사흘이 지나면 콩알 같은 반진이 크게 부풀어 수포가 돼.

또 사흘 동안 고름이 생겨.

또 사흘쯤 지나는 동안 딱지가 앉게 돼.

딱지가 잘 앉으면 안심이지만, 곰보가 되거나 눈이 멀기도 했어. 그런 다음 다시 사흘이 지나면 딱지가 떨어졌지.

두 사람이 본 책은 모두 종두법에 대해 말하고 있었어. 종두법이란 두(痘), 즉 콩을 인공적으로 심는다는 뜻이야. 예방 접종이지. 천연적으로 걸리는 마마가 천연두이고, 예방 접종의 결과로 가볍게 콩이 솟도록 하는 방법이 종두법이야. 근데, 여기서 말하는 종두법은 우두법은 아니었고 인두법이라 부르는 것이지. 두창을 앓은 아이에게서 얻은 것을 곧바로 접종한다고 해서 인두법이지. 우두법은 인두법의 독성이 너무나 강해서 그걸 약하게 하려고 소에게 접종했다가 다시 소에게서 얻은 백신을 접종하는 방법이야. 1796년 영국의 제너가 우두법을 발명했는데, 그 방법은 이때까지는 조선에 알려지지 않았어.

종두법(인두법)은 솜에 두창 딱지 가루나 그걸 물에 갠 액체를 가늘게 만든 솜 끝에 묻혀 코 안에 살짝 문지르는 방법을 썼어. 요즘처럼 주사기로 몸안에 약을 넣는 것은 아니었지.

박제가와 정약용은 토론을 하던 중, 자신들 앞에 큰 난관이 있음을 알게 되었어.
"어떻게 해야 안전하면서도 효과가 있는 접종 딱지 또는 접종 액을 얻을 수 있을지…… 이건 사람 생명과 관련이 있으니 신중해야 한다네."

그들은 북경에서 수입할 생각도 해봤지만, 여름철 오는 도중에 다 상해서 못 쓴다는 결론에 도달했어. 이날 대화는 이대로 끝났지만, 종두법에 대한 의지는 여기서 꺾이지 않았어. 박제가가 드디어 그 방법을 알아낸 거야.

박제가가 포천의 현감으로 갔을 때, 아전의 자식에게 종두법을 시행하여 성공을 거뒀어. 또 마침 포천에 살던 이종인이라는 의원이 있어서 그 방법을 박제가에게서 배워 연구를 거듭한 끝에 완전한 방법을 터득했어. 이종인은 열 번이면 열 번, 백 번이면 백 번, 한 번도 실패가 없었어. 또 1817년 《시종통편》이라는 책에다 자신의 치료법을 모두 담아 널리 알렸어. 여기서 시종이란 시두, 곧 천연두와 종두에 관한 지식을 말해. 예방법과 치료법 둘 다 담은 것이었어.

이종인이 쓴 《시종통편》은 고마운 책이었어. 많은 사람이 이 책을 읽었고, 종두법을 따라 병을 예방하고 이겨냈지. 이는 이후 지석영이 우두법을 시술하기 60여 년 전의 일이야.

▼
■ 전염병에 대한 이 글은 내가 쓴 책 《호열자, 조선을 습격하다 – 몸과 의학의 한국사》, 《조선 사람의 생로병사》, 《조선 사람 허준》을 주로 참고했어.

9 민간에 뿌리내린 한의학

　얘들아, 반만년 우리나라 역사에서 의학 분야의 가장 중요한 사건을 딱 하나 꼽으라면 무엇을 얘기하겠니? 나는 서슴지 않고 1977년 시작되어 1989년에 전 국민에게 확대된 의료 보험 제도를 들 거야. 아무리 의학이 발달하면 뭐해. 나와 내 가족, 이웃이 치료받지 못하면 소용없잖아. 발달한 의학과 과학을 누구나 누리게 되는 것, 그게 바로 축복일 거야.

　이런 이유로 의료에 관한 한 지금 우리나라 국민은 인류 역사상 유례가 없는 행운을 누리고 있다고 자신 있게 말할 수 있어.

　그렇다면 조선 시대까지 우리 의학의 역사에서 최대 사건은 뭘까? 나는 다시 한 번 서슴지 않고 한의원과 한약방이 지방 구석구석까지 뿌리내린 걸 꼽겠어. 《동의보감》 같은 뛰어난 의학 책이 있으면 뭐해. 왕족과 양반, 그리고 서울에 사는 사람만 혜택을 누린다면, 백성들에게는 '그림 속의 떡' 아니겠니?

　17세기 후반부터 이후 200여 년 동안 '한의학의 대중화'가 이루어져. 지방에도 의원이 생기고, 한약방도 생겼지! 한의학이 널리 퍼져서 보통 사람들과 지방 사람들도 이용하게 된 거야.

역사 드라마를 보면 마치 아주 오래전부터 민간에 한약방이 있었던 것처럼 그리고 있지만, 사실은 이 200년 사이에 일어난 거야. 그렇게 오래되지 않은 일이지. 우리나라 의학의 전통이 2000년 된다고 해도, 나머지 1800년 동안 소수의 사람만 의학 혜택을 봤던 거야.

"치료를 받는 사람이 그렇게 적었어요?" 그래. 아무리 넉넉히 잡아도 전국적으로 5퍼센트가 채 안 될 거야. 그렇다면 의문이 생기지 않니? 도대체 어떻게 해서 이때에 이런 놀라운 일이 벌어진 걸까? 이제부터 그걸 차근차근 알아보도록 하자.

약방이 널리 퍼지기 전에는

1600년 이전에 약방이 없었다는 걸 어떻게 알 수 있을까? 다행히 일기가 남아 있어서 상세히 알 수가 있단다. 호가 미암인 유희춘 대감이 쓴 《미암일기》가 있어.

유희춘 대감은 당쟁 때문에 함경도 끝자락 종성이란 지역에서 귀양살이를 했어. 그러다 1567년에 19년의 오랜 귀양살이를 끝내고 서울로 돌아와 잠시 서울에 있다가 고향인 전라도 담양으로 길을 나섰어. 그때 유희춘의 일기에 약이 등장해.

《미암일기》
조선 시대 생활 일기를 대표하는 책. 유희춘(1513~1577년)은 1567년 10월 1일부터 그가 죽은 때인 1577년 5월 13일까지 10년 동안 꾸준히 일기를 썼어. 하루하루 일어난 일을 매우 상세하게 썼기 때문에 역사가들은 이 일기로 그때의 생활을 생생하게 파악할 수 있어. 그 가운데 병치레 내용도 상당수 포함되어 있지.

1567년 11월 16일 한사신이 약을 가지고 왔다.
1567년 11월 16일 판서 홍담이 청한 약을 보내왔다.
1567년 11월 17일 전함 벼슬의 기대승이 달인 약을 가지고 왔다.

근데 병원이나 약국, 의사들은 나오지 않고, 친구나 아는 사람들 이름만 보여. 또 먼 길 떠나는 유희춘에게 아는 사람들은 약을 가져다주고 있어. 《미암일기》 첫머리에 보이는 이런 내용은 결코 예사롭지 않아. 왜냐하면 그때 약이 어떻게 유통되었는지 알려주기 때문이야. 약방 가서 사는 게 아니라 친구나 아는 사람들이 약을 주고받았던 거야.

실제로 유희춘이 서울에 와서 성균관 대사성, 세자의 스승 등 벼슬을 하고 있을 때에는 지방의 가족, 친척, 친구들이 수없이 약을 구해 보내달라는 편지를 했단다. 그러면 유희춘은 서울에서 약을 구해 계속 내려보냈어. 그러니까 유희춘은 친구나 아는 사람으로부터 약을 받아서, 지방에 사는 친척들에게 약을 내려보냈던 거지.

잠깐, 어떤 약을 서로 주고받았는지 일기를 찾아보도록 할까?

- 헌릉 참봉 김가빈이 산약 20뿌리를 보내왔다.
- 승지인 이후백이 착호단이라는 약을 보내왔다.
- 가까운 친척 나사침에 우황청심환과 소합환을 보내 주었다.
- 약을 구해달라는 김천일의 부탁을 받아 성심산이라는 약을 보내 주었다.
- 경상도 안동에 있는 퇴계 선생에게는 청심환 등 귀한 환약을 선물했다.
- 자살을 기도한 이웃에게 청심환을 주었다.

유희춘은 고향에 있을 때에도 약을 넉넉하게 갖고 있었어. 유희춘이 쓴 약재는 대부분 서울에서 온 거야. 옛날에 근무했던 관아에서 보내준 것이었

약방문 약재의 종류와 분량이 적혀 있어. "인삼 3돈, 별갑(자라의 등딱지) 1돈, 백복령·진피 각 1돈……."이 들어가고, 약재에 따라 볶거나 달여서 약을 지으라고 써 있어. 인삼과 별갑을 넉넉히 넣으라고 했구나. 19세기에 추사 김정희가 쓴 처방전이야.

지. 꿀이나 녹용 같은 약재는 곧바로 생산지에서 오기도 했고. 지방에 머물면서 유희춘은 자신과 집안, 주변 사람들의 약을 챙겼어.

서울과 달리 지방에는 의료 시설이 거의 없었다고 해도 지나친 말이 아니야. 또 대부분 사람이 약을 살 만한 형편이 안 되었어. 또 관직에 끈이 닿지 않는 사람은 돈이 있어도 약을 구하기 힘들었지.

그러다 보니 약을 구하려고 노력하는 사람도 많지 않았어. 오히려 다른 방법으로 병을 고치려고 했어. 의학이 있었지만, 그것보다는 기도하고 점치고 무당 불러 굿하는 방법을 더 널리 썼단다. 이에 대해서는 17세기 후반 조선에 표류한 하멜이 쓴 《하멜 표류기》(1668년)에 이렇게 나와 있어.

점치는 맹인

조선 사람들은 병이 들 때엔 자신의 나라에서 나는 산의 약초를 복용하는

데, 보통 백성들은 그것을 잘 알지 못하고, 모든 의원은 거의 상류 인간만이 이용한다. 그리하여 의원을 쓸 형편이 못 되는 빈민들은 그 대신 맹인 점쟁이를 쓴다. 이들 점쟁이를 믿으며 특히 우상 신전에 나아가 거기서 귀신에게 도움을 빈다.

이걸 보면, 소수의 상류층을 제외한 사람들은 돈이 없거나, 지식이 없거나, 또는 미신에 얽매어 약을 쓰지 않았음을 짐작할 수 있겠지?

마을마다 들어선 약방

"아, 약방은 없었고 개인들이 약을 주고받는 방식이었네요. 그러다가 확 바뀐 건가요?" 그럼, 아주 크게 바뀌었어. 이번엔 18세기 후반의 일기를 보자.

> **《이재난고》**
> 황윤석(1729~1791년)은 열 살부터 예순셋으로 죽기 직전까지 무려 53년 동안 일기를 썼어. 이렇게 방대한 일기는 우리나라는 물론 세계적으로도 찾기 힘들 정도야. 그는 서울과 인근 지역에서 말단 관직을 두루 거쳤고, 지방의 현감 노릇을 잠깐 한 것 빼놓고서는 주로 고향인 전라북도 고창 흥덕에서 지냈어.

호가 이재인 황윤석의 《이재난고》를 보면, 서울뿐만 아니라 지방의 상황도 매우 상세히 드러나 있어.

1759년 황윤석은 잠깐 서울로 과거를 보러 갔는데, 두통과 가래나는 병을 앓았어. 병을 치료해 줄 의원과 약국을 찾았어. 처방전을 써준 의원에게는 돈 2냥을 냈고, 약국에서도 돈을 내고 약을 구입했지. 약도 보약을 제외하고는 모두 다 싼 약들이어서 사는 데에 별로 부담이 없었어.

애들아, 《이재난고》에서 무엇이 달라졌는지 말할 수 있겠니?

"약국에서 돈을 주고 약을 샀대요." 그래, 18세기 후반 서울에 약국이 등장했어. 이런 모습은 《미암일기》나 《쇄미록》에서 보았던 생활과 크게 달라진

또 다른 일기 《쇄미록》

《쇄미록》은 오희문(1539~1613년)이 쓴 생활 일기야. '쇄미록'은 전쟁 때 쓴 피난 일기라는 뜻이야. 오희문이 임진왜란 때 피난 가서 9년 3개월 동안 썼지.

이 일기에도 약을 구하는 이야기가 나와. 《미암일기》와 같이 의원이나 약국에서 약을 구하지 않고 상납이나 선물, 하사 따위의 형태로 주고받았어. 또 약을 보내 주는 사람이 고을 사또이거나 지방 관직을 얻은 아들이었어. 권세가 있어야 약을 받을 수 있었던 거지.

오희문은 타향에서 피난살이의 고충을 뼈아프게 느끼며 살았어. 날마다 끼니 걱정, 추위 걱정하는 처지에서 약까지 챙긴다는 건 기대하기 힘들었지. 피난 생활 중에서 오희문과 가족은 보통 병이 들어도 별 처방 없이 견뎌 낼 수밖에 도리가 없었어. 근근이 끼니를 이어가던 오희문은 자기 딸을 사또의 후처로 시집보내고, 이어서 아들이 과거에 급제해 관직을 얻게 되면서 살림살이가 펴게 되었지. 사또와 아들은 부탁한 약을 어떻게든 구해서 보내 주었어.

딸을 후처로 시집보내기 전, 그리고 아들이 관직을 얻기 전까지 오희문의 생활은 끔찍하게 어려웠어. 오희문은 양반이었는데 이 정도였으니까 이보다 하층 사람들은 더 말할 필요가 없겠지. 양반이 채 10퍼센트도 되지 않았으니까, 나머지 90퍼센트의 평범한 백성들은 꼭 임진왜란이 아니었다고 해도 아플 때 약을 쓰지 못했을 거야.

모습이야.

서울 종로와 구리개(오늘날 을지로 입구)에는 약방이 많이 생겨나 있었어. 또 의원도 소아과, 안과 등 분야가 전문화되어 있었어. 어디 그뿐인 줄 알아. 의원이 병을 고치면 돈을 받았어. 그건 이때 의술이 병 고친 고마움의 대가를 받는 인술의 영역에서 벗어나 하나의 상품이 된 걸 뜻해. 게다가 황윤석의 병을 치료한 의사는 도사(종5품)라는 벼슬을 가진 양반이었어. 양반이 중인의 직업인 의원 노릇을 한다는 것, 이 또한 많이 달라진 모습이야. 양반이라도 먹고살기 위해 의술을 펼치는 시대가 된 거야. 몰락한 양반이 할 수 있는 일 가운데 가장 인기 있는 직업이 훈장과 의원 노릇이었지. 육체노동을 하지 않고 지식을 팔아서 생활하기에 안성맞춤인 직업이었으니까.

황윤석은 충청도 목천과 전의 지방에서 사또 노릇을 했어. 이때 주변 지역 형편까지 자세히 기록해 놓았어. 목천에는 의원이 한 명도 없었으나, 전의에는 한 명이 있었어. 천안의 경우는 큰 고을이었기 때문에 관아에도 의원이 있고 심지어는 의녀까지 있었어. 각 고을을 떠도는 떠돌이 의원도 있었지. 약방은 천안은 물론이고, 전의, 목천에도 있었어. 지방의 약방은 서울에서 약을 가져다 파는 매약상이 맡고 있었지.

"와! 엄청난 변화가 생겼네요. 지방까지 약방이 다 생겨났어요." 어떻게 해서 이런 놀라운 일이 가능했는지 설명할 때가 되었구나. 이를 알기 위해서는 무엇보다도 먼저 '계'라는 걸 알아야 해.

"엄마들이 목돈 모으는 방법 말이지요? 여러 사람이 모은 것을 한 달씩 타면 큰돈이 된다던데요." 그래, 옛 사람들의 지혜였지. 17세기 이후 우리 조상님

〈태평성시도〉에서 찾은 약방 〈태평성시도〉는 중국의 그림을 모방했지만 조선의 풍물을 담고 있어. 약방을 확대한 그림을 보렴. 안팎 두 채로 이루어져 있어. 앞 건물에는 큰 약장이 놓여 있으며, 약을 사러 온 사람 셋이 있고, 약을 저울로 달고 있는 의원이 보여. 뒤 건물에는 점원인 듯 보이는 두 사람이 있어. 한 명은 약연으로 약을 갈고, 한 명은 작두로 약을 썰고 있어. 마당에는 약재를 말리고 있네.

들은 약을 타는 계, 즉 약계를 만들기 시작했단다.

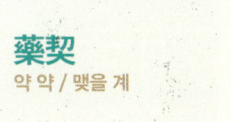
藥契
약 약 / 맺을 계

약계에서 전 국민 의료 보험까지

한의원 가본 사람은 한약재를 넣어두는 약장을 본 적이 있을 거야. 한의학은 약을 수백 종 갖춰 놓고 처방을 하도록 발달해 왔어. 약장 안에 들어가는 자주 쓰는 약재만 해도 100여 종에 이르지. 이미 향약 다룰 때 읽었듯, 그 약재에는 우리나라뿐만 아니라 중국, 더 나아가 인도, 아라비아에서 나는 약재까지 포함되어 있지. 심지어 약방의 '감초'도 수입품이었잖아. 그렇기 때문에 이런 약재를 골고루 갖춰 번듯한 약방을 갖추는 게 쉽지 않은 일이었지. 비록 많은 돈을 들여 갖췄다 해도 약을 사가는 사람이 없다면 망해 버리겠지. 그렇기 때문에 처음엔 궁궐과 관청에서만 약방의 설치가 가능했던 거야.

지방에 사는 사람들은 이런 상황을 벗어나기 위해 뭉쳐서 계를 만들었어. 돈을 내서 약재를 사오고, 또 집안에 환자가 생기면 그 약을 쓰는 식으로 운영한 것이지. 이처럼 계는 비싼 비용을 치르고 약국을 차리지 않고도 약을 쓸 수 있게 했어. 민간에서 약재의 소비가 많아지자 약계는 더욱 발전되어 가게처럼 되었는데 그게 바로 한약방이었어. 약계는 잘 알려져 있는 게 1603년에 만들어진 강릉 지역의 약계야. 이후 무려 240여 년 동안 이어졌단다.

약계의 조직도 놀랍지만, 약계를 만들려고 한 생각의 변화를 놓쳐서는 안 돼. 사람들이 병이 들었을 때 약을 써야 한다고 생각하기 시작했다는 점이야. 오늘날에는 아플 때 약 쓰는 걸 당연하게 생각하지만 그렇게 생각하지 않았던 때가 있었어. 지금도 문명이 덜 발달된 사회를 가 보면, 의약 대신에 미신에 따른 방법을 주로 쓰잖아.

지방의 양반부터 시작해서 이런 생각이 차츰차츰 바뀌어 나갔어. 특히

약장 약재를 분류하여 보관했어. 서랍마다 약재의 이름이 써 있어.

부모님께 효도해야 한다는 생각이 결정적인 구실을 했어. 조선 시대에는 특히 효도를 중시했잖아. 부모님께 약 한 재 지어 올리는 것을 효도 중 으뜸으로 여기게 된 거야. 강릉의 약계도 효를 실천하기 위해서 약계를 만들었다고 했어. 계원들이 1달에 1재씩 보약을 지어 부모님께 드렸지. 그렇게 시작한 강릉 약계는 이후 차츰 이웃에 약을 파는 단계로 확대해 나갔던 것이지. 그러다 개인이 차린 약방이 잇달아 생기면서 약계는 없어지게 되었어.

"효도를 위해 약계를 만들었다는 건 뜻밖이에요. 근데 거꾸로 이걸 보니까 조선 시대가 유교 사회였다는 게 실감이 나네요." 그래, 맞아.

근데, 지방 사람들이 어떻게 그 많은 약들을 구할 수 있었을까? 국산 약은 어디서 구했고, 중국에서 수입한 약은 어떻게 지방까지 흘러왔을까? 아무리 약계를 조직했다고 해도 온 나라가 연결되는 약재 시장이 없었다면 약계는 크게 퍼지지 못했을 거야. '대동법'이라고 들어봤니? 대동법은 17세기 초반에 나라에 내는 각종 진상품을 현물 대신에 쌀로 바치도록 한 제도야. 누구나 어느 지역이나 세금을 쌀 한 가지로 통일했다고 해서 대동법이라고 했지.

이전에는 각 고을 사또들이 그 지방에 할당된 약재를 직접 모아서 나라에 바쳤는데, 대동법이 실시되고 나니까 그럴 필요가 없어졌단 말이지. 하지만 나라에서는 여전히 약이 필요하지 않겠니. 그래서 세금으로 받은 쌀로 약을 사야만 했어. 민간의 상인들이 약재를 모아 혜민서와 전의감에 갖다 바치고 관아에서 돈을 받게 된 거지.

여기서 중요한 건 약재를 사고파는 상인이 생겼다는 거야. 약재 상인들은 나라에 바칠 분량의 약재만 모은 게 아니었어. 더 많이 모아서 장사를 한 거지. 또 어떤 상인들은 중국에서 약재를 수입해 팔기 시작했지.

상인들에게 누가 약재를 샀을까? 약방 거리로 유명한 구리개의 약방들과 저 멀리 지방의 약방에서도 사들였을 거야. 그런 와중에 약만 전문으로 사고파는 시장이 생겨났어. 그걸 '약령시'라고 했어. 1653년(효종 4년)에 대구에서 처음 약령시가 만들어졌다고 해. 이후 원주나 전주 등 여러 지역에서 약령시가 들어섰지.

이런 여러 흐름이 맞물려 한약방이 전국에 뿌리를 내리게 되었어. 1913년 통계를 보면 전국 8도에 한의사가 5800여 명, 약방을 운영하는 사람이 9000여 명이나 돼. 15세기에 나온 《경국대전》(1484년)에서 전국에 필요한 의원과 의학생 수를 3500여 명이라고 했었는데, 그에 견주면 네 배 이상 많은 거야. 그만큼 한의학이 성장하고 널리 퍼진 거지.

한의학의 확산은 조선 사회가 무속에 기대어 치료하던 의료 수준을 어느 정

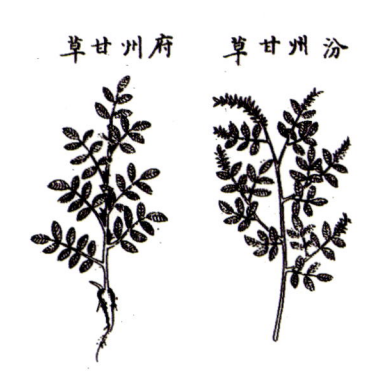

감초 한약재로 탕약에 가장 흔하게 넣는 감초도 우리나라에서는 나지 않았어. 약재 상인들은 약재 무역도 시작했지.

도 벗어난 걸 뜻해. 또한 의약을 양반이나 권세 있는 사람만 이용하던 상태를 벗어나게 된 걸 뜻하지. 이를 보면, 17세기 이후에 조선은 이전보다 더 공평한 사회로 나가고 있었어. 근대 이후에는 그것이 더욱 확장하여 오늘날 '전 국민 의료 보험' 시대로 접어들게 되었지.

100여 년 전의 약방 약재들이 천장에 주렁주렁 걸려 있구나. 한약방이 널리 퍼지게 된 것은 사실 200여 년 사이에 일어난 거야. 무속에 기대는 치료에서 벗어나 평범한 사람들도 의학으로 치료를 받게 된 것을 뜻하지. 의학이 아무리 발달해도 여러 사람에게 혜택이 돌아가지 않는다면 '그림의 떡'일 뿐임을 잊지 않길 바라.

비밀노트

활인서, 전의감, 혜민서, 내의원이 뭐하는 곳일까

얘들아, 너희들도 병났을 때 병원에 가지. 우리나라에도 오랜 옛날부터 병원이 있었어. 그래서 1884년에 우리나라에 와서 조선 정부 병원인 제중원에서 일했던 미국인 의사 알렌은 이렇게 이야기한 적이 있었어.

"이 나라에는 병원의 전통이 1000년도 넘는군. 그래서 그런지 우리가 세운 병원에 대해 하나도 낯설게 생각하지 않는구나."

활인서

알렌이 말한 병원이란 활인서를 말해. 돌림병 환자를 주로 구호하던 곳이야. 고려 때 처음 생긴 제도를 조선에서 이어받았어. 고려 때는 불교 국가라서 대자대비의 준말인 대비가 들어간 말인 동서대비원이라 했고, 조선은 유교 국가라서 대비 대신에 인술을 펼친다는 뜻의 활인(活人)을 썼어. 조선 시대에 서울 동대문 바깥에 1곳, 서대문 바깥에 1곳 있어서 동서활인서라고도 했어. 활인서는 보통 환자의 병을 고치는 곳이 아니라 굶어 죽게 된 사람이나 돌림병 환자를 수용하는 기관이었어. 진료에 필요한 약을 전의감과 혜민서에서 보급받았지.

전의감과 혜민서

전의감과 혜민서는 한꺼번에 같이 설명하는 게 나을 것 같다. 이 두 의료 기관이 하는 일이 비슷했기 때문이야. 전의감(典醫監)은 의학 업무를 맡은 관청이라는 뜻이고, 혜민서(惠民署)는 백성들에게 은혜를 베푸는 관청이라는 뜻으로 이 두 기관은 업무를 분담했어. 그러니까 서울에 국립 병원이 두 곳이었다고 생각하면 될 거야. 전의감은 고위층 환자의 진료를 담당하는 한편, 좀 더 수준 높은 의학 교육을 맡았지. 혜민서는 서민을 위한 병원으로 서울 사람들에게 약을 팔았단다. 서울과 지방에 사설 약방이 생기기 이전에 유일한 백성들의 병원 구실을 했어. 전의감보다 약간 수준이 낮은 의학 교육과 의녀의 교육을 혜민서에서 담당했지.

그렇지만 나라에서 필요한 의료 업무는 똑같은 일을 반반씩 분담해서 맡았단다. 예를 들어볼까. 과거 시험장에서 갑자기 탈이 나는 사람이 생길지 모르잖아. 그래서 전의감과 혜민서에서는 과거보는 날 의원을 파견했어. 마찬가지로 외국 사신이 올 때, 임금의 행차 때, 잔치 때, 죄인을 심문할 때, 군졸의 건강을 챙겨야 할 때, 관아를 지을 때, 동서빙고 얼음을 캘 때 의원을 파견하는 것도 이 두 기관의 몫이었지. 이 밖에도 두 기관은 돌림병이 생기면, 구역을 맡아 환자를 보살피는 일을 맡았어. 전국 각지에서 올라오는 약재의 관리도 이 두 기관의 몫이었어. 두 기관이 하는 일이 비슷했기 때문에 어떤 때는 합쳐서 하나만 둘 때도 있었어.

참, 이런 나라의 의료 기관은 꼭 필요했기 때문에 삼국 시대부터 있었어. 하지만 백성을 위한 의료 기관은 고려 때(1112년) 처음 만들어져 조선까지 이어져 온 거야. 고려 때 이름은 혜민국이었어. 이 혜민국은 중국 송나라 제도를 본뜬 것이지. 이전에는 백성만을 위한 병원이 따로 없었는데, 혜민국이 최초로 일반 백성을 위해 나라에서 만든 병원이었지.

옛 전의감 건물 1890년대에 찍은 사진이란다. 전의감은 의학 교육을 담당했고 궁중의 약재를 관리했어.

왕실 병원 내의원

이제 마지막으로 조선 최고의 의료 기관인 내의원에 대해 말할 차례가 되었구나. 내의원은 궁궐 안에 있는 병원, 즉 왕실 병원이란 뜻이야. 궁궐 밖의 전의감, 혜민서와 구별하기 위한 이름이지. 참고로 내의원, 전의감, 혜민서 이 세 기관을 합쳐서 삼의사, 즉 3개의 국립 의료 기관이라 불렀어. 왕실 병원은 이름만 바뀌었지, 우리나라에 왕조가 세워진 이후에 쭉 있어왔던 기관으로 가장 오래된 것이기도 해. 내의원은 왕실 병원이었기 때문에 나라에서 가장 규모가 컸어. 또 가장 좋은 약을 갖췄어. 실력 좋은 어의와 의녀들도 모두 이 내의원에 소속되어 있었어. 또 민간에서 실력 있다는 사람도 내의원에서 뽑아 관직을 주었지.

왕을 비롯한 왕실의 병을 고쳤을 때 의원들은 큰 상을 받았어. 허준이 종1품 벼슬을 받은 것도 그 가운데 하나지. 거꾸로 약을 잘못 써서 임금이 돌아가시게 되면 끔찍한 형벌을 받았어. 효종 임금을 죽게 한 신가귀란 어의와 정조의 병을 잘못 치료한 죄로 어의 강명길은 사형을 당했어.

"근데, 모든 병원이 서울에만 집중되어 있네요? 지방에는 의료 기관이 없었나요?"

지방의 실정은 늘 좋지 않았어. 나라에서는 지방에도 의원과 약물을 두려고 노력을 했지만, 실현되지 않았어. 그래서 사람들은 "서울을 위한 조선"이라는 극단적인

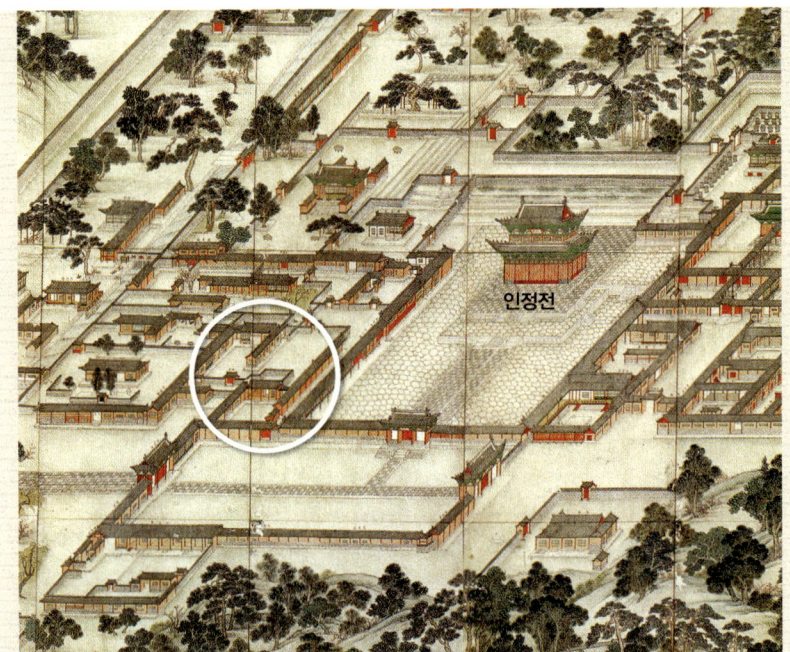

궁궐 안의 약방 임금이 정사를 보는 인정전 서쪽에 내의원(약방)이 있었어. 임금을 가까운 곳에서 진료하려고 내의원을 인정전 가까이에 두었지. 어의와 의녀들도 이 약방 가까운 숙소에서 지냈을 거야. 조선 시대에 그린 〈동궐도〉야.

말을 쓰기도 했지. 그럼에도 17세기 이후 지방의 의약 사정이 나아지기 시작했어. 앞서 보았듯 민간에서 계를 조직하고, 약방을 설치해 스스로 약을 쓰기 시작했으니까.

▼
■ 민간에 뿌리내린 의학이라는 접근은 이 책에서 처음 하는 거야. 이 부분은 내가 연구한 "17~19세기 조선 사회의 의료화"와 관련된 세 가지 연구 결과를 참고하여 정리했어.

참고 자료

강신익·신동원·여인석·황상익, 《의학 오디세이 – 인간의 몸, 과학을 만나다》 역사비평사, 2007
과학백과사전출판사, 《조선 기술 발전사》 1994
국사편찬위원회, 《근현대 과학 기술과 삶의 변화》 두산동아, 2005
김경옥, 《옷감 짜기》 보림, 1996
김덕진, 《대기근, 조선을 뒤덮다》 푸른역사, 2008
김상보, 《조선 시대의 음식 문화》 가람기획, 2006
김성근, 《교양으로 읽는 서양 과학사》 안티쿠스, 2009
김영진·이은웅, 《조선 시대 농업 과학 기술사》 서울대학교출판부, 2000
김정화, 《담배 이야기》 지호, 2000
김태곤, 《한국 무신도》 열화당, 1989
김호, 《원통함을 없게 하라》 프로네시스, 2006
김호, 《조선 과학 인물 열전》 휴머니스트, 2003
류건집, 《한국 차 문화사》(상·하) 이른아침, 2007
문국진, 《고금 무원록》 고려의학, 1996
문일평, 《화하만필》 삼성문화문고, 1972
박상표, 《조선의 과학 기술》 현암사, 2008
박선미, 《조선 시대 의녀 교육 연구》 중앙대학교 박사논문, 1994
박성훈, 《한국 삼재도회》(상·하) 시공사, 2003
박수현, 《바다 생물 이름 풀이 사전》 지성사, 2008
박천홍, 《자산어보》 서울문화사, 2004
박호석·안승모, 《한국의 농기구》 어문각, 2001
서울대학교규장각, 《무당내력》 민속원, 2005
서울대학교병원역사문화센터, 《사진과 함께 보는 한국 근현대 의료 문화사(1879~1960)》 웅진지식하우스, 2009
손택수, 《바다를 품은 책 자산어보》 아이세움, 2006
송재소·유홍준·정해렴, 《한국의 차 문화 천 년》(1~2) 돌베개, 2009
송홍선, 《한국의 나무 문화》 문예산책, 1996
신동원, 《우리 과학의 수수께끼》(1~2) 한겨레신문사, 2007
신동원, 《조선 사람 허준》 한겨레신문사, 2001
신동원, 《조선 사람의 생로병사》 한겨레신문사, 1999
신동원, 《한국 마의학사》 한국마사회마사박물관, 2004
신동원, 《호열자, 조선을 습격하다 –몸과 의학의 한국사》 역사비평사, 2004
신동원·김남일·여인석, 《한권으로 읽는 동의보감》 들녘, 1999
아니 위베르·크로틸드 부아베르, 《향신료》 창해, 2000
아커크네히트, 《세계 의학의 역사》 지식산업사, 1987
안상우, 〈'의방유취'에 대한 의사학적 연구〉 경희대학교 박사논문, 2000
안휘준, 《고구려 회화》 효형출판, 2007
연세의료원120년기념화보집편찬위원회, 《사진으로 본 한국 근대의학 120년(1885~1957)》 청년의사, 2007
옥순종, 《교양으로 읽는 인삼 이야기》 이가서, 2005
유승훈, 《우리나라 제염업과 소금 민속》 민속원, 2008
이경성, 〈선원파승을 중심으로 살펴본 동무 이제마의 생애 연구〉 원광대학교 박사논문, 2009
이덕봉, 《한국 생물학사》《한국과학기술사 대계 4 – 과학 기술편》 고려대 민족문화연구소
이명진, 〈'포박자·내편' 연단술의 금단에 관한 연구〉 서울대학교 석사논문, 1995
이상희, 《꽃으로 보는 한국 문화》(1~3) 넥서스, 2004
이성우, 《한국 식품 문화사》 교문사, 1994

이성우, 《한국식경대전》 향문사, 1998
이원복, 《한국의 말 그림》 한국마사회마사박물관, 2005
이철성, 〈개성 인삼이 왜 유명하게 되었을까?〉《한경 머니》, 2006년 6월호
이철수, 《우리가 정말 알아야 할 우리 농작물 백 가지》 현암사, 2000
이춘녕, 《한국 농학사》 민음사, 1994
이태원, 《현산어보를 찾아서》(1~3) 청어람미디어, 2002
이현숙, 〈신라 의학사 연구〉 이화여자대학교 박사논문, 2001
장용준, 《장쫑 선생의 박물관 속에 숨어 있는 우리 문화 이야기 -옛 그림편》 살림, 2006
전상운, 《돌도끼에서 우리별 3호까지》 아이세움, 2006
전상운, 《한국 과학사》 사이언스북스, 2000
전호태, 《고구려 고분 벽화의 세계》 서울대학교출판부, 2004
정동찬, 《살아 있는 신화 바위그림》 혜안, 1996
조풍연 해설, 《사진으로 보는 조선 시대 -생활과 풍속》 서문당, 1996
조흥윤, 《기산풍속도 1 -민속에 대한 기산의 지극한 관심》 민속원, 2004
최경봉, 〈'물명고'의 온톨로지와 어휘론적 의의〉《한국어의미학 17》 2005
하인리히 F.J. 융커, 《기산풍속도 1 -한국의 옛그림》 민속원, 2003
한국역사민속학회, 《한국의 암각화》 한길사, 1996
한영우, 《창덕궁과 창경궁》 열화당 · 효형출판, 2003
황수영 · 문명대, 《반구대 -울주 암벽조각》 동국대출판부, 1984

《브리태니커백과사전》
《한국민족문화대백과사전》

*옛 책
강희맹, 《금양잡록》
강희맹, 《사시찬요초》
강희안, 《양화소록》 이병훈 옮김, 을유문화사, 2000
김려, 《우해이어보》 박준원 옮김, 도서출판 다운샘, 2004
서유구, 《전어지》 김명년 옮김, 한국어촌어항협회, 2007
이규경, 《오주연문장전산고》
이규보, 《동국이상국집》
이마무라 도모, 《인삼사》 양정필 옮김, 민속원, 2009
이옥, 《연경, 담배의 모든 것》 안대회 옮김, 휴머니스트, 2008
이옥, 《완역 이옥 전집》(1~5) 실시학사 고전문학연구회 옮김, 휴머니스트, 2009
정약전, 《자산어보》 정문기 옮김, 지식산업사
정학유, 《시명다식》 허경진 · 김형태 옮김, 한길사, 2007
《농사직설》
《조선왕조실록》

사진 자료 제공

⊙ **국립경주박물관**
[경박201101-043] 신라 부부 토우 179(두번째)

⊙ **국립고궁박물관**
용 부적 73 • 경혈을 나타내는 인체상 289

⊙ **국립광주박물관**
청자주자와 청자탁잔 110 • 여러 가지 가락바퀴 175 • 신석기 시대의 천 175

⊙ **국립김해박물관**
반달칼 39 • 말머리 가리개 120

⊙ **국립민속박물관**
따비 33 • 경직도 38 • 낫 39 • 호미 39 • 가지와 오이 47 • 모란과 석류 병풍 66 • 담뱃대 103 • 병풍 속 물고기 143 • 어해도 147 • 백자도 166 • 누에치기 180 • 흑립 189 • 정자관 189 • 사방관 189 • 탕건 189 • 망건 189 • 패랭이 189

⊙ **국립중앙박물관**
[중박201101-34] 바다낚시 137 • 누에 먹이기 64(오른쪽) • 모내기 37 • 평생도 중(돌잔치) 54 • 초도호연(돌잔치) 299 • 회혼례도(부분) 186 −《조선 시대 풍속화》(2002년) | 매화에 둘러싸인 초가집 60 • 우물가 179(다섯번째) • 자리 짜기 178(오른쪽) • 고기잡이 141 • 길쌈 178(왼쪽) • 담배 썰기 102 • 장터 길 103 • 논갈이 35 • 주막 52 • 벼 타작 40 • 농경무늬 청동기 33 • 세형동검 17 • 물고기와 게 145 −《국립중앙박물관》(2005년) | 신안선의 약재와 향신료 218 −《고려·조선의 대외 교류》(2002년) | 따비와 도끼 34−《갈대밭 속의 나라, 다호리》(2009년) • 감로탱(죽 먹이기 76, 범인 벌주기 236, 출산 291) • 화접도 170 • 토끼 잡은 매 116 [중박201103-128] 말 타고 가는 선비 118 • 〈기영회도〉 292 −《가을, 유물 속 가을 이야기》(2008년)

⊙ **국립진주박물관**
김익주 〈초충도〉 160(오른쪽)

⊙ **국립춘천박물관**
신사임당 〈초충도〉 153, 164, 165

⊙ **고려대학교박물관**
〈동궐도〉 55, 323

⊙ **동아대학교박물관**
모내기 82

⊙ **서울대학교박물관**
철솥과 시루 42 • 괴석초충 160(왼쪽) • 오누이 179(네번째)

⊙ **서울역사박물관**
타래버선 183

⊙ **석주선기념민속박물관**
삼베 181 • 모시 181 • 명주(비단) 181

⊙ **한독의약박물관**
인삼도 86 • 《동의보감》 초간본 249 • 이제마 초상 256 • 《동의수세보원》 260 • 추사 약방문 313

⊙ **허준박물관**

《향약집성방》 194・동인도 238・《동의보감》(중・일판) 241・침 244・여러 가지 한약 도구 265・약장 318

◉ 호암미술관
집안의 동물들 69

◉ 국립과천과학관
《언해두창집요》 307

◉ 국립중앙도서관
《응골방》 116

◉ 서울대규장각한국학연구원
《규합총서》 168・의궤에서 찾은 의녀 285・인목왕후필적 288・《소현세자가례도감의궤》 294

◉ 수도사
여러 가지 재난 216

◉ 엘지연암문고
프랑스 인이 그린 산삼 87

◉ 《우리가 정말 알아야 할 우리 농작물 백 가지》
(이철수 글, 이원규 사진, 현암사 발간)
감자 84

◉ 해남윤씨 종가
나물 캐는 여인 48・좋은 말 122

◉ 연합포토
반구대 전경 17, 천초 열매와 잎 53, 염전 57, 인삼밭 92, 담배밭 101, 삼 181, 모시풀 181, 누에와 누에고치 181

◉ 강성철
저수지 37・목화 182

◉ 장지영
녹차밭 112

◉ 정유철
시치미 117

도서출판 책과함께는 이 책에 실은 모든 도판의 출처와 저작권자를 찾아 허락을 받기 위해 최선을 다했습니다. 허가를 받지 못한 일부 도판은 저작권자가 확인되는 대로 허가를 받고 통상의 사용료를 지불하겠습니다. 사진 게재를 도와주신 모든 분들께 감사드립니다.

찾아보기

ㄱ

가락바퀴 175
가삼 92
가축 68, 115
갈홍 271
감자 83
《감저신보》 83
감초 94, 317
《갑을경》 210
강명길 322
《강씨감저보》 83
강희맹 61
강희안 66
개성상인 86
《경국대전》 293, 319
경신년 대기근 81
《경악전서》 94
계긍 284
《계몽편》 12
《고구려노사방》 207
고구마 83
고국천왕 76
고려 인삼 86
고씨동굴 16
고추 49
곤충 151
곽재우 281
광우병 127
광해군 249, 252, 306
구윤명 235

구제역 127
구택규 235
구황 식물 78
권중화 120, 124
귀뚜라미 160
《규합총서》 49, 168
《금양잡록》 59
기장 43
기타야마 와라와츠 253
김가기 268, 276
김려 131
김무 206
김문 226
김사철 226
김사형 120
김수온 226
김예몽 226
김유지 226
김응탁 247
김창한 83
김치 45
김홍도 34, 40, 101, 177
껑충거미 162

ㄴ

나나니벌 158
《난경》 210
난바 약사 207
난학 254
《난호어목지》 131

날지니 114
남계우 170
남두민 253
《내외전》 209
내의원 322
노중례 226
《농가월령가》 47, 61
《농가집성》 67
《농사직설》 59
누에 64, 162, 180
뉴턴 271

ㄷ

다모 292
단군 29
달래 29
담배 98
《담정총서》 187
담파고 104
당약 193, 217
대동법 319
《대동유취방》 206
대맥 30, 44
대산 29
덕래 207
도홍경 192
돌림병 298
《동국이상국집》 111
동서대비원 321
《동의보감》 88, 130,

167, 195, 240, 263, 277, 279
《동의수세보원》 260, 264
동의학 224
된장 44
딤채 49
따비 33

ㄹ

린네 139

ㅁ

《마경초집언해》 123
《마과회통》 308
마늘 29
마마(천연두) 298
《마진방》 308
막걸리 42, 107
말 117
매 113
《맥경》 210
메뚜기 160
멸치 138
《명당경》 210
《명당도》 209
《명의별록》 192
명주 180
모내기 32, 37
모시 180

모시풀 180
《목민심서》 75
목화 183
무명(면화) 183
《무원록》 234
문둥병(한센씨병) 300
문익점 53, 182
물레 175
《물명고》 151, 196
《미암일기》 311
미와키 토요 253
민보화 226
밀 30, 43

ㅂ
박제가 308
발효 47, 50
방아깨비 160
《백운필》 154
《백제신집방》 207
벌 162, 167
법의학 228
베짱이 160
베틀 176
벽곡법 281
《벽역신방》 252, 305
《벽온방》 304
변효문 61
《별주부전》 145
보리 30, 43

《본사》 140
《본초강목》 138
《본초경》 210
본초학 191
분류 190
비단 182
빙허각 이씨 168

ㅅ
《사목안기집》 120
사산의학 256
《사시찬요》 61
《사시찬요초》 59
《산림경제》 168, 277
산삼 85
산양삼 87, 92
산지니 114
삼(대마)180
《삼국사기》 30
《삼국유사》 29
삼베 180
상평창 76
서명응 140
서유구 83, 111, 131, 277
서호수 140
석영 103
석주명 170
선조 246, 306
설총 193
성왕 209

성종 226
《세원록》 234
세종 60, 73, 164, 194, 212, 221, 226, 229, 234
《세종실록》 지리지 130
세형동검 17
소 34, 123
소금 47, 57
소맥 30, 44
《소문경》 210
수산 29
소양인 258
소음인 258
《속선전》 268
송월 292
《쇄미록》 315
《수궁가》 145
수수 43
수수보리지 48
수지니 114
수차 73, 111
숙종 93, 235
숟가락 42
술 107
숭늉 42
《시경》 157
《시명다식》 157
《시문독본》 257
《시종통편》 309
시치미 117

신가귀 322
《신간구황촬요》 74, 77
신농 191
《신농본초경》 191, 205
《신농본초경집주》 192
신비 284
신석조 226
신선 사상 268
신속 67
신숙주 73
《신주무원록》 229, 235
《신찬벽온방》 252, 305
《신편집성마의방》 119
《신편집성우의방》 124
심(산삼) 86
심마니 85, 91
쌀 31, 36, 43
쌀농사 35
쑥 29

ㅇ
아유르베다 의학 203
아편 전쟁 89
알렌 321
애종 292
약계 317
약령시 319
약방 기생 292
《약서》 209
양생법 277

《양심요결》 281
양예수 247
《양화소록》 66
어늉 242
어의녀 289
《언해구급방》 249, 252
《언해두창집요》 249, 252, 307
《언해태산집요》 249, 252
역신 303
《연경》 104, 154
연단술(연금술) 269
염병 297
염색 185
염전 57
영조 127
《예기》 166
예진 아씨 251, 283
오곡 43
오작인 236
왕여 234
용뇌자환 306
《용호비결》 279
우경농법 34
우두법 308
《우마저양염역병치료방》 127
《우해이어보》 131
울금 54

위백양 274
유성원 226
유의태 251, 253
유희 151
유희춘 311
음양오행 14, 261
《응골방》 115
응방 115
의녀 283
의박사 210
《의방유취》 225, 250
《의종금감》 308
의창 76
의학 200
의학(의학교) 210
이규경 71, 154
이규보 111, 214, 218
이덕무 169, 242
이명원 247
이사순 226
이서 123
이수광 53, 100, 306
이순신 185
이승휴 29
이시진 138
《이어도찬》 136
이예 226
이옥 154, 187
이용 226
이익 166

이인로 269
《이재난고》 314
이정구 245
이제마 256
이조년 116
이종인 309
이헌길 308
이황 219, 278, 280
인삼 86, 218
인어 133
《일본서기》 209
일연 29
임상옥 95
임수간 111
《임원경제지》 111, 140, 277

ㅈ
《자산어보》 131
잡직 293
장경악 94
장금(대장금) 283
장뇌삼 87
장덕 292
장래 의녀 289
장아찌 48
장창대 136
장한종 145
쟁기 34
저미고 306

전순지 226
〈전어지〉 140
전염병 297
전의감 294, 319
정렴 247, 279
《정씨종두방》 308
정약용 70, 75, 139, 157, 307
정약전 131
정예남 247
정작 247, 279
정조 106, 226
정천익 183
정초 61
정학유 154
제생원 290
《제왕운기》 29
제중원 321
조 43
《조선왕조실록》 283, 300
조준 120
조현명 235
종두법 308
《종저보》 83
《주례》 166
《주역참동계》 274
《중경지》 93
중인 293
중종 127, 284, 304

《증보문헌비고》 89
《증보산림경제》 49
《증수무원록》 229, 235
《지봉유설》 53, 100, 306
지총 209
진대법 76
진명 206

ㅊ
차 110
차비대령 의녀 289
《찬도방론맥결집성》 252
채약사 218
천공술 199
천연두(두창) 298
《천자문》 11
천초 51, 53
최남선 187, 257
최무선 185
최우 214
최윤 226
최치운 234
최치원 267, 276
충렬왕 115
《침경》 210

ㅋ
커피 112

콜럼버스 52, 100
콩 43

ㅌ
탄화 쌀 35
태양인 258
태음인 258
태종 290

ㅍ
파브르 161
팔만대장경 215
패랭이 189
《평원록》 234
《포박자》 271
피 43

ㅎ
하멜 101, 313
《하멜 표류기》 313
학질(말라리아) 300
한상경 120, 124
한의학 222
《한정록》 68
한지 88
《해동농서》 140
해동청 보라매 113
《해체신서》 254
향신료 50
향약 193, 217

《향약구급방》 48, 193, 214
《향약제생집성방》 219
《향약집성방》 194, 212, 219, 250
《향약채취월령》 219
허균 68, 293
허도 290
허준 88, 167, 195, 236, 241, 293, 306
현종 75
혜민서 288, 294, 319
혜초 217
홍만선 168, 277
홍삼 89
홍역 307
《화암수록》 66
《화환삼재도회》 136, 142, 163
환곡 제도 76
활인서(동서활인서) 321
황윤석 314
《황제내경》 203
《회남자》 166
효소왕 210
후추 51, 53
히포크라테스 143, 202

한국 과학사 이야기 2
카이스트 신동원 교수님이 들려주는 생명과 몸의 과학

1판 1쇄 2011년 4월 14일
1판 5쇄 2022년 12월 30일

글 | 신동원
그림 | 임익종

펴낸이 | 류종필
편집 | 박병익
마케팅 | 이건호
경영지원 | 김유리

디자인 DesignZoo

펴낸곳 | (주)도서출판 책과함께
주소 (04022) 서울시 마포구 동교로 70 소와소빌딩 2층
전화 (02) 335-1982
팩스 (02) 335-1316
전자우편 prpub@daum.net
블로그 blog.naver.com/prpub
등록 2003년 4월 3일 제2003-000392호

이 책의 저작권은 지은이 신동원과 도서출판 책과함께에 있습니다.
이 책의 내용을 이용하려면 저작권자와 출판사의 동의를 모두 받아야 합니다.
잘못된 책은 구입하신 서점에서 바꾸어 드립니다.

ISBN 978-89-91221-81-9 74900
ISBN 978-89-91221-66-6 (세트)